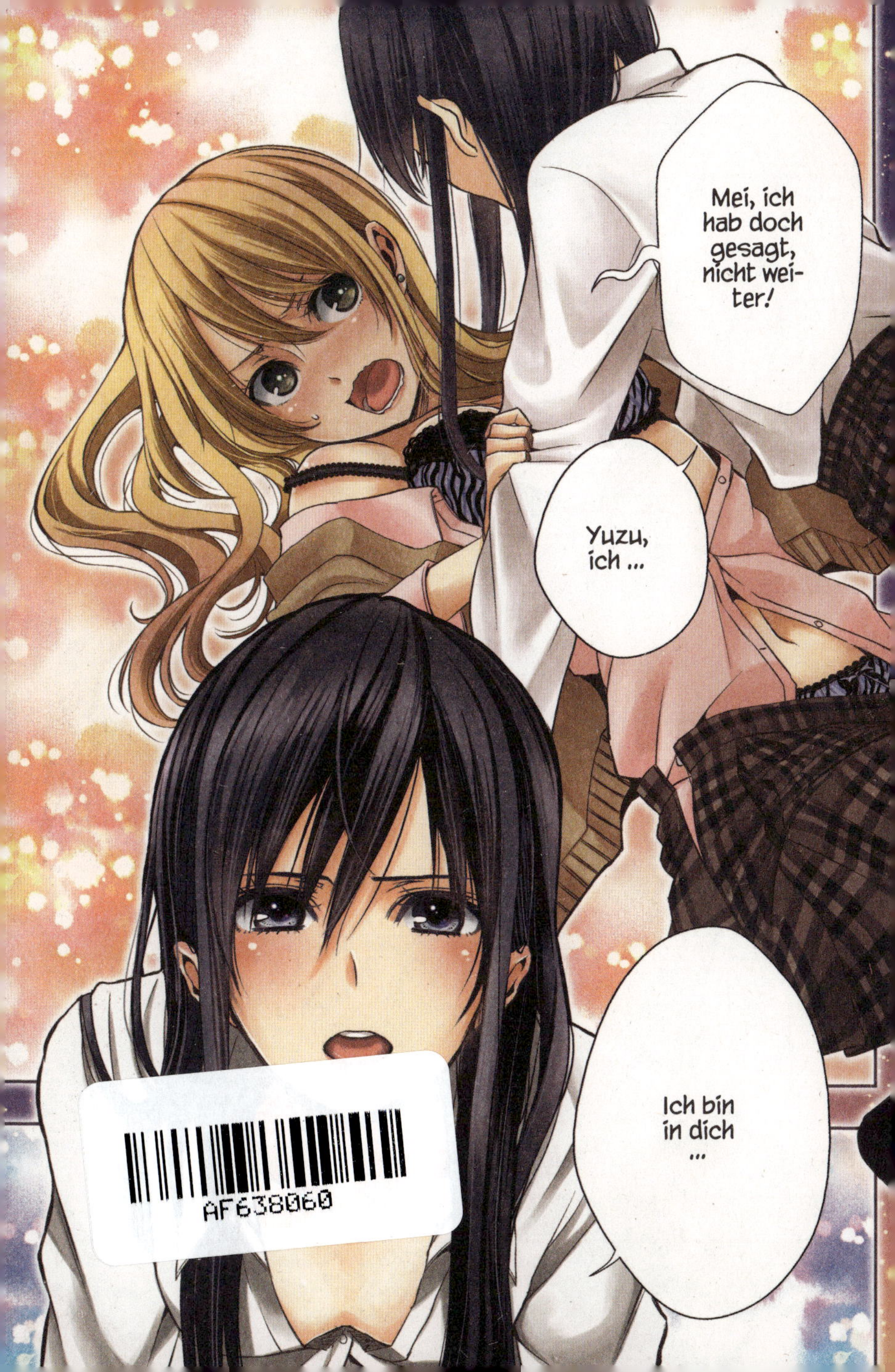
Mei, ich hab doch gesagt, nicht weiter!
Yuzu, ich ...
Ich bin in dich ...
AF638060

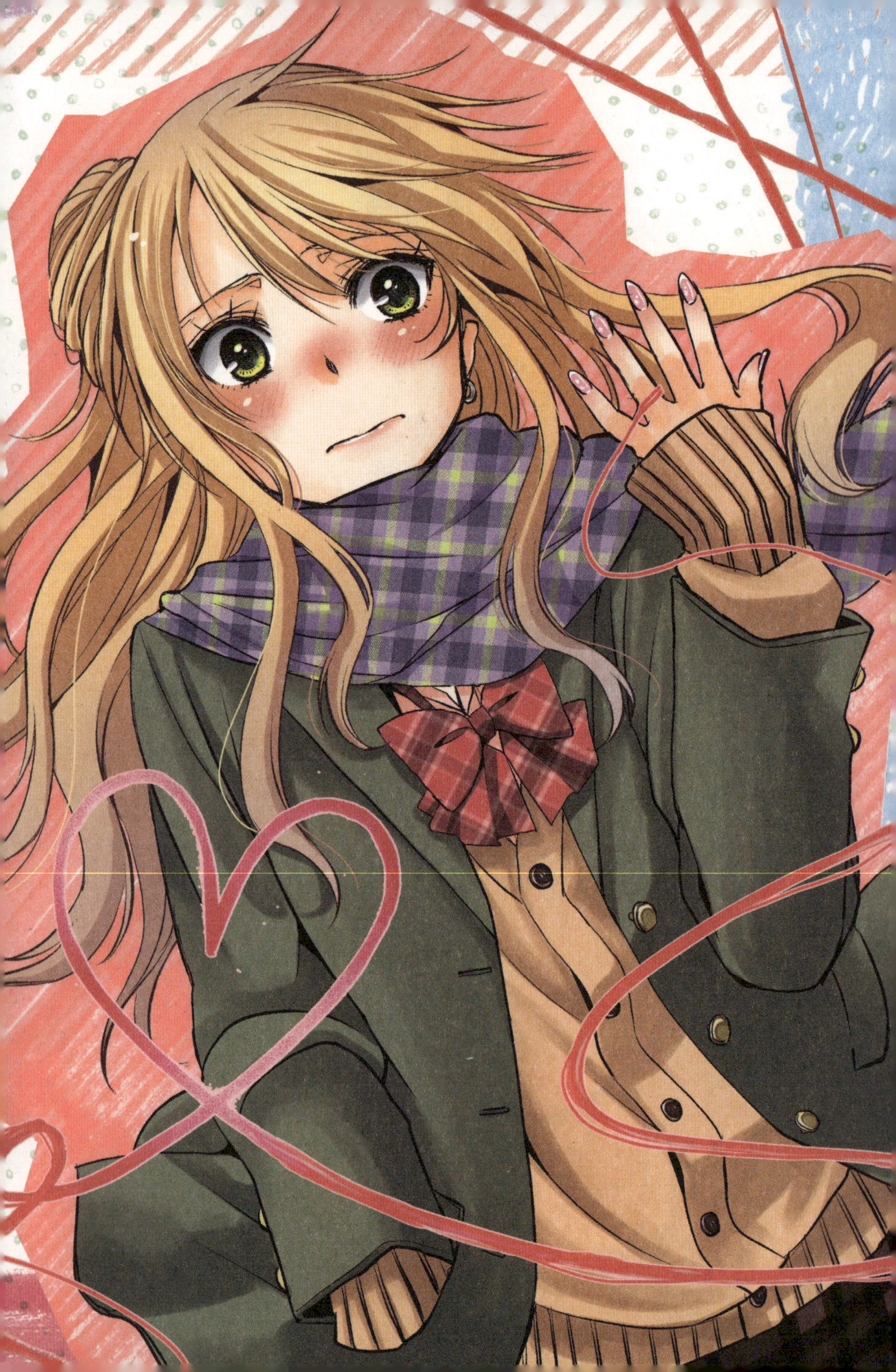

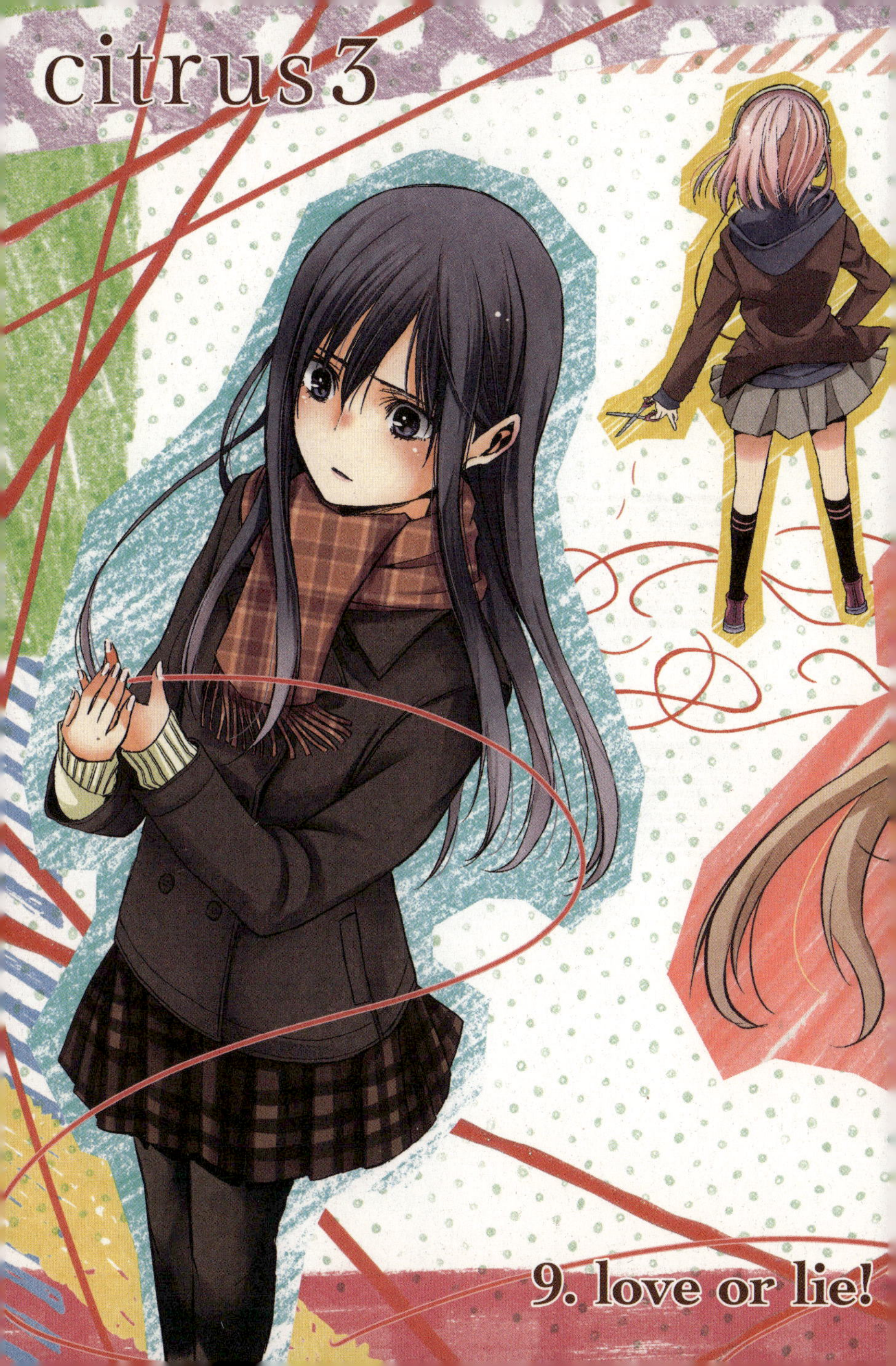
citrus 3
9. love or lie!

citrus

INHALTSVERZEICHNIS

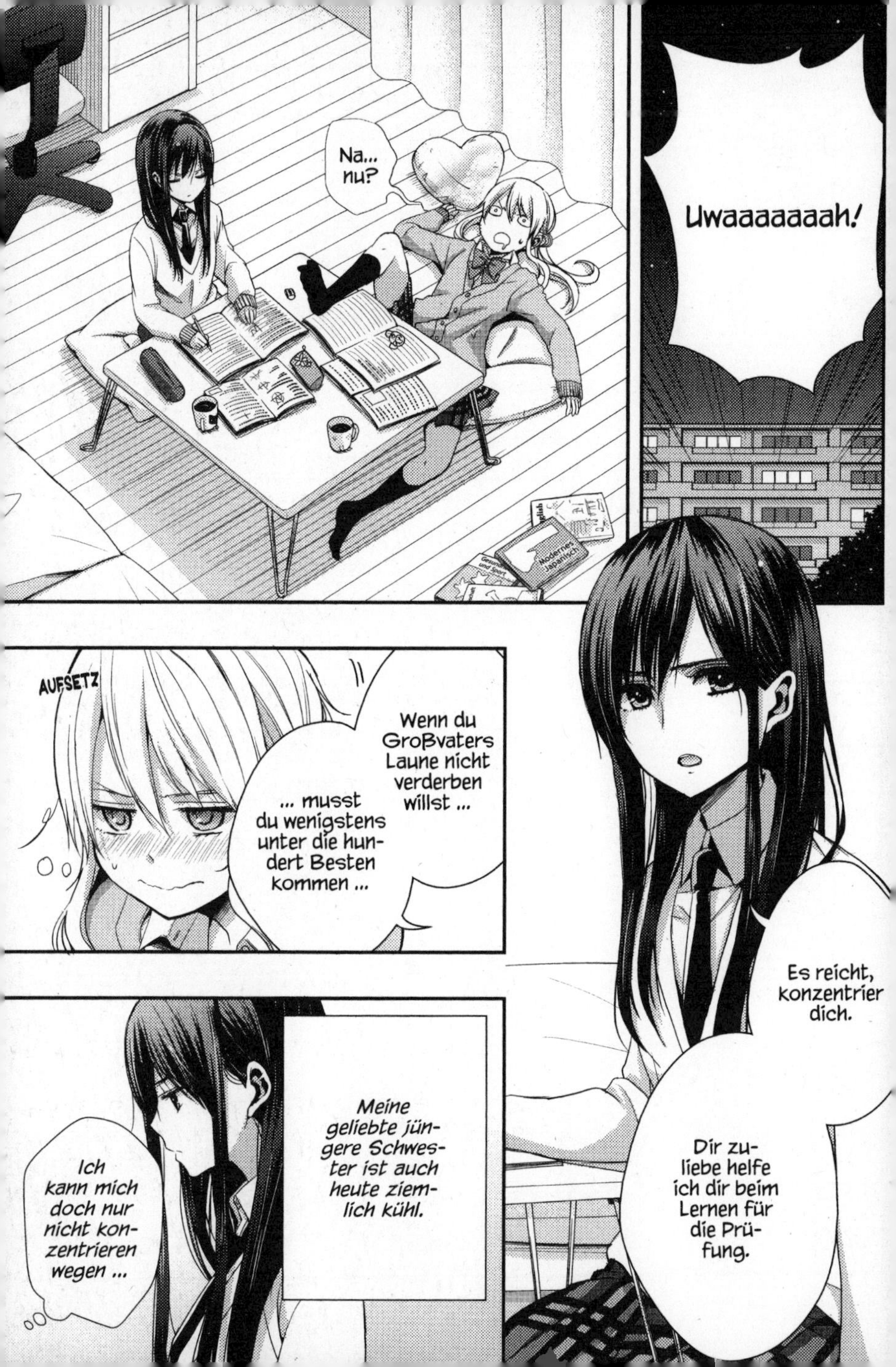
Uwaaaaaaah!
Na... nu?
Es reicht, konzentrier dich.
Dir zuliebe helfe ich dir beim Lernen für die Prüfung.
Wenn du Großvaters Laune nicht verderben willst ...
... musst du wenigstens unter die hundert Besten kommen ...
AUFSETZ
Meine geliebte jüngere Schwester ist auch heute ziemlich kühl.
Ich kann mich doch nur nicht konzentrieren wegen ...

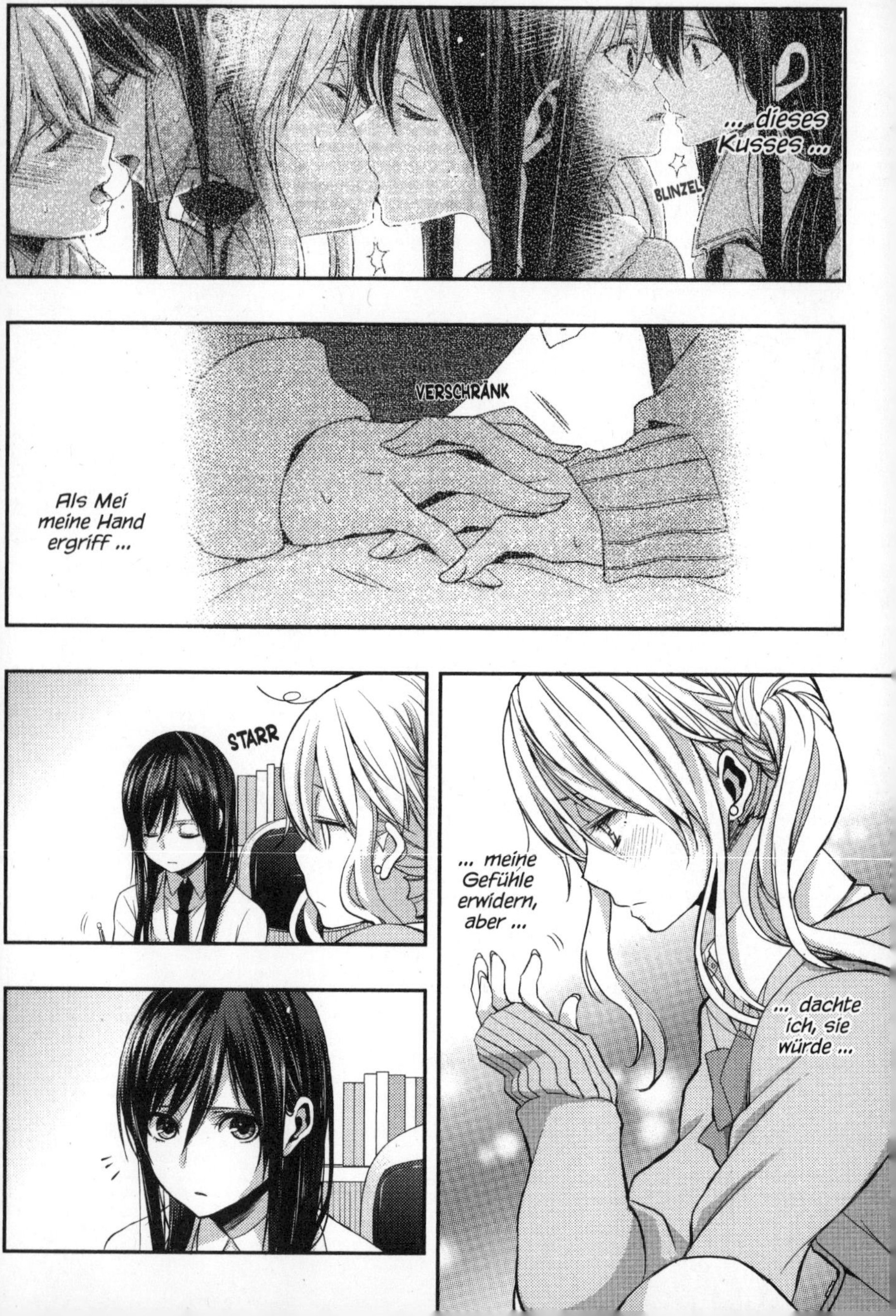
... dieses Kusses ...
BLINZEL
VERSCHRÄNK
Als Mei meine Hand ergriff ...
... meine Gefühle erwidern, aber ...
... dachte ich, sie würde ...
STARR

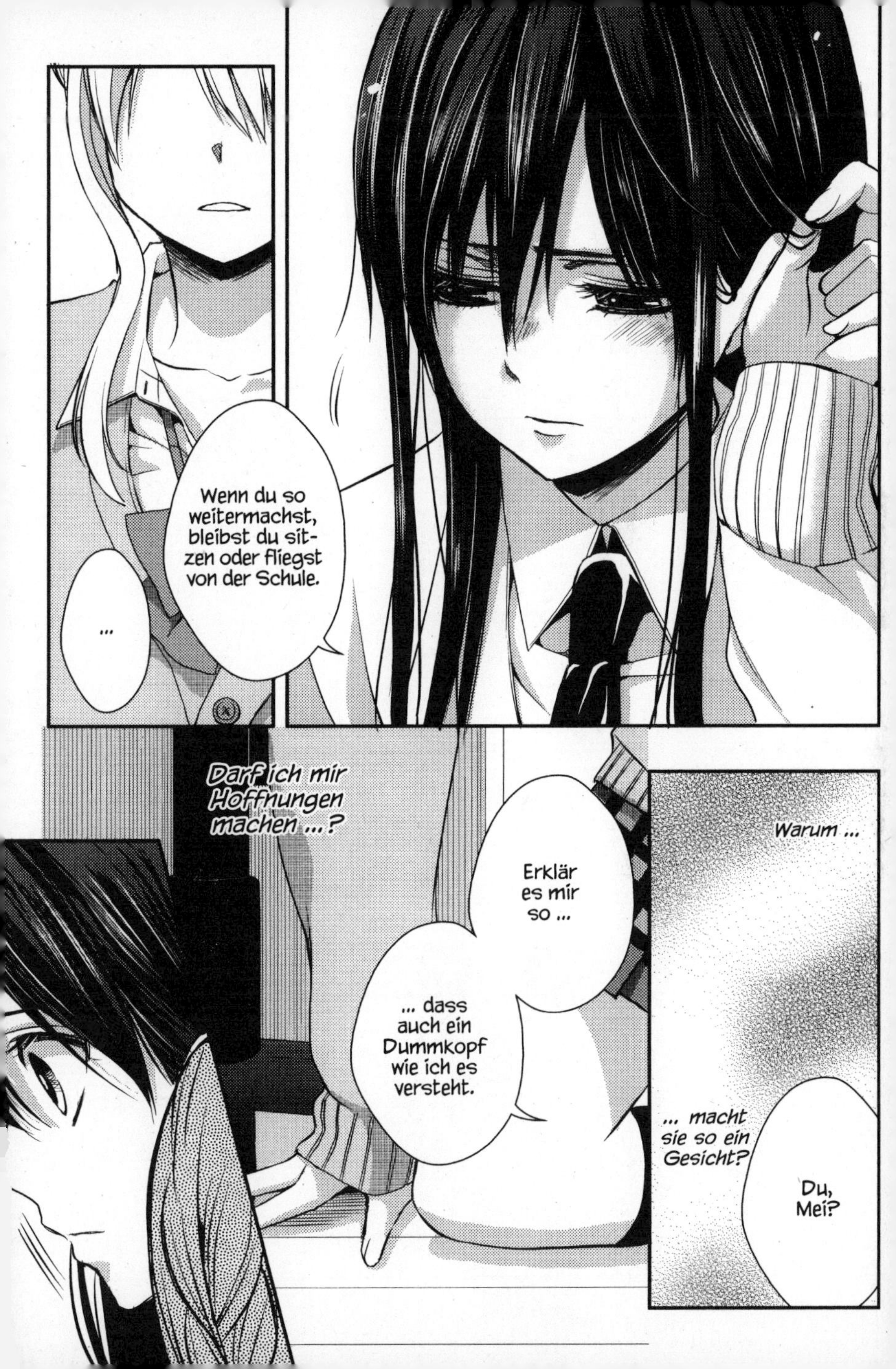
Wenn du so weitermachst, bleibst du sitzen oder fliegst von der Schule.
...
Warum ...
... macht sie so ein Gesicht?
Du, Mei?
Erklär es mir so ...
... dass auch ein Dummkopf wie ich es versteht.
Darf ich mir Hoffnungen machen ...?

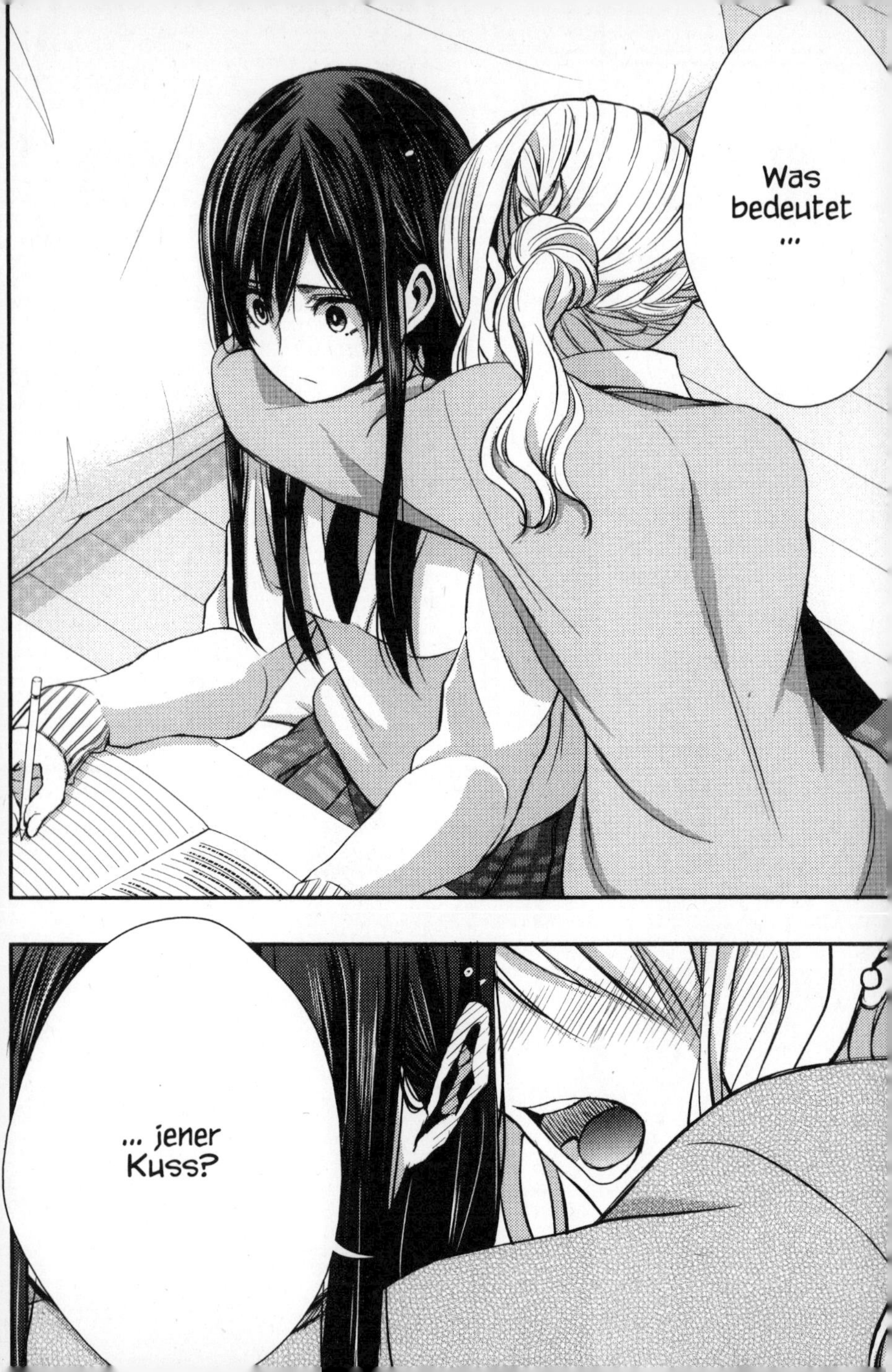
Was bedeutet ...
... jener Kuss?

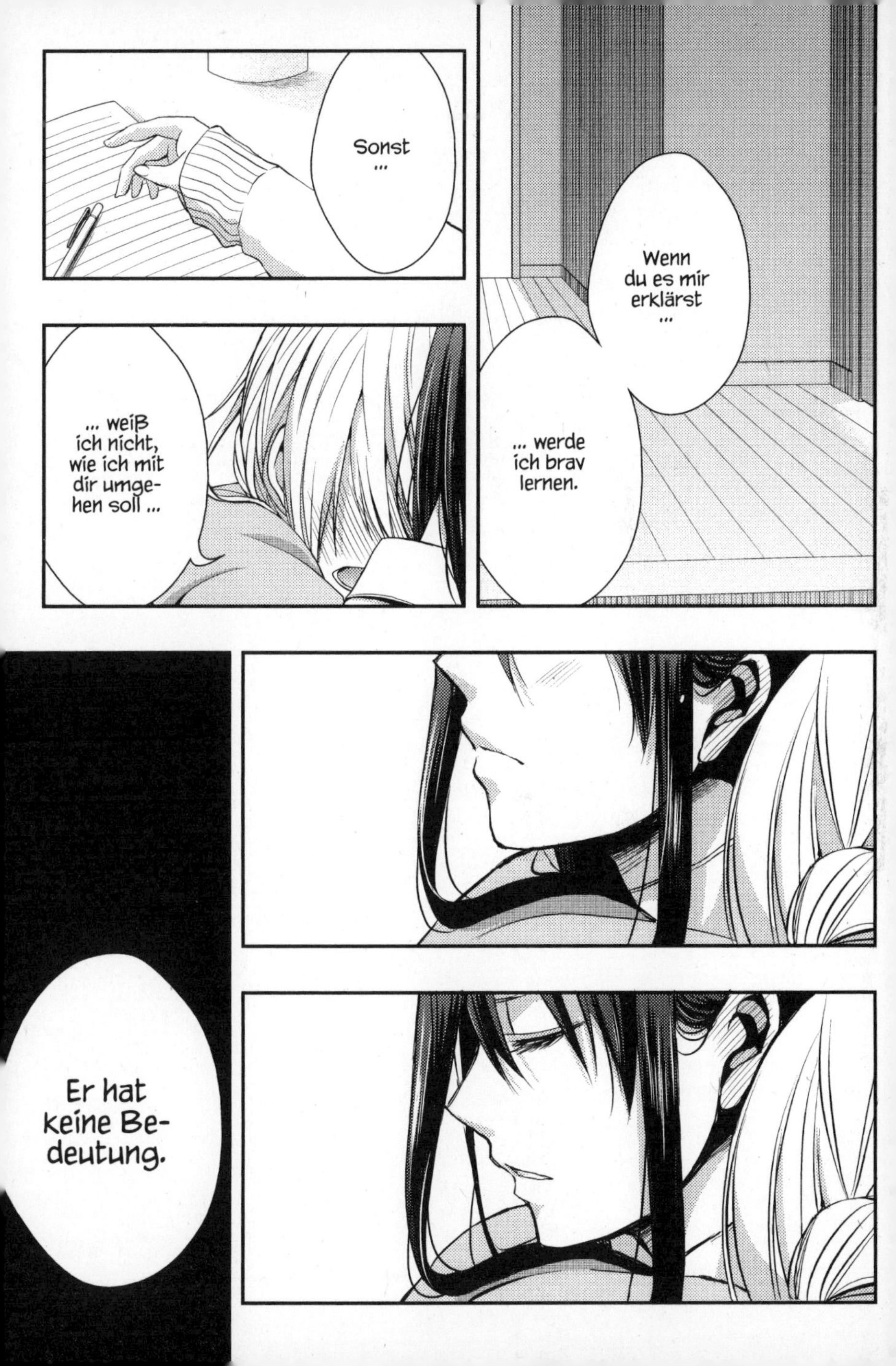
Wenn du es mir erklärst ...
... werde ich brav lernen.
Sonst ...
... weiß ich nicht, wie ich mit dir umgehen soll ...
Er hat keine Bedeutung.

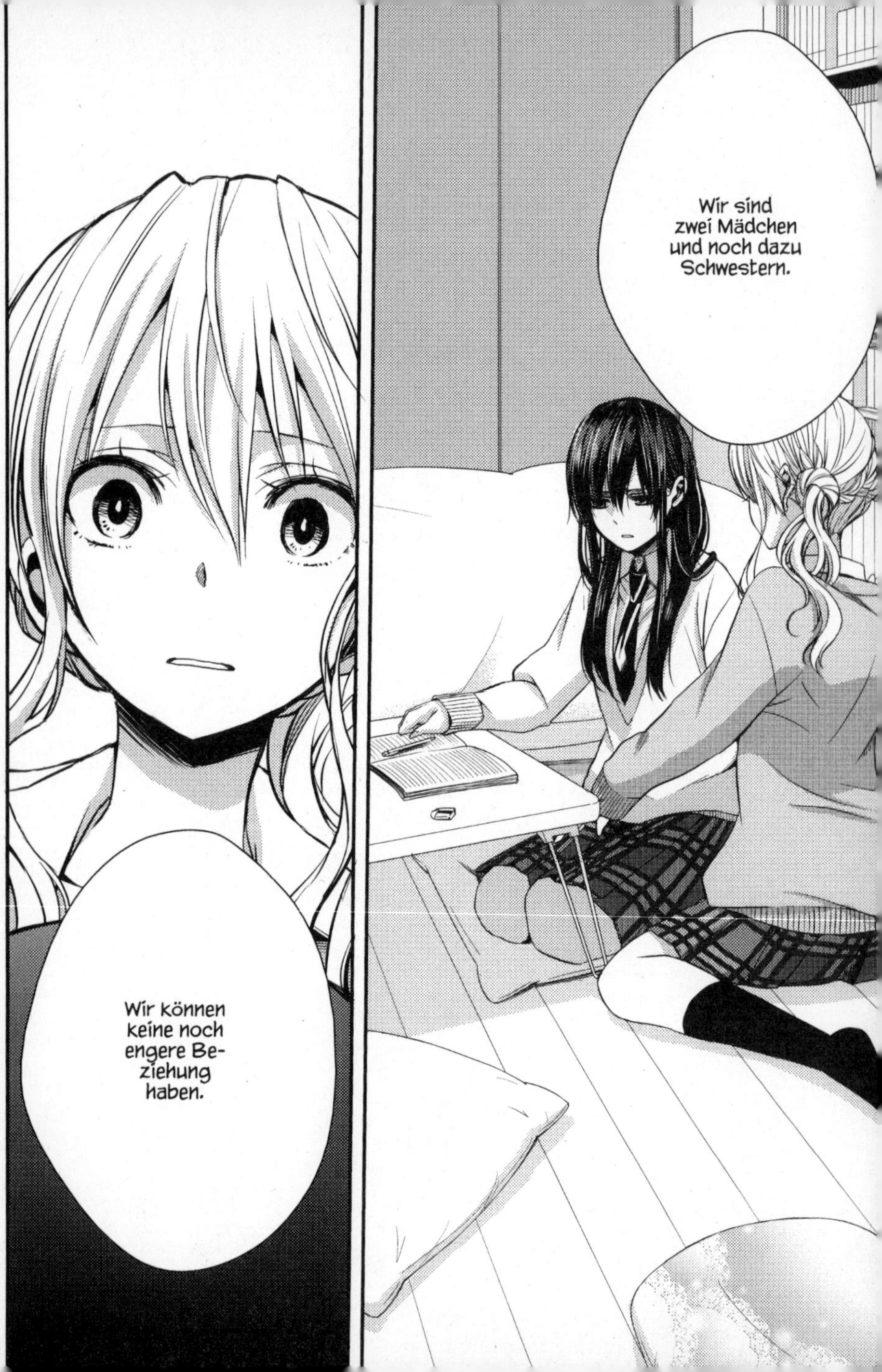
Wir sind zwei Mädchen und noch dazu Schwestern.
Wir können keine noch engere Beziehung haben.

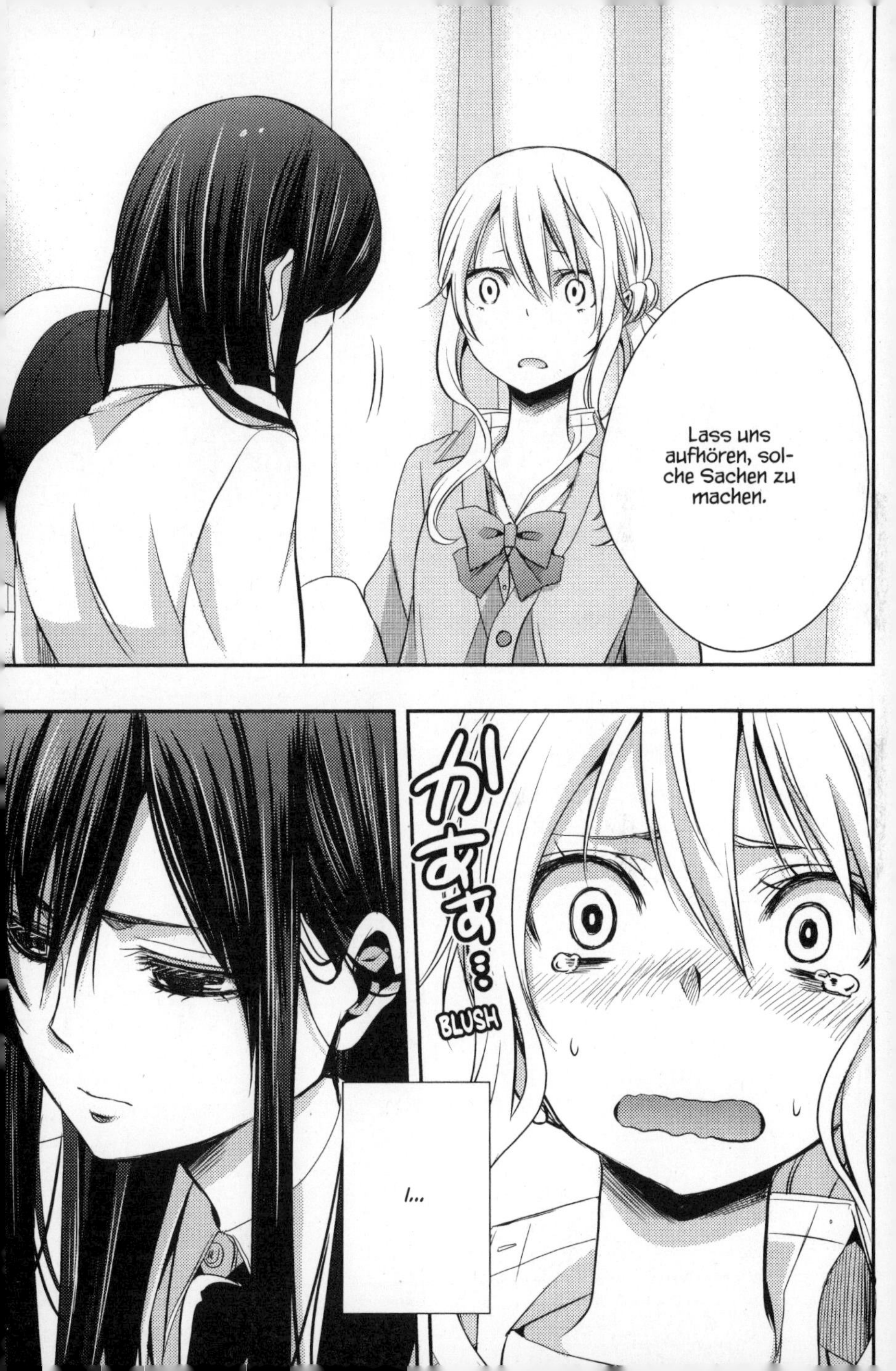
Lass uns aufhören, solche Sachen zu machen.
かぁぁ…
BLUSH
I…

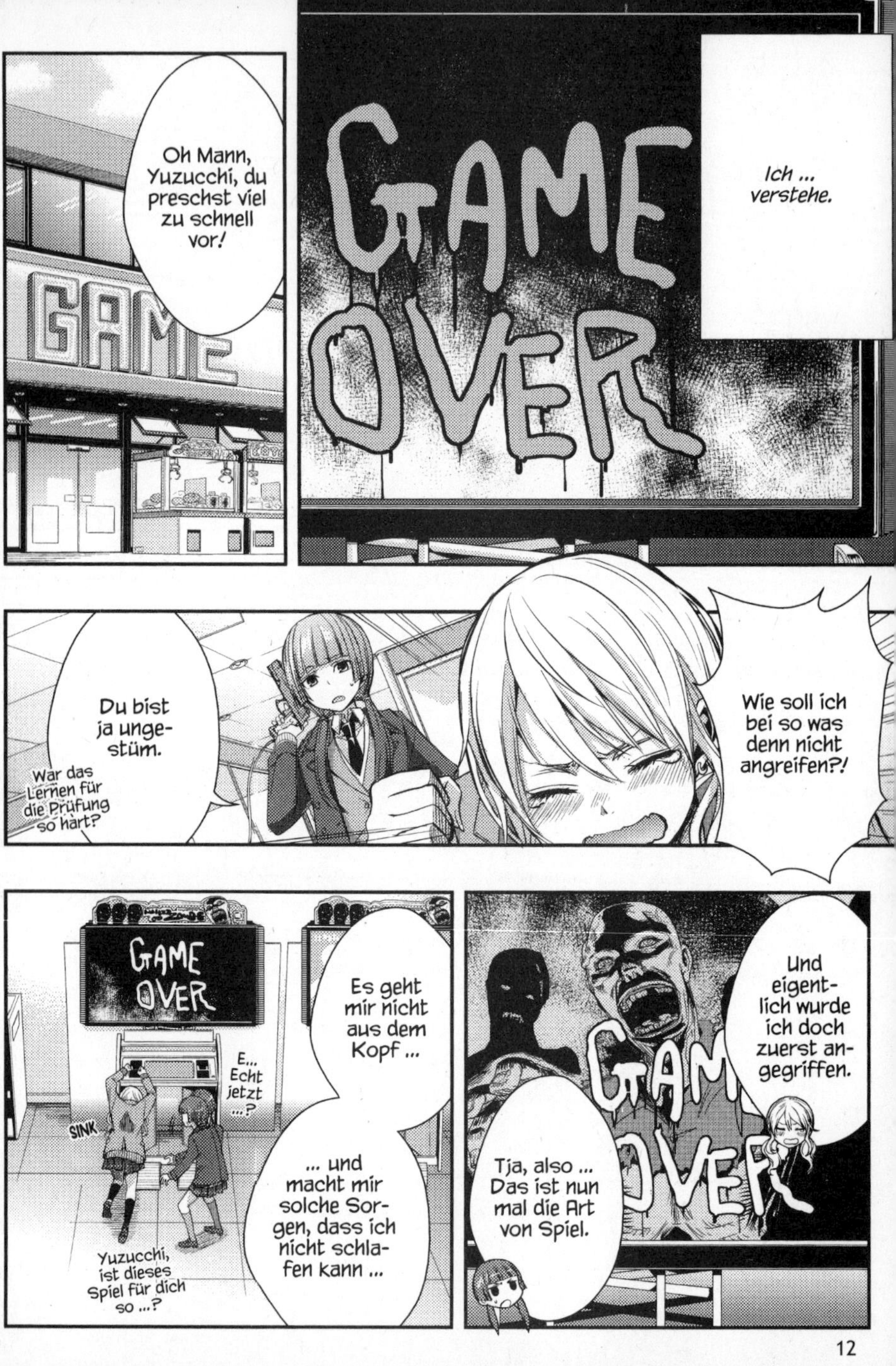
GAME OVER
Ich ... verstehe.
Oh Mann, Yuzucchi, du preschst viel zu schnell vor!
Wie soll ich bei so was denn nicht angreifen?!
Du bist ja unge-stüm.
War das Lernen für die Prüfung so hart?
Und eigent-lich wurde ich doch zuerst an-gegriffen.
Tja, also ... Das ist nun mal die Art von Spiel.
GAME OVER
Es geht mir nicht aus dem Kopf ...
... und macht mir solche Sor-gen, dass ich nicht schla-fen kann ...
E... Echt jetzt ...?
SINK
Yuzucchi, ist dieses Spiel für dich so ...?

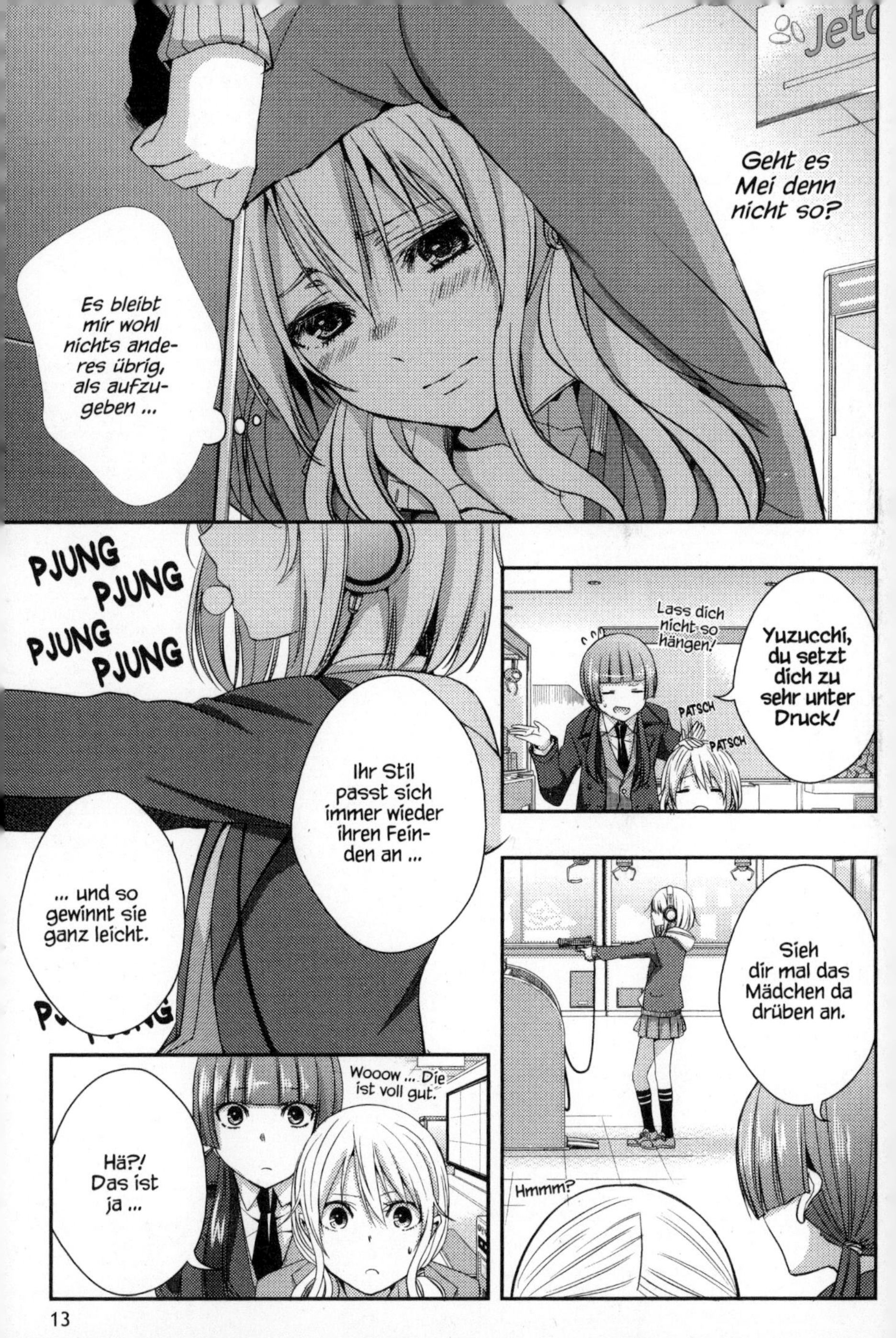
Geht es Mei denn nicht so?
Es bleibt mir wohl nichts anderes übrig, als aufzugeben ...
Yuzucchi, du setzt dich zu sehr unter Druck!
Lass dich nicht so hängen!
PATSCH
PATSCH
PJUNG PJUNG PJUNG PJUNG
Sieh dir mal das Mädchen da drüben an.
Hmmm?
Ihr Stil passt sich immer wieder ihren Feinden an ...
... und so gewinnt sie ganz leicht.
Wooow ... Die ist voll gut.
Hä?! Das ist ja ...

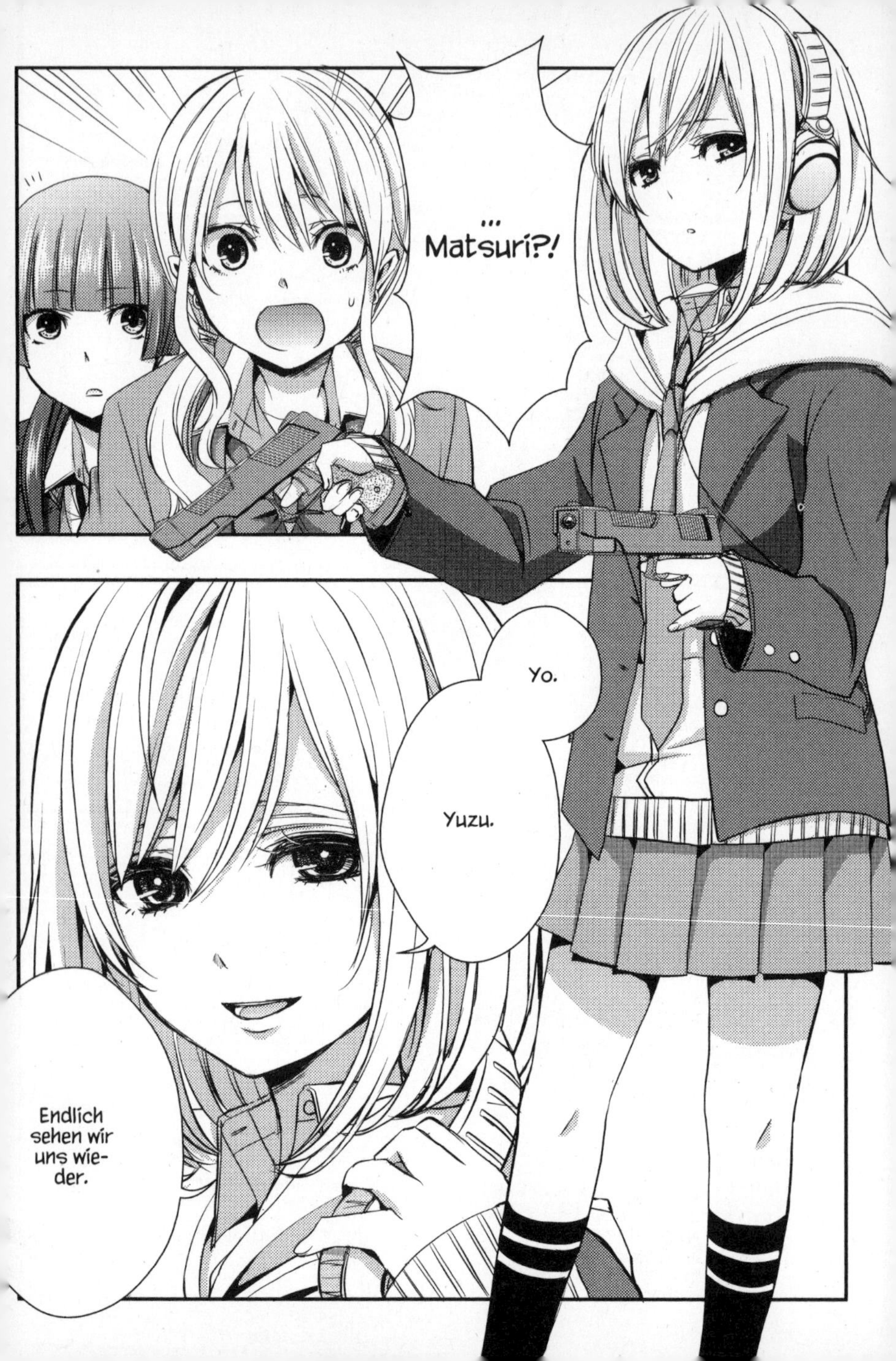

... Matsuri?!
Yo.
Yuzu.
Endlich sehen wir uns wieder.

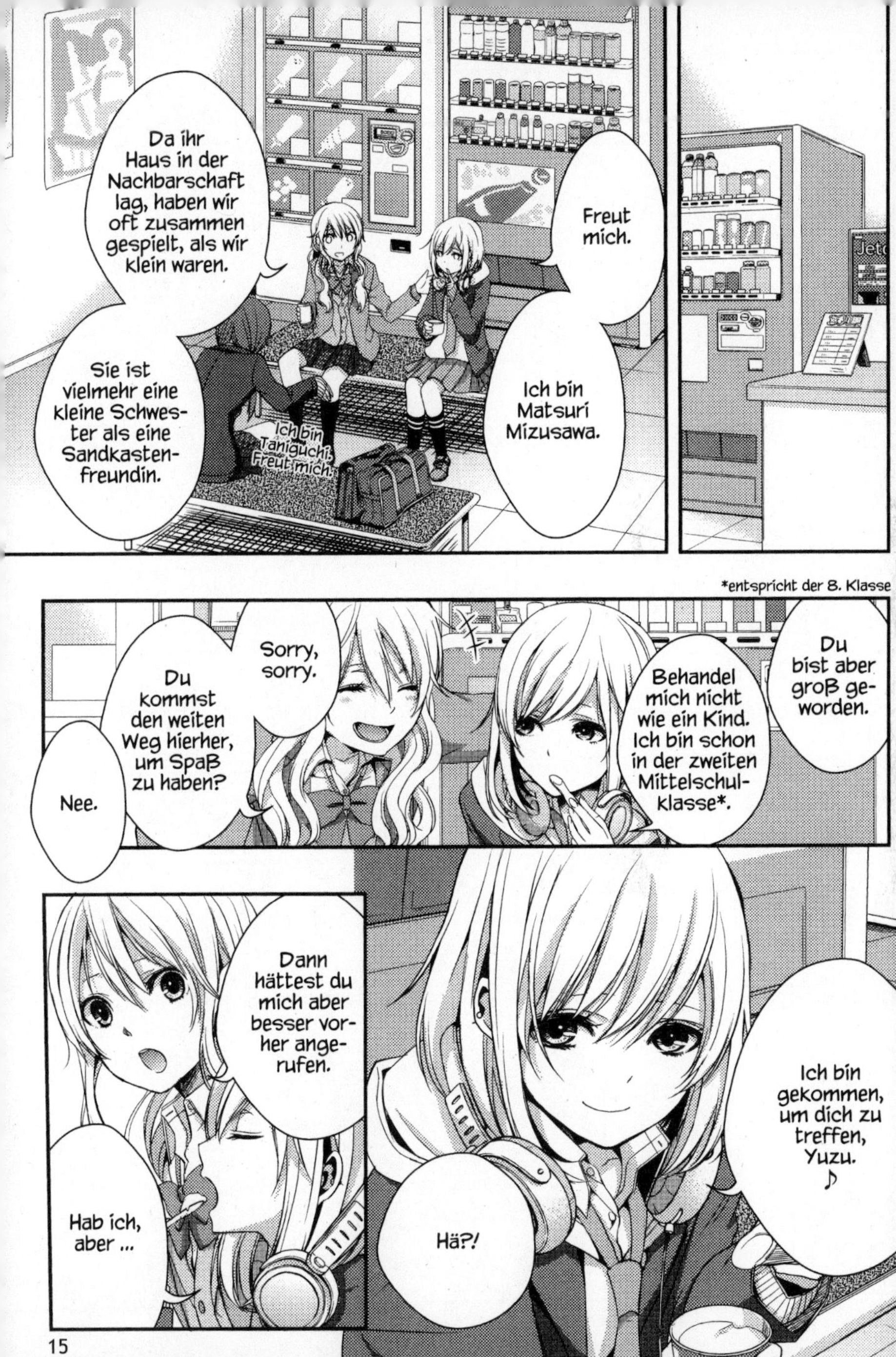

*entspricht der 8. Klasse

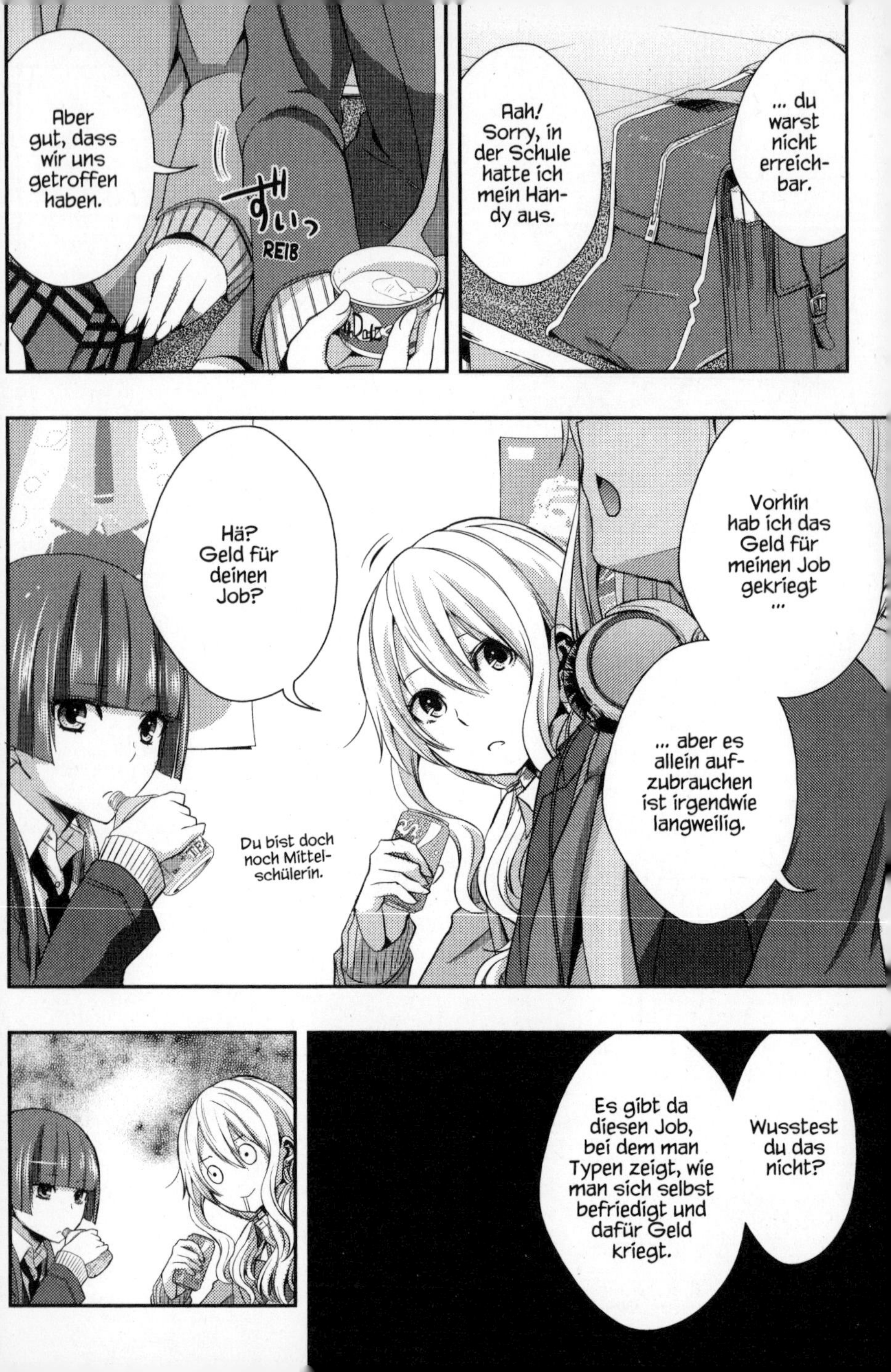
... du warst nicht erreichbar.
Aah! Sorry, in der Schule hatte ich mein Handy aus.
Aber gut, dass wir uns getroffen haben.
すいっ
REIB
Vorhin hab ich das Geld für meinen Job gekriegt ...
... aber es allein aufzubrauchen ist irgendwie langweilig.
Hä? Geld für deinen Job?
Du bist doch noch Mittelschülerin.
Wusstest du das nicht?
Es gibt da diesen Job, bei dem man Typen zeigt, wie man sich selbst befriedigt und dafür Geld kriegt.

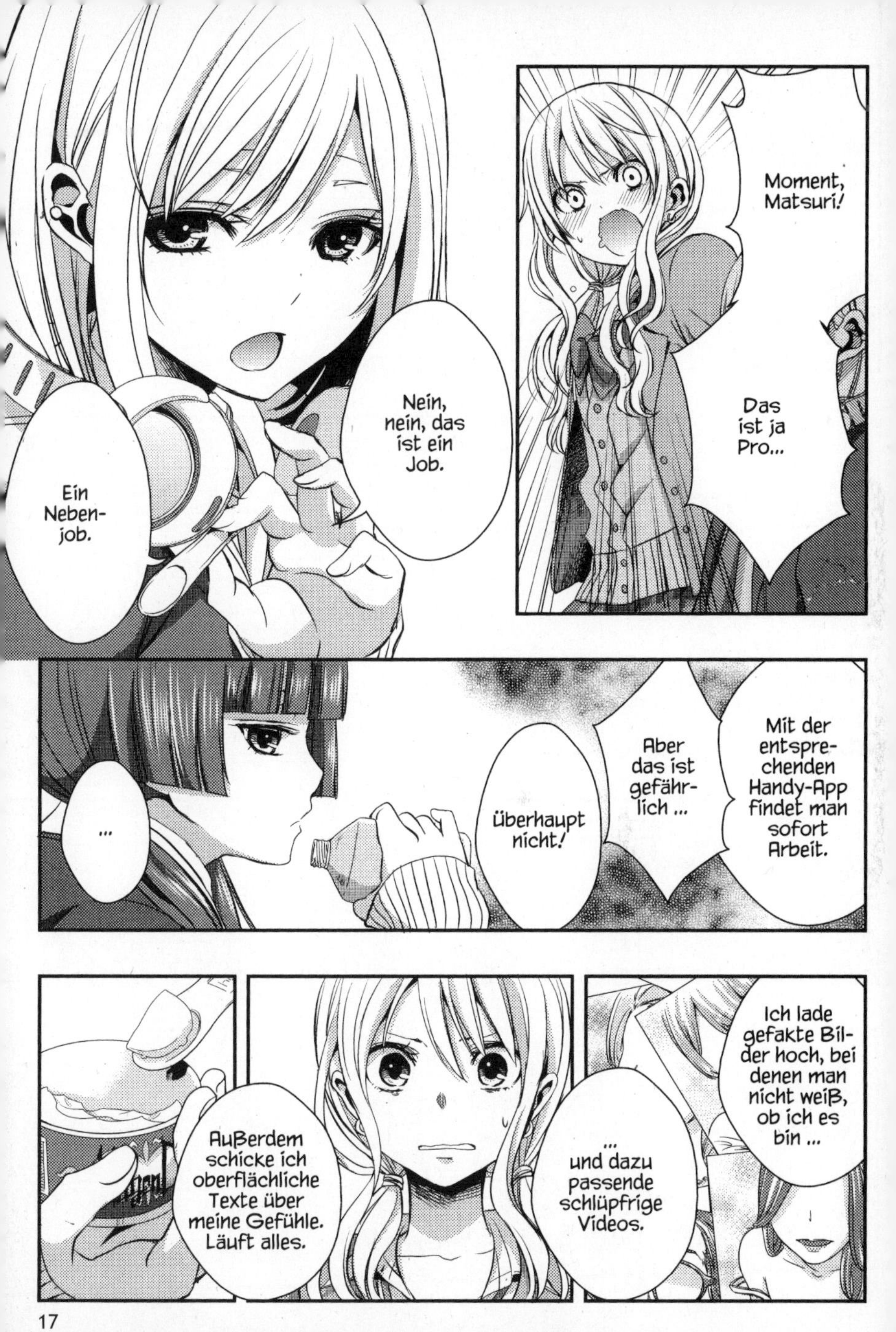
Moment, Matsuri!
Das ist ja Pro...
Nein, nein, das ist ein Job.
Ein Neben-job.
Mit der entspre-chenden Handy-App findet man sofort Arbeit.
Aber das ist gefähr-lich ...
überhaupt nicht!
...
Ich lade gefakte Bil-der hoch, bei denen man nicht weiß, ob ich es bin ...
... und dazu passende schlüpfrige Videos.
Außerdem schicke ich oberflächliche Texte über meine Gefühle. Läuft alles.

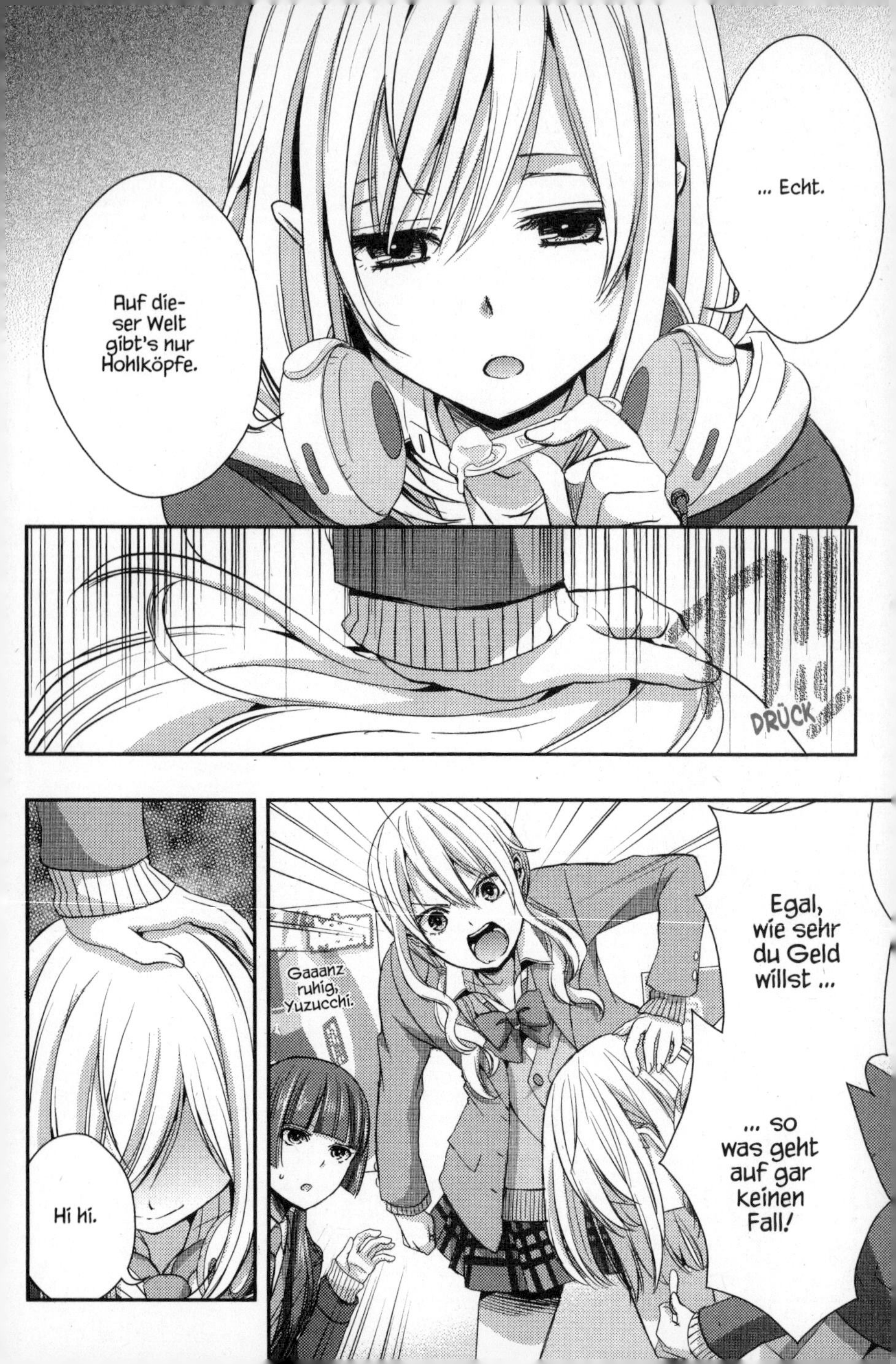
... Echt.
Auf dieser Welt gibt's nur Hohlköpfe.
DRÜCK
Egal, wie sehr du Geld willst ...
... so was geht auf gar keinen Fall!
Gaaanz ruhig, Yuzucchi.
Hi hi.

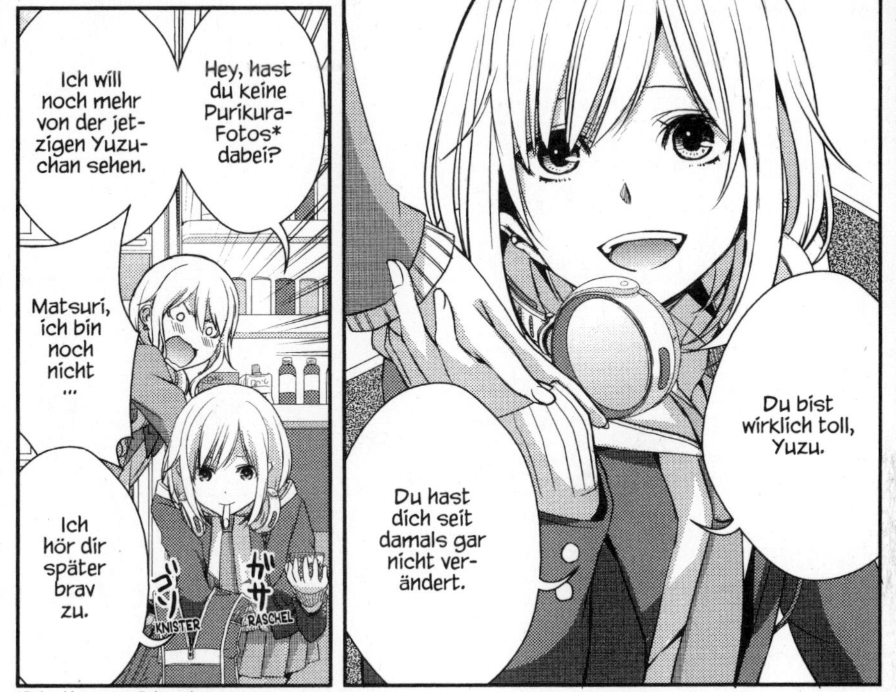

*Fotosticker aus Automaten

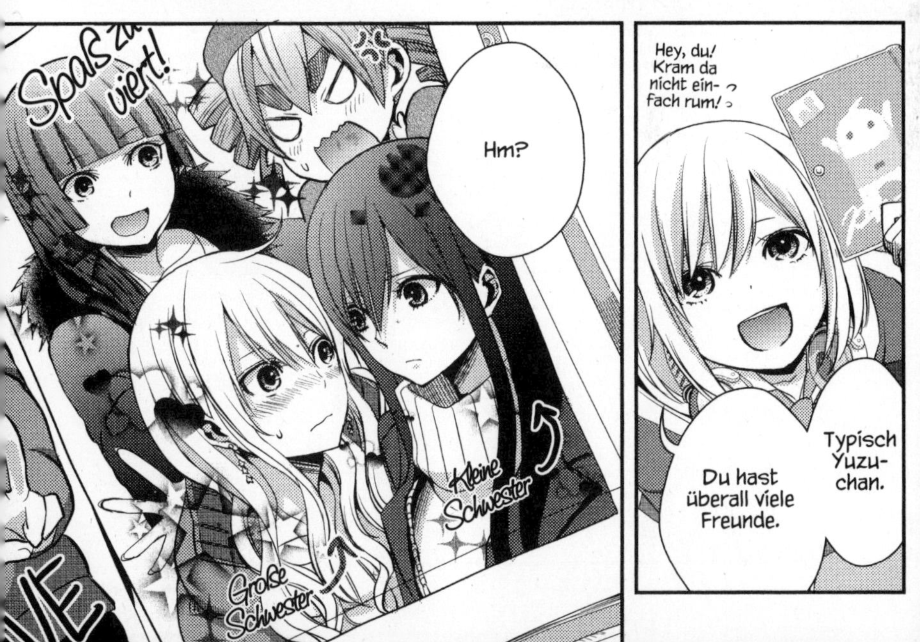

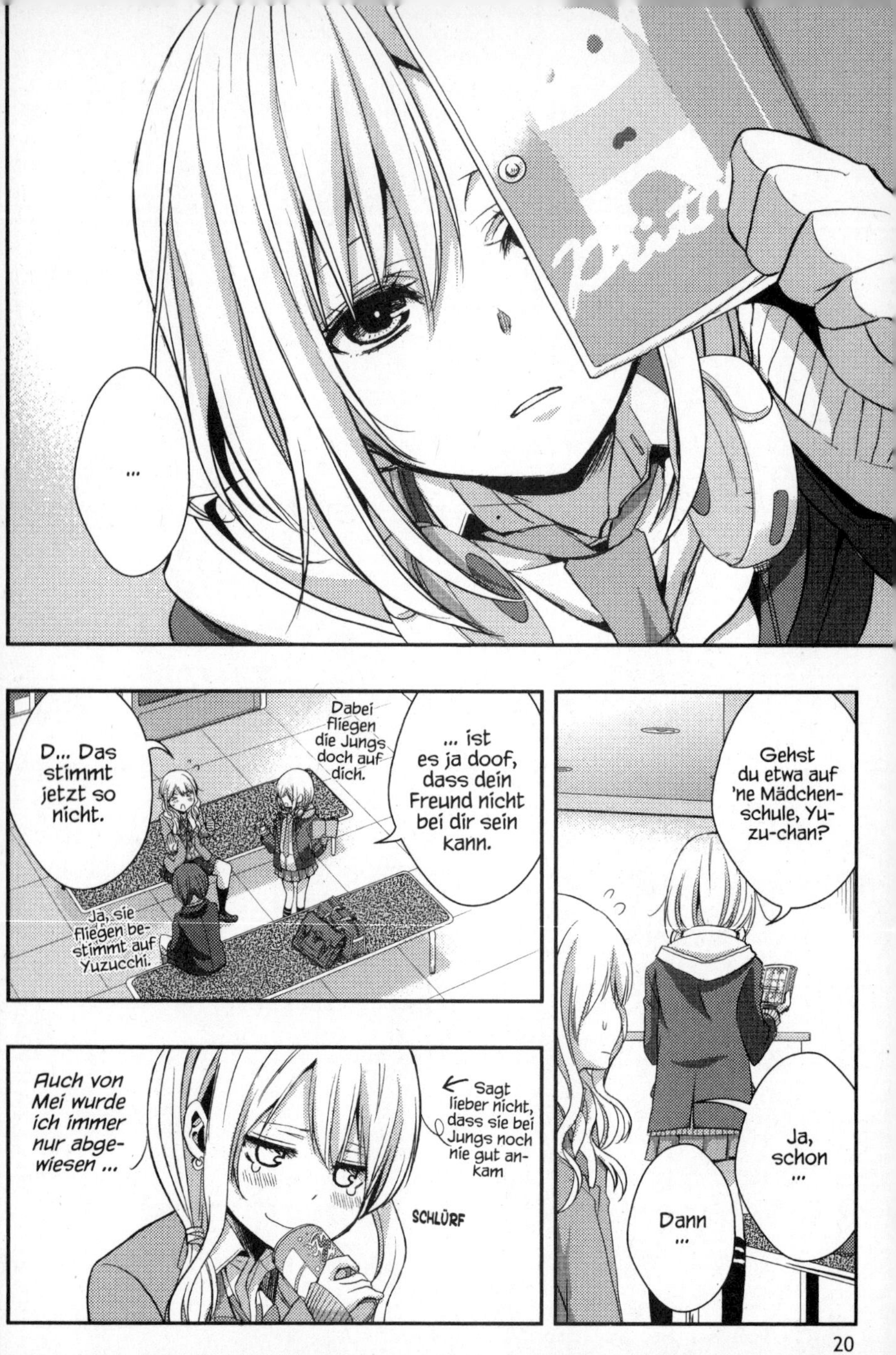
...
Gehst du etwa auf 'ne Mädchen-schule, Yu-zu-chan?
Ja, schon ...
Dann ...
... ist es ja doof, dass dein Freund nicht bei dir sein kann.
Dabei fliegen die Jungs doch auf dich.
D... Das stimmt jetzt so nicht.
Ja, sie fliegen be-stimmt auf Yuzucchi.
Sagt lieber nicht, dass sie bei Jungs noch nie gut an-kam
SCHLÜRF
Auch von Mei wurde ich immer nur abge-wiesen ...

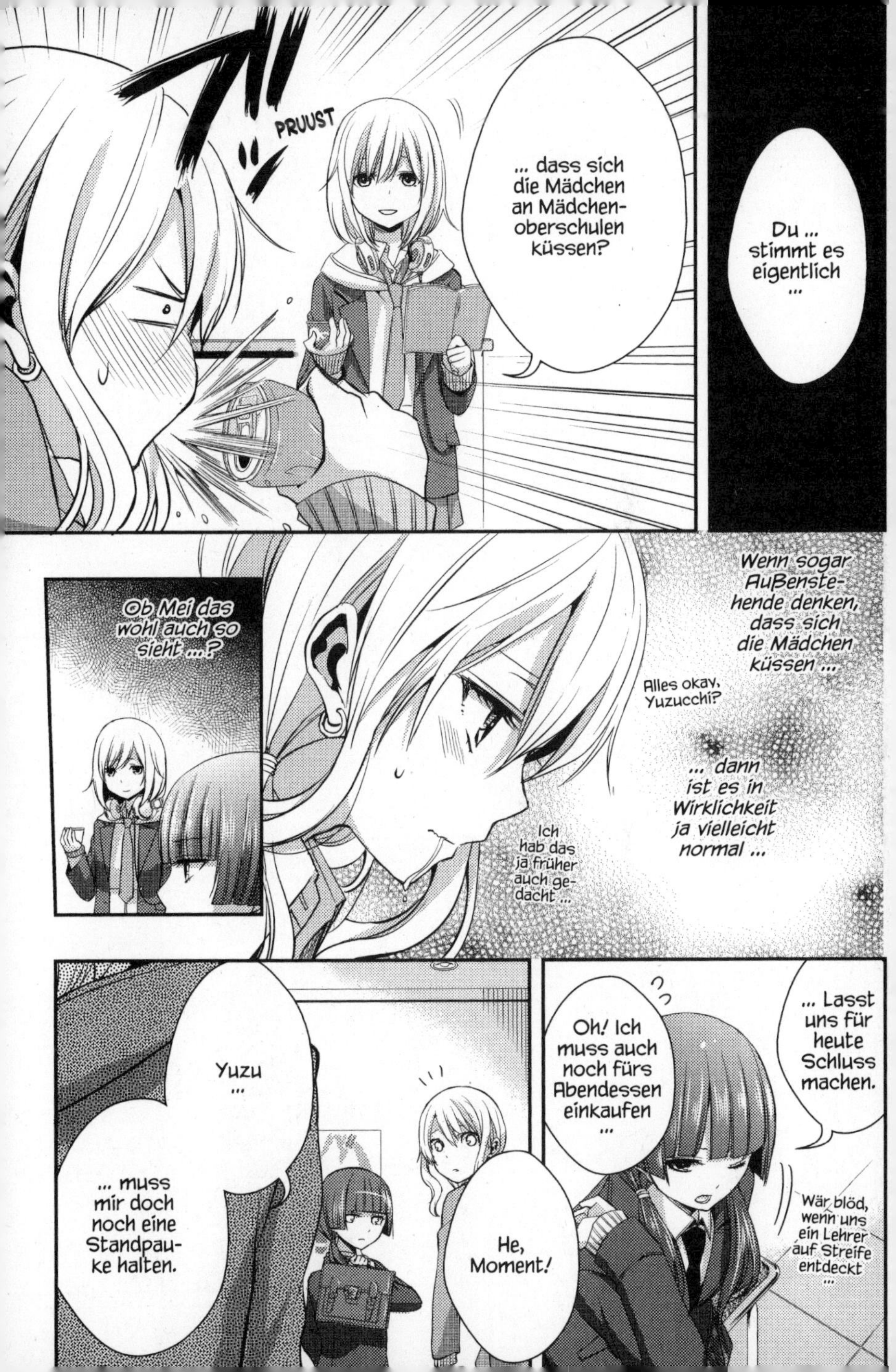
Du ... stimmt es eigentlich ...
... dass sich die Mädchen an Mädchen-oberschulen küssen?
PRUUST
Wenn sogar Außenstehende denken, dass sich die Mädchen küssen ...
Alles okay, Yuzucchi?
... dann ist es in Wirklichkeit ja vielleicht normal ...
Ich hab das ja früher auch gedacht ...
Ob Mei das wohl auch so sieht ...?
... Lasst uns für heute Schluss machen.
Wär blöd, wenn uns ein Lehrer auf Streife entdeckt ...
Oh! Ich muss auch noch fürs Abendessen einkaufen ...
He, Moment!
Yuzu ...
... muss mir doch noch eine Standpauke halten.

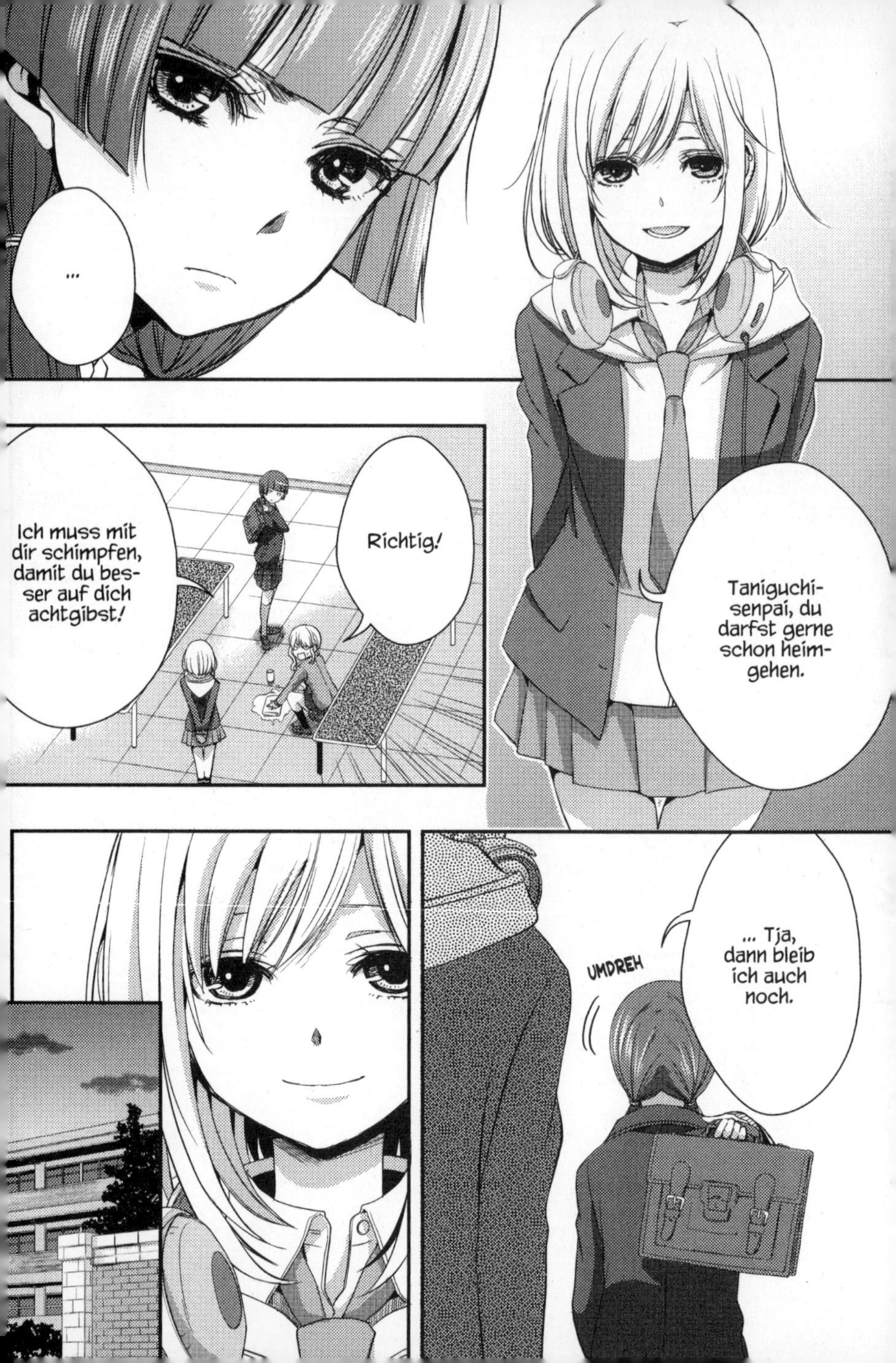

Taniguchi-senpai, du darfst gerne schon heimgehen.
...
Richtig!
Ich muss mit dir schimpfen, damit du besser auf dich achtgibst!
UMDREH
... Tja, dann bleib ich auch noch.

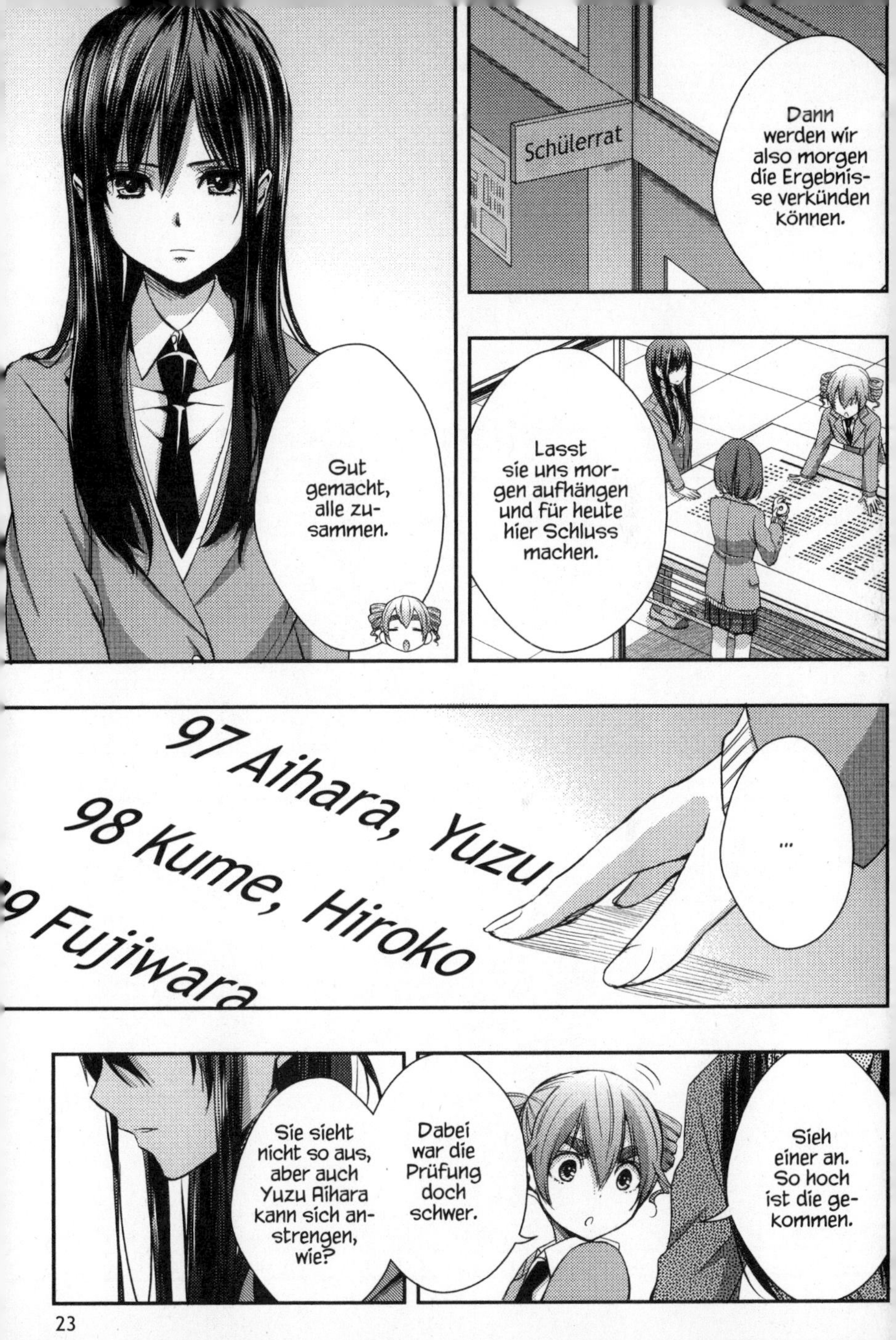
Schülerrat
Dann werden wir also morgen die Ergebnisse verkünden können.
Lasst sie uns morgen aufhängen und für heute hier Schluss machen.
Gut gemacht, alle zusammen.
97 Aihara, Yuzu
98 Kume, Hiroko
9 Fujiwara
...
Sieh einer an. So hoch ist die gekommen.
Dabei war die Prüfung doch schwer.
Sie sieht nicht so aus, aber auch Yuzu Aihara kann sich anstrengen, wie?

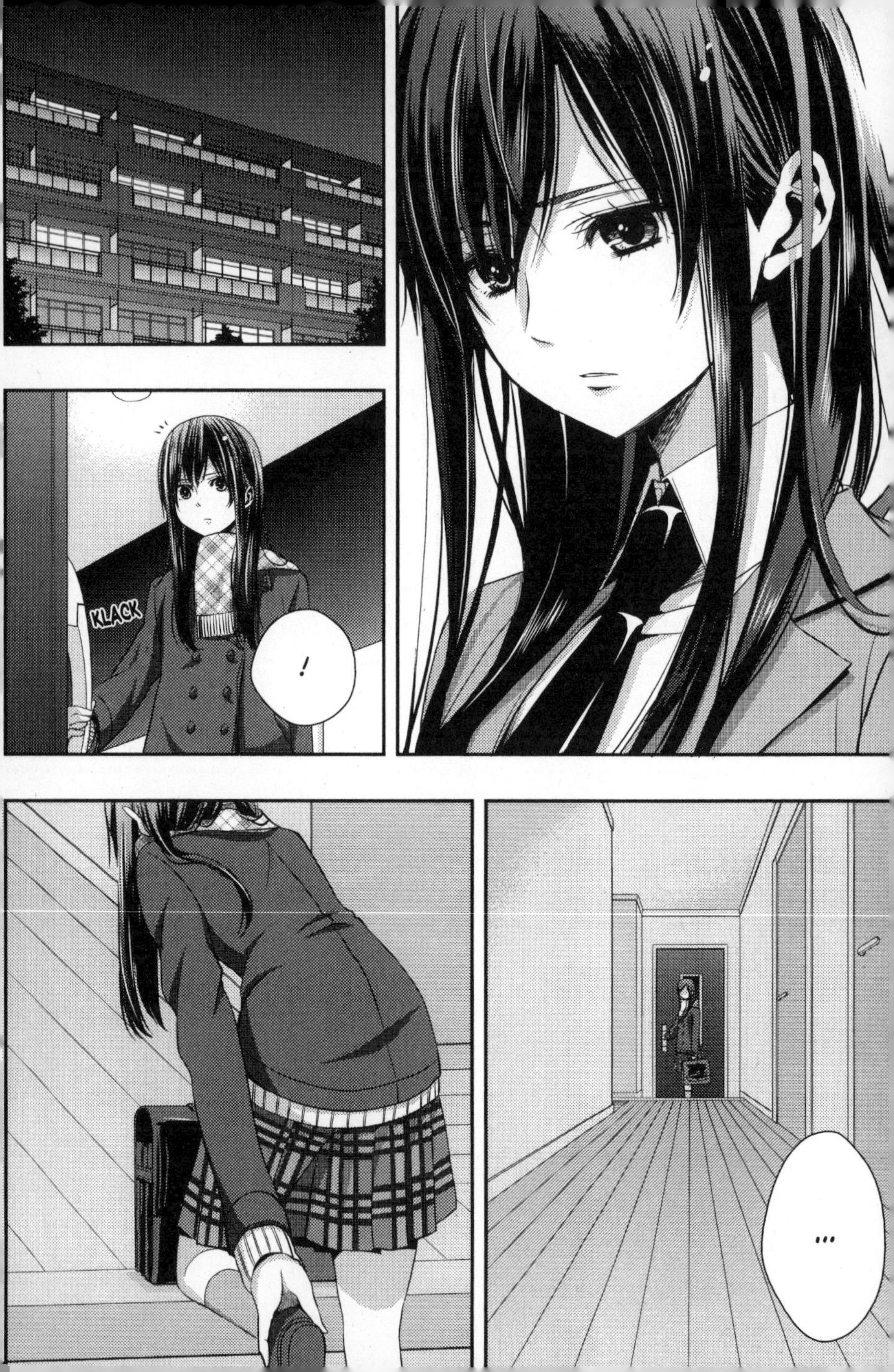
KLACK
!
...

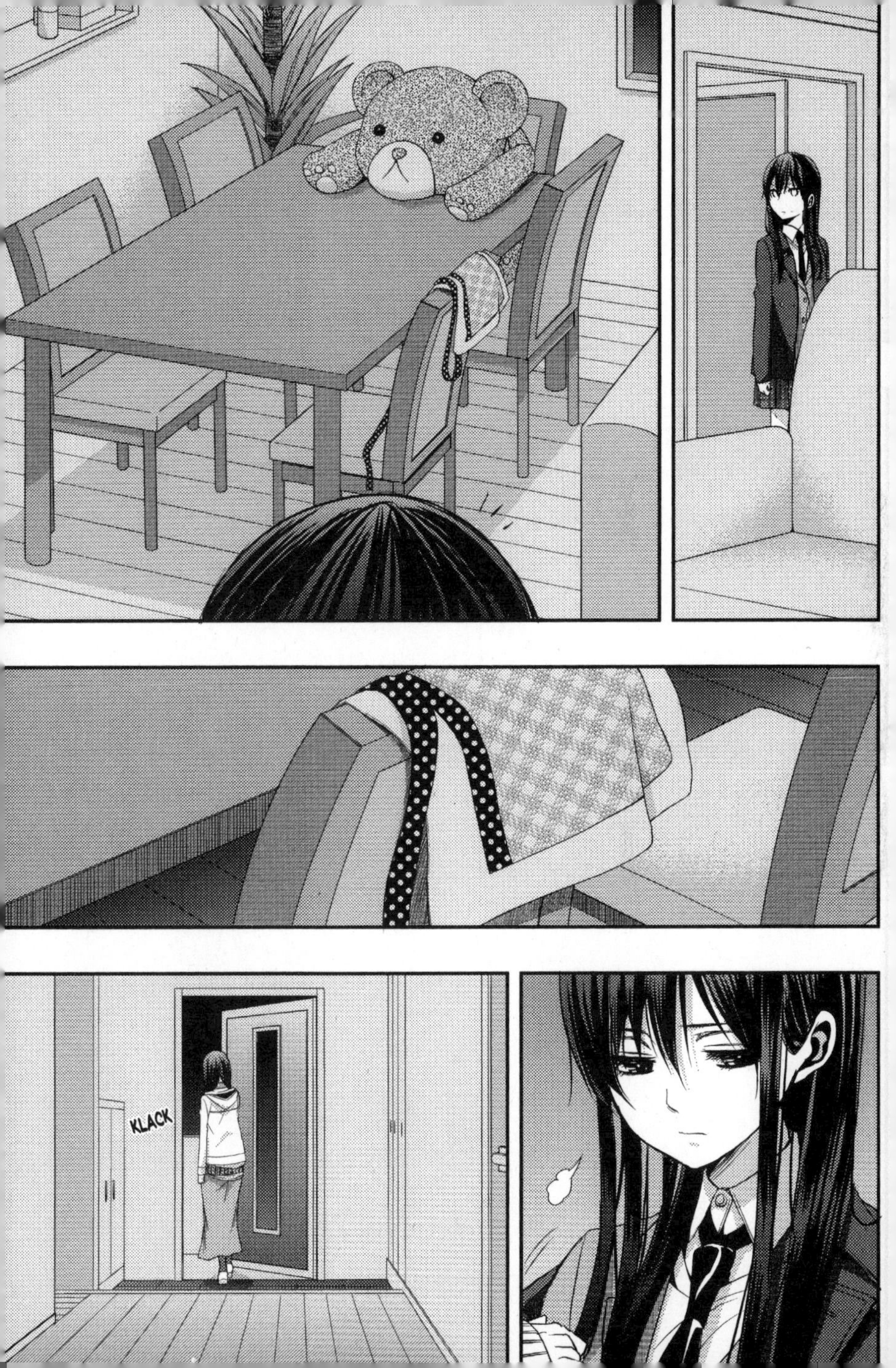
KLACK

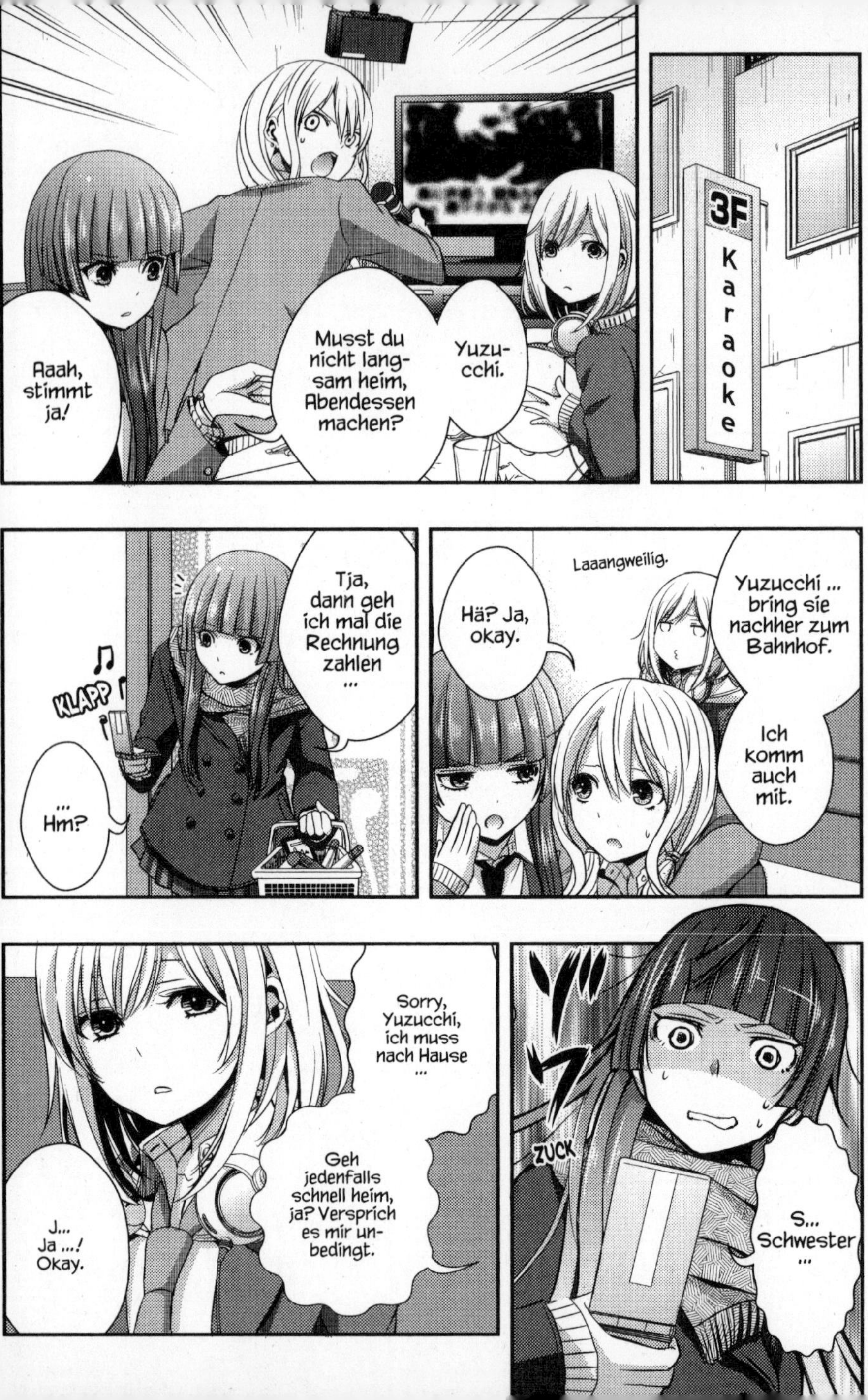
3F
Karaoke
Yuzucchi.
Musst du nicht langsam heim, Abendessen machen?
Aaah, stimmt ja!
Yuzucchi ... bring sie nachher zum Bahnhof.
Hä? Ja, okay.
Laaangweilig.
Ich komm auch mit.
Tja, dann geh ich mal die Rechnung zahlen ...
KLAPP
... Hm?
ZUCK
S... Schwester ...
Sorry, Yuzucchi, ich muss nach Hause ...
Geh jedenfalls schnell heim, ja? Versprich es mir unbedingt.
J... Ja ...! Okay.

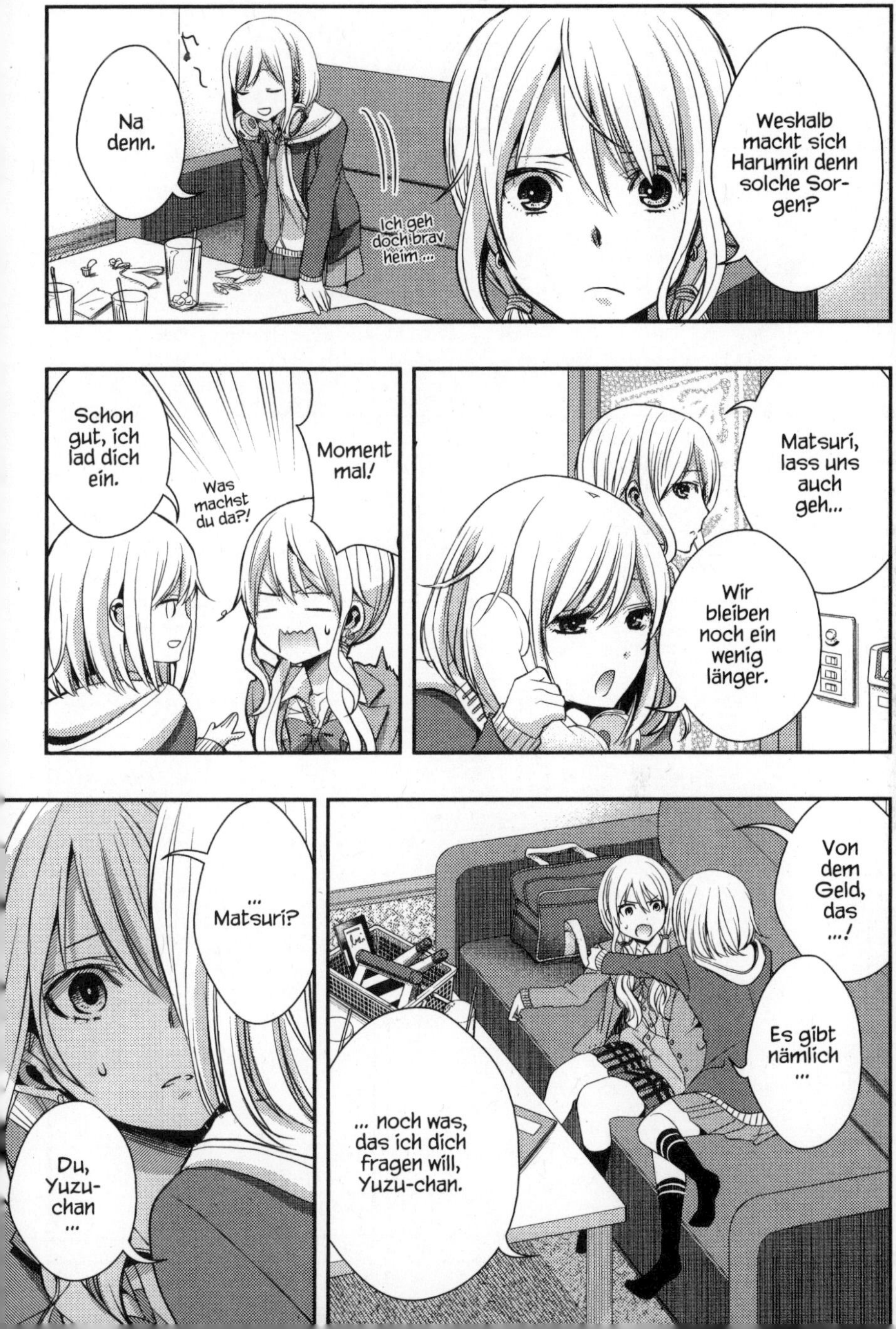

Weshalb macht sich Harumin denn solche Sorgen?
Na denn.
Ich geh doch brav heim ...
Matsuri, lass uns auch geh...
Wir bleiben noch ein wenig länger.
Moment mal!
Was machst du da?!
Schon gut, ich lad dich ein.
Von dem Geld, das ...!
Es gibt nämlich ...
... noch was, das ich dich fragen will, Yuzu-chan.
... Matsuri?
Du, Yuzu-chan ...

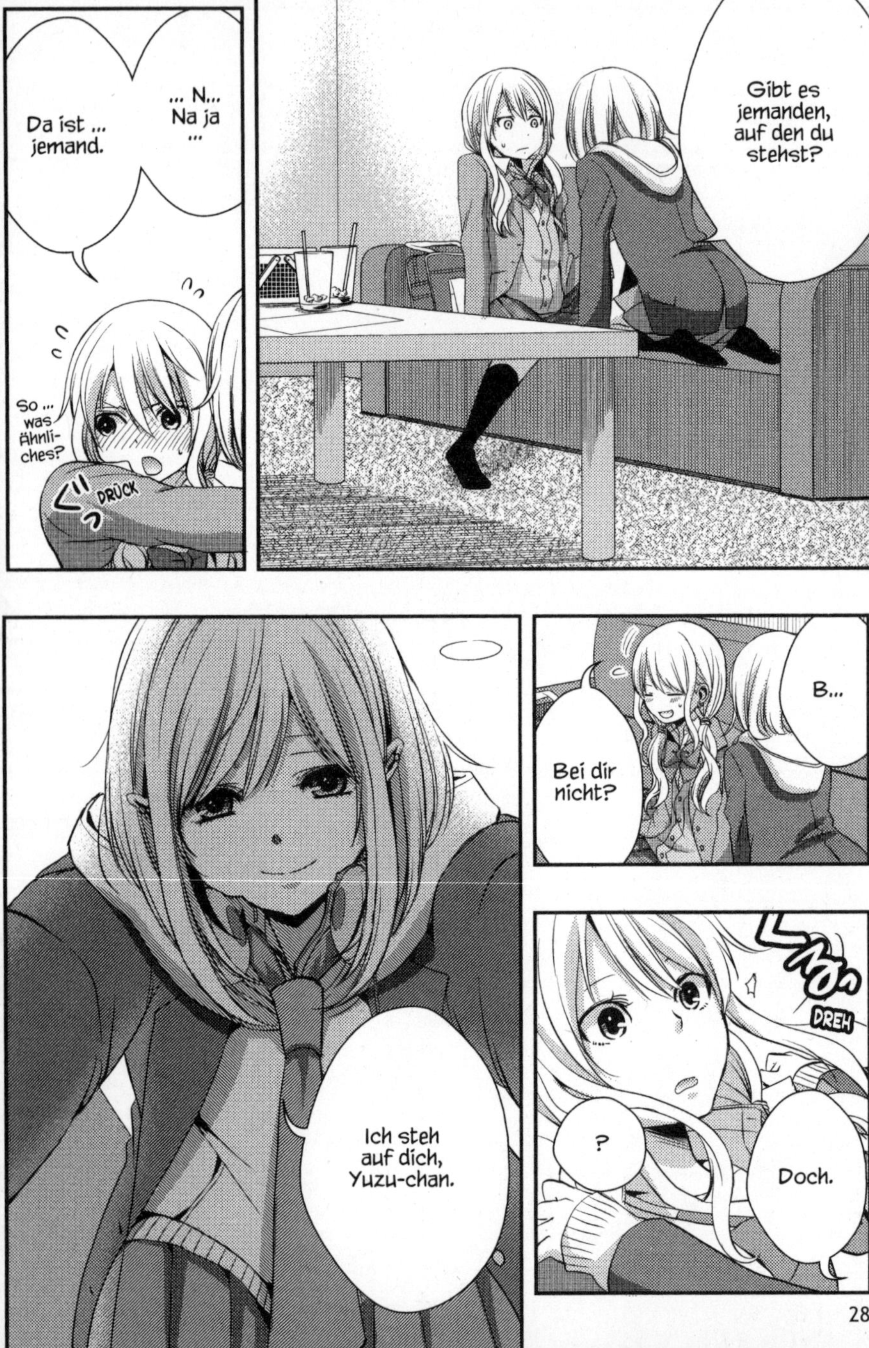
Gibt es jemanden, auf den du stehst?
... N... Na ja ...
Da ist ... jemand.
So ... was Ähnliches?
DRÜCK
B...
Bei dir nicht?
DREH
Doch.
?
Ich steh auf dich, Yuzu-chan.

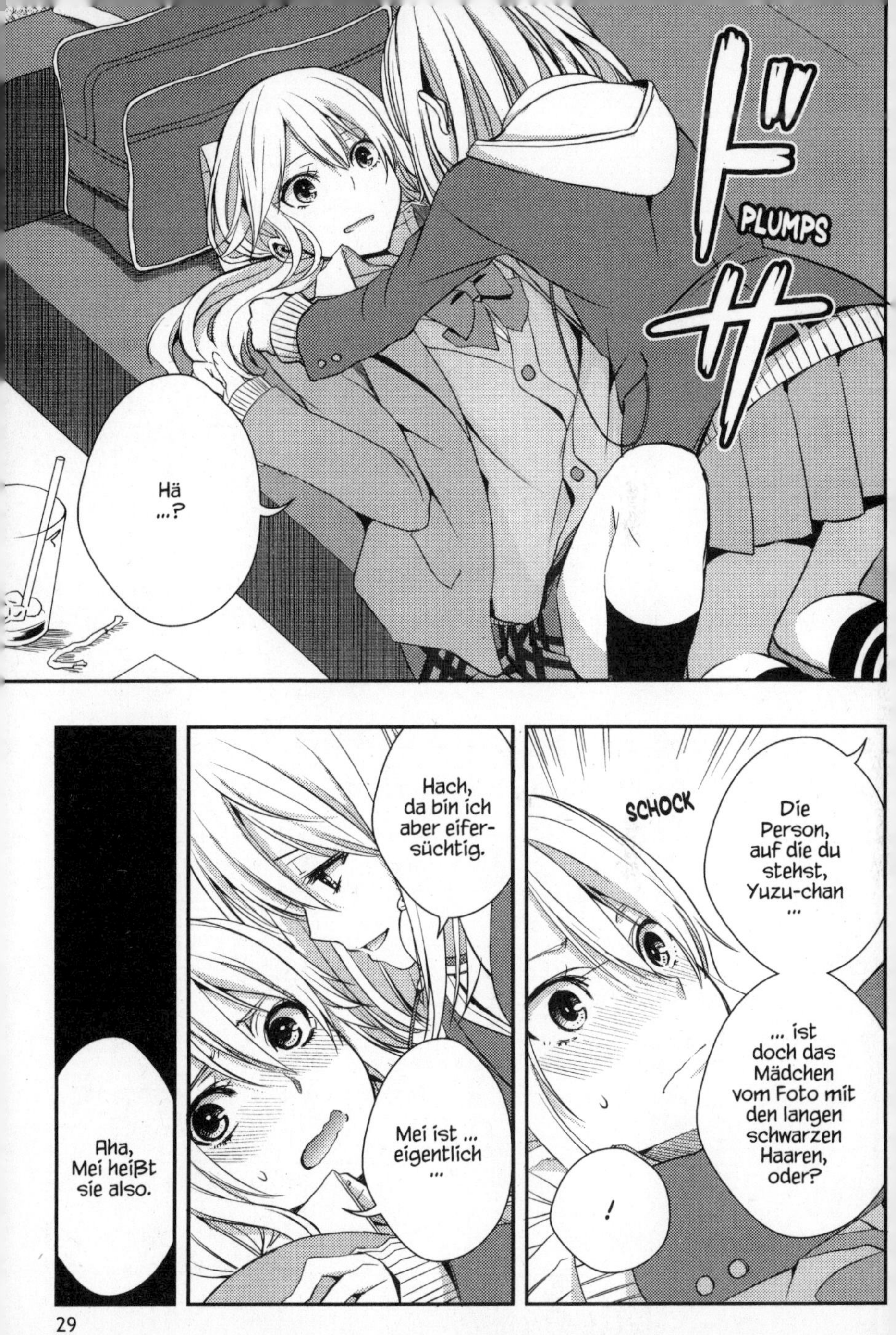
ドサ
PLUMPS
Hä ...?
SCHOCK
Die Person, auf die du stehst, Yuzu-chan ...
... ist doch das Mädchen vom Foto mit den langen schwarzen Haaren, oder?
!
Hach, da bin ich aber eifer-süchtig.
Mei ist ... eigentlich ...
Aha, Mei heißt sie also.

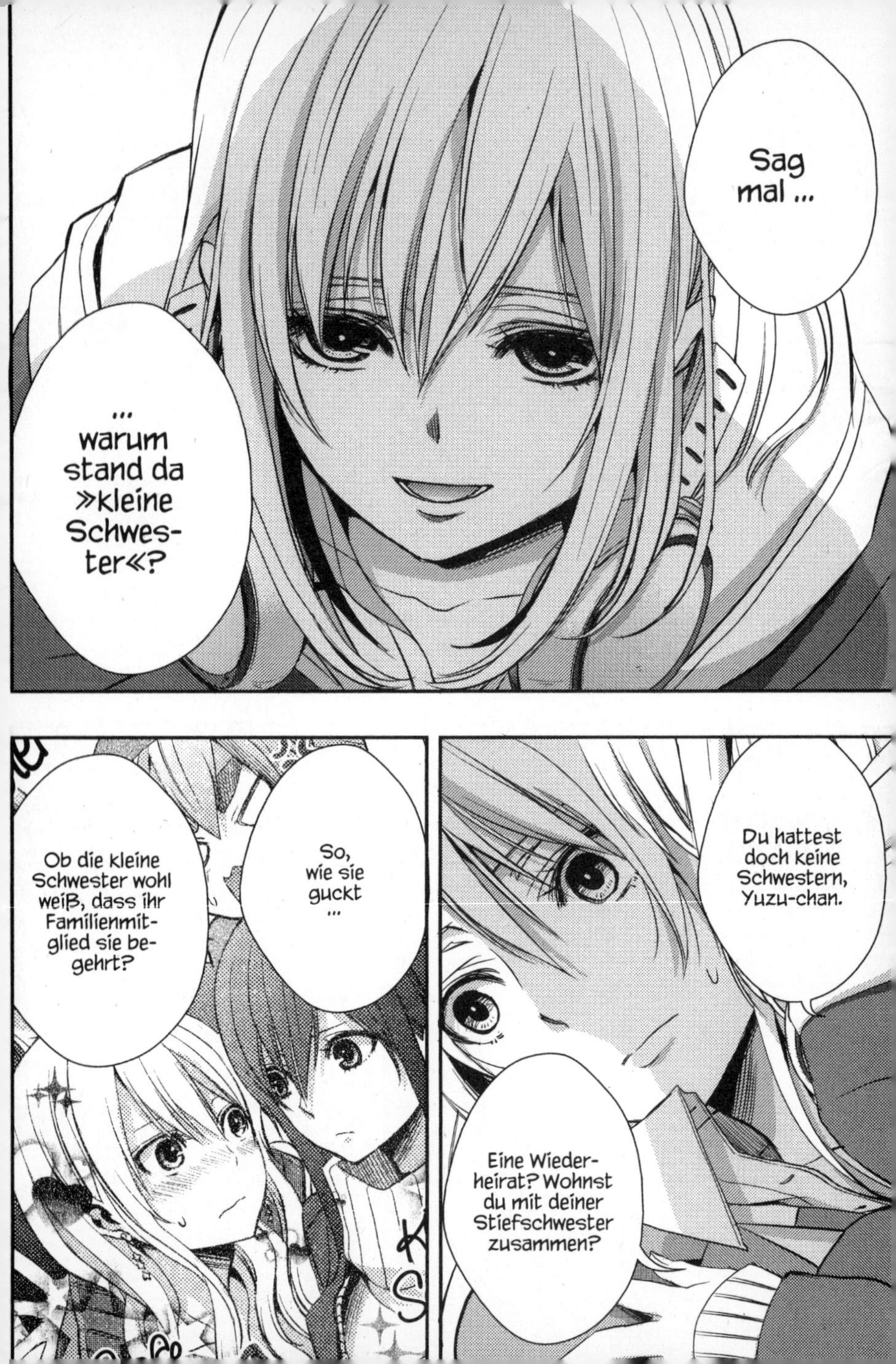
Sag mal ...
... warum stand da »kleine Schwester«?
Du hattest doch keine Schwestern, Yuzu-chan.
Eine Wiederheirat? Wohnst du mit deiner Stiefschwester zusammen?
So, wie sie guckt ...
Ob die kleine Schwester wohl weiß, dass ihr Familienmitglied sie begehrt?

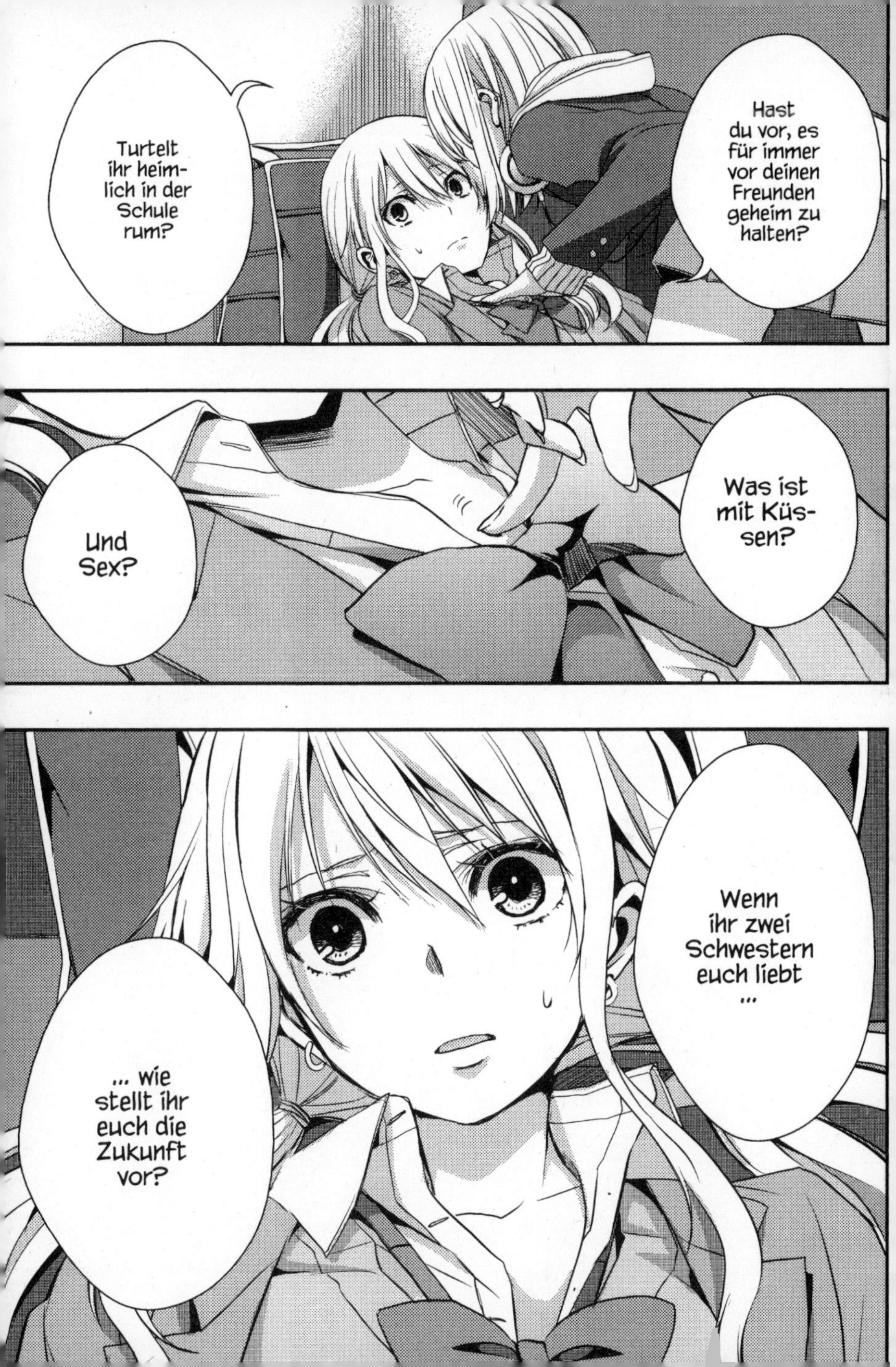
Hast du vor, es für immer vor deinen Freunden geheim zu halten?
Turtelt ihr heimlich in der Schule rum?
Was ist mit Küssen?
Und Sex?
Wenn ihr zwei Schwestern euch liebt …
… wie stellt ihr euch die Zukunft vor?

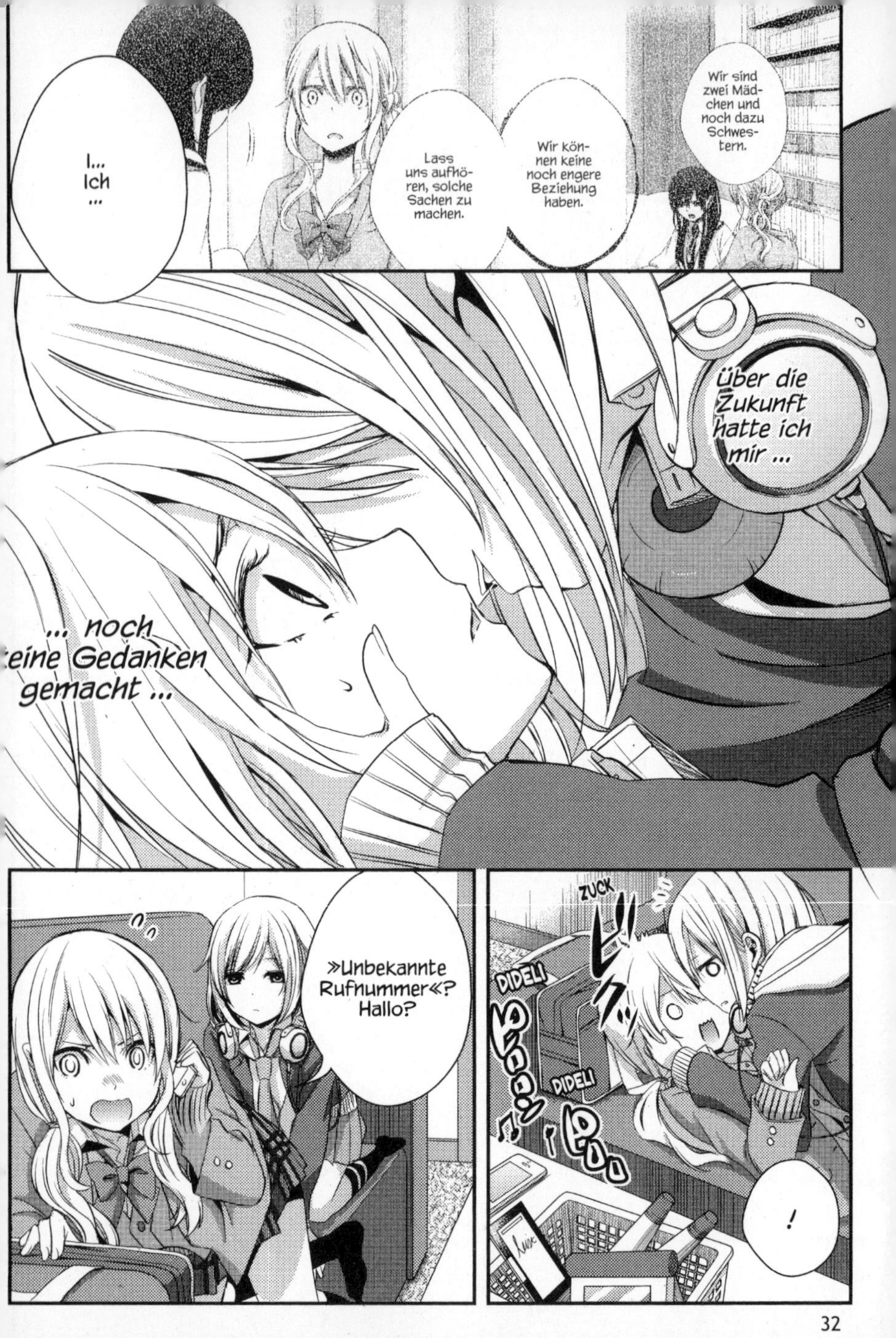
Wir sind zwei Mädchen und noch dazu Schwestern.
Wir können keine noch engere Beziehung haben.
Lass uns aufhören, solche Sachen zu machen.
I... Ich ...
Über die Zukunft hatte ich mir ...
... noch eine Gedanken gemacht ...
ZUCK
DIDELI
DIDELI
!
»Unbekannte Rufnummer«? Hallo?

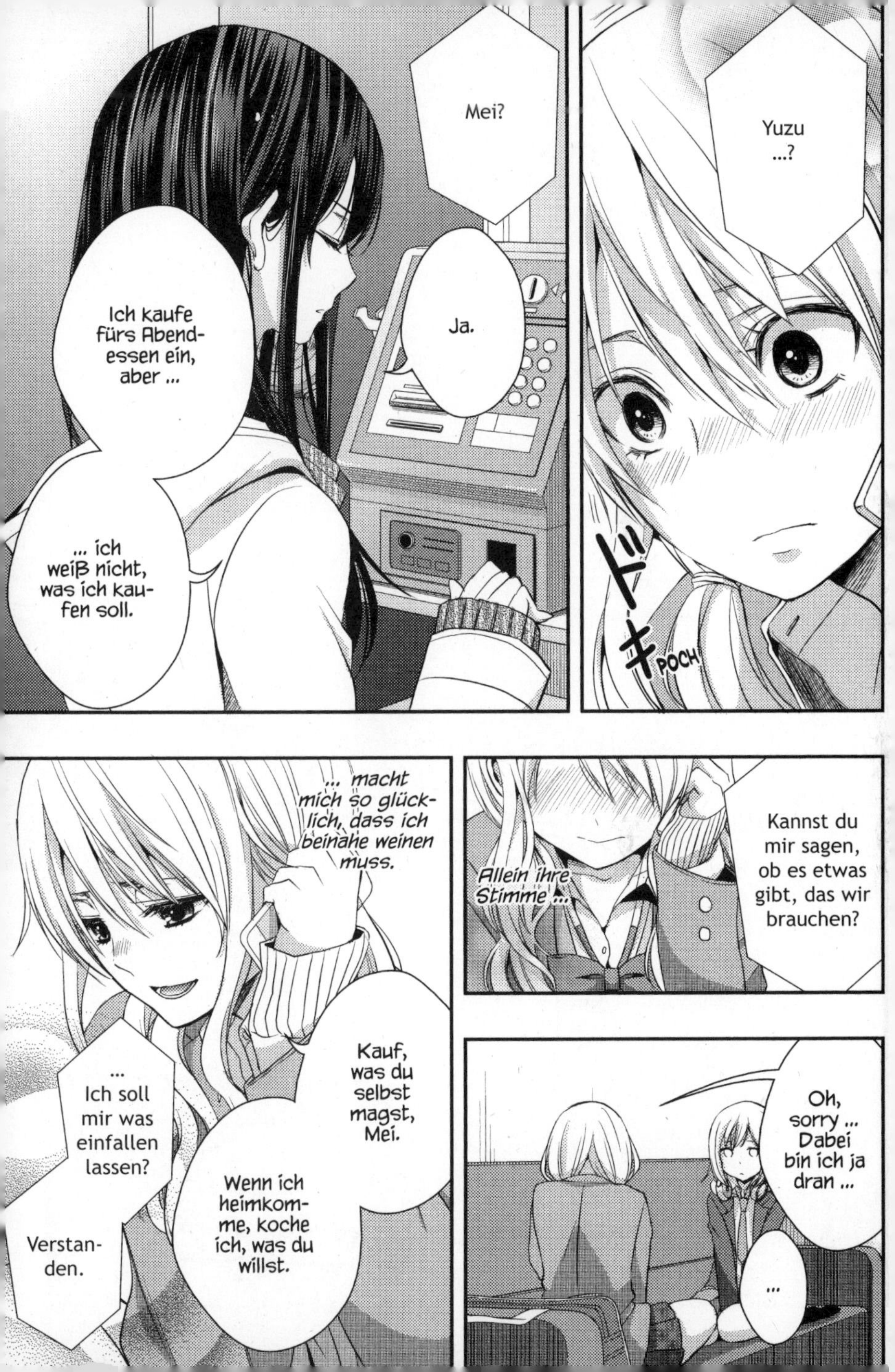
Yuzu ...?
POCH
Mei?
Ja.
Ich kaufe fürs Abendessen ein, aber ...
... ich weiß nicht, was ich kaufen soll.
Kannst du mir sagen, ob es etwas gibt, das wir brauchen?
Allein ihre Stimme ...
... macht mich so glücklich, dass ich beinahe weinen muss.
Kauf, was du selbst magst, Mei.
Wenn ich heimkomme, koche ich, was du willst.
... Ich soll mir was einfallen lassen?
Verstanden.
Oh, sorry ... Dabei bin ich ja dran ...
...

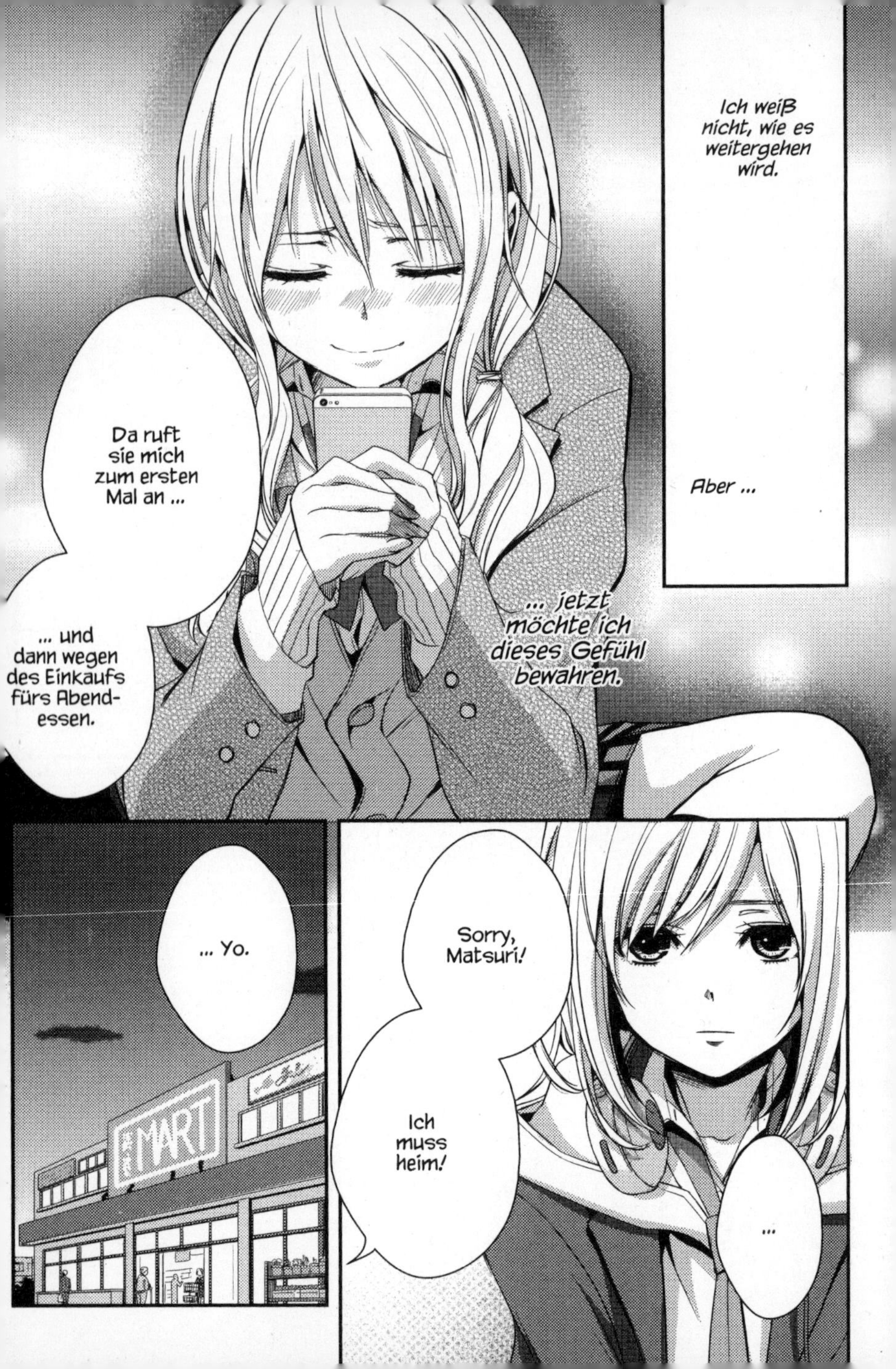
Ich weiß nicht, wie es weitergehen wird.
Aber ...
... jetzt möchte ich dieses Gefühl bewahren.
Da ruft sie mich zum ersten Mal an ...
... und dann wegen des Einkaufs fürs Abendessen.
Sorry, Matsuri!
Ich muss heim!
...
... Yo.
MART

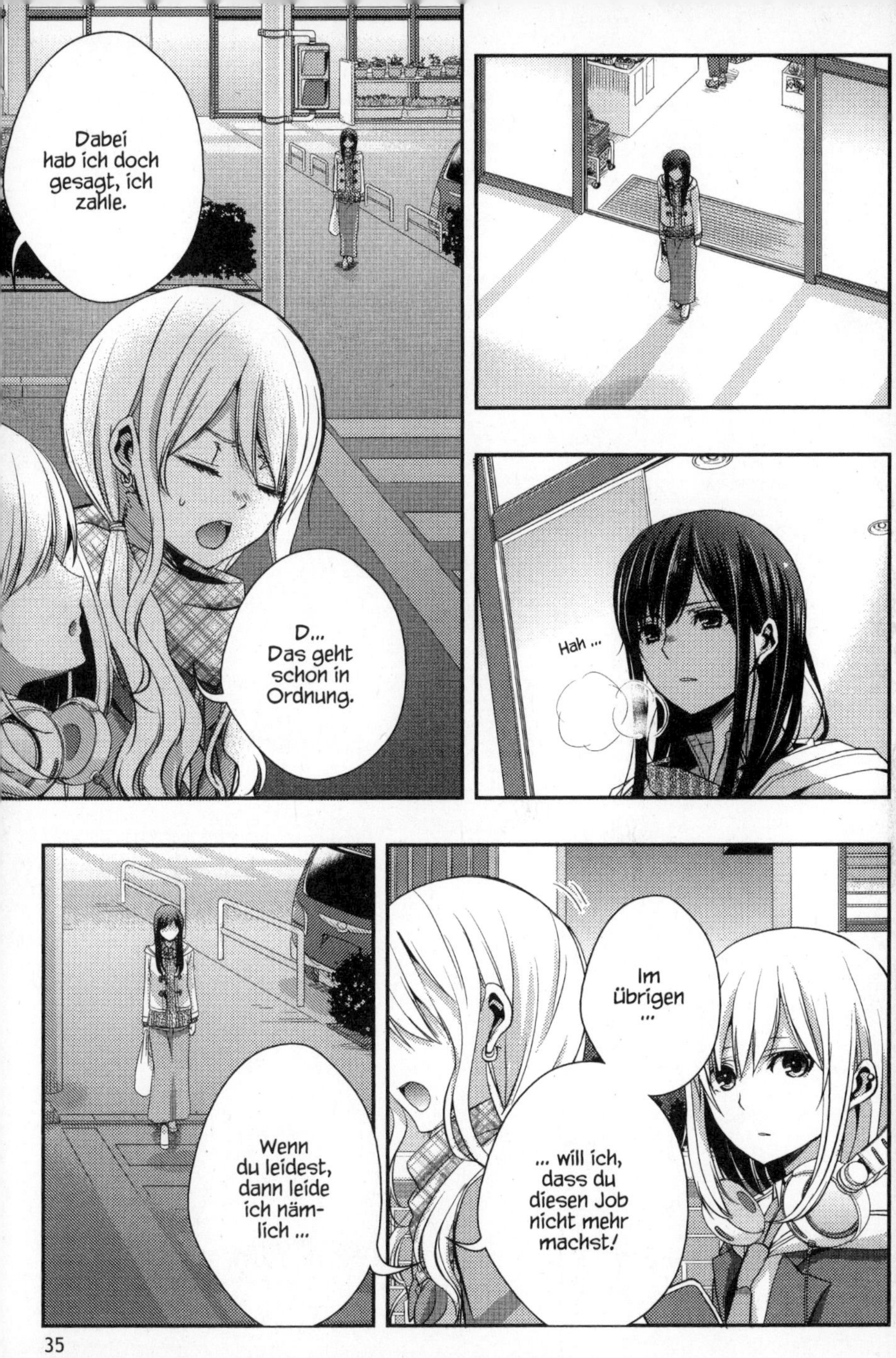
Hah ...
Dabei hab ich doch gesagt, ich zahle.
D... Das geht schon in Ordnung.
Im übrigen ...
... will ich, dass du diesen Job nicht mehr machst!
Wenn du leidest, dann leide ich näm-lich ...

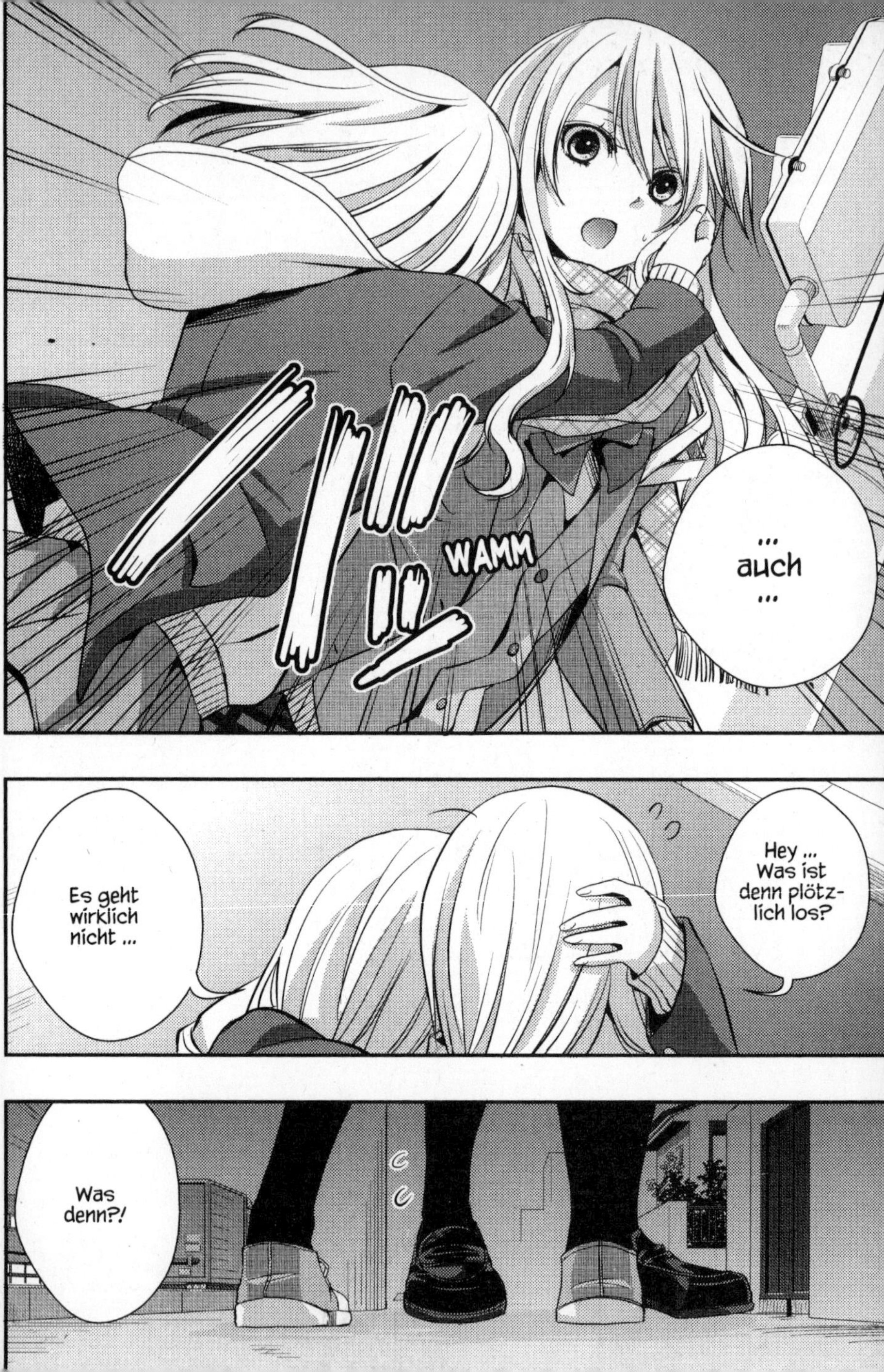

WAMM
... auch ...
Hey ... Was ist denn plötz-lich los?
Es geht wirklich nicht ...
Was denn?!

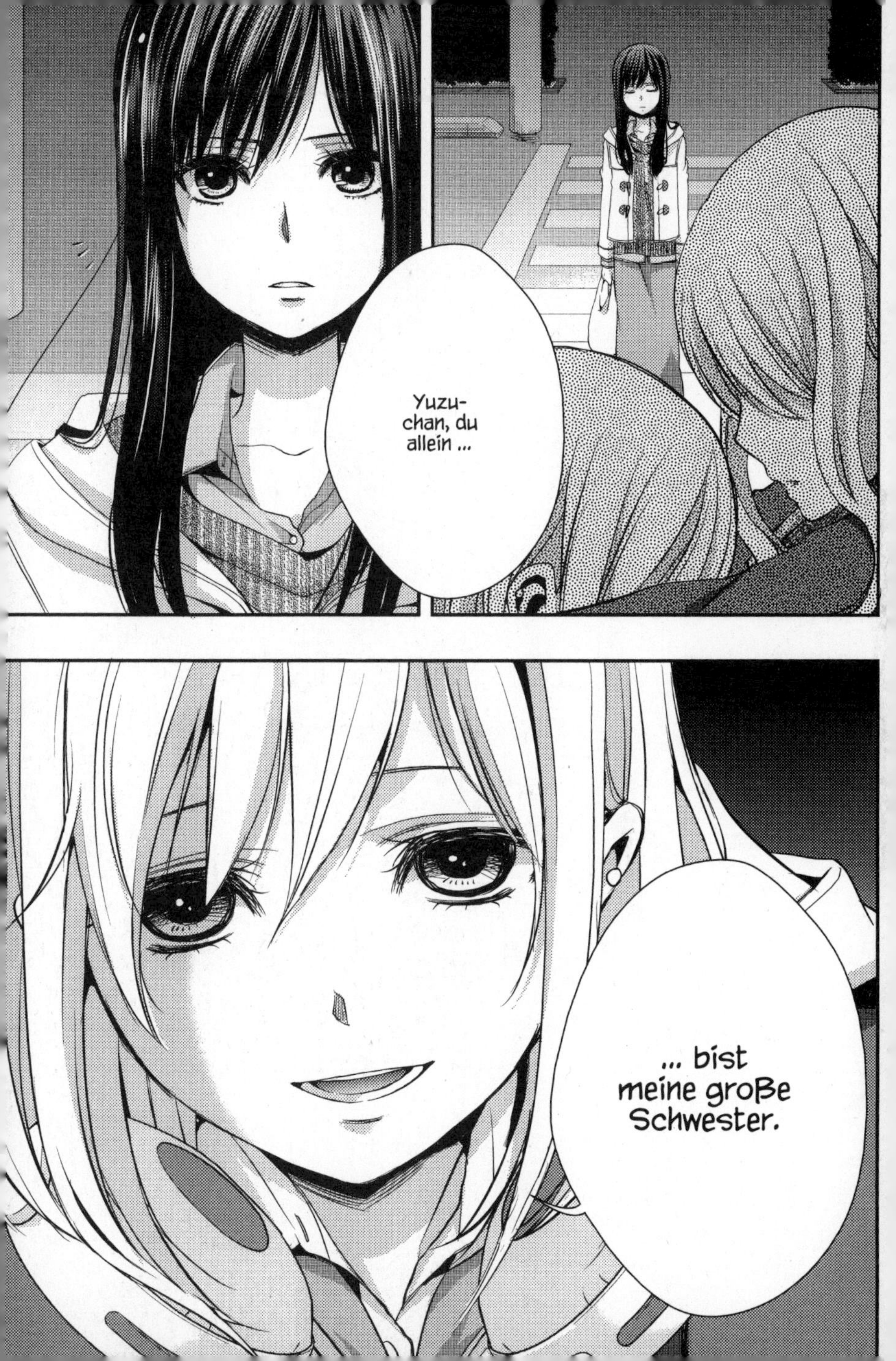
Yuzu-chan, du allein ...
... bist meine große Schwester.

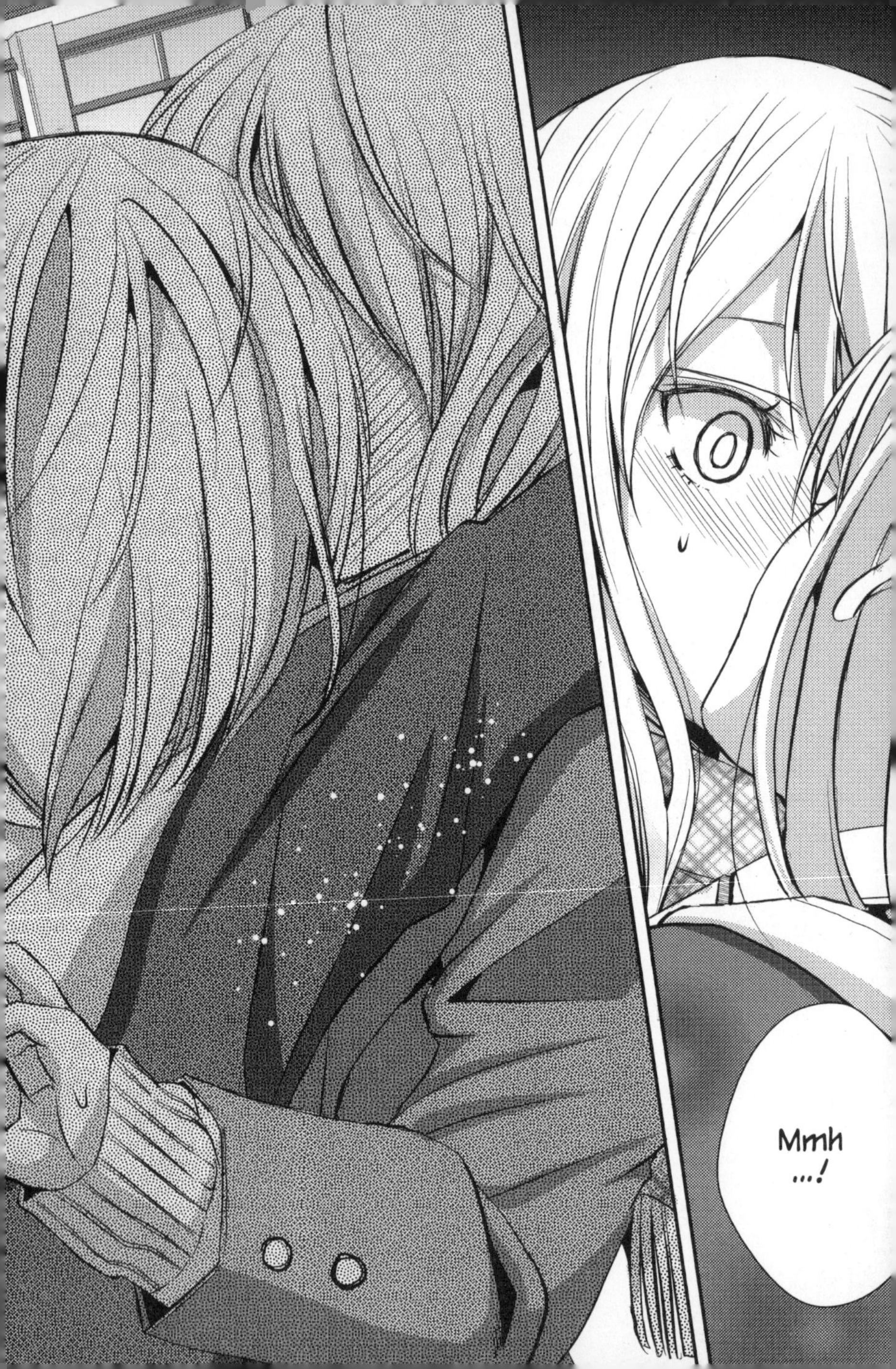
Mmh
...!

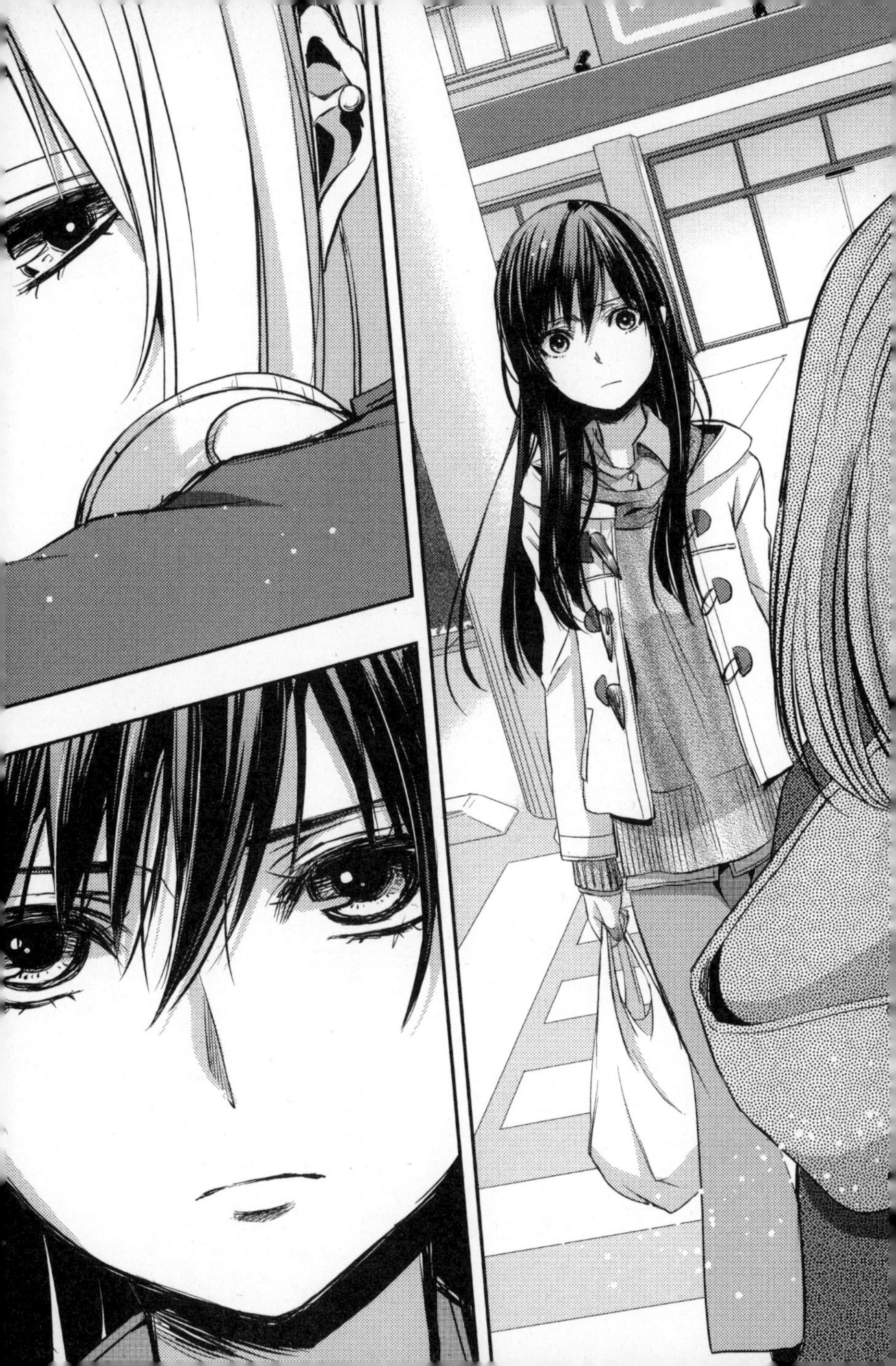

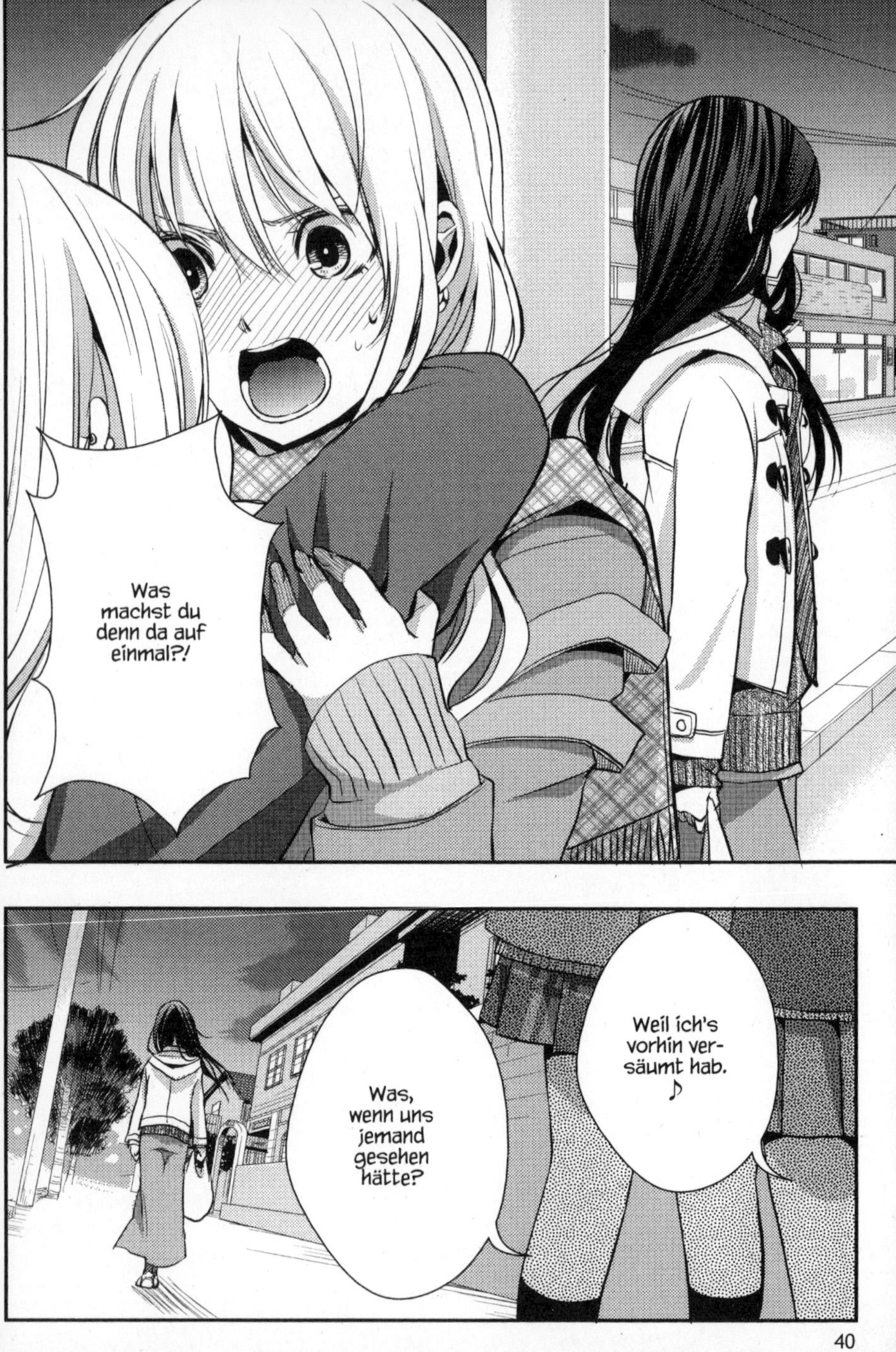
Was machst du denn da auf einmal?!
Weil ich's vorhin versäumt hab. ♪
Was, wenn uns jemand gesehen hätte?

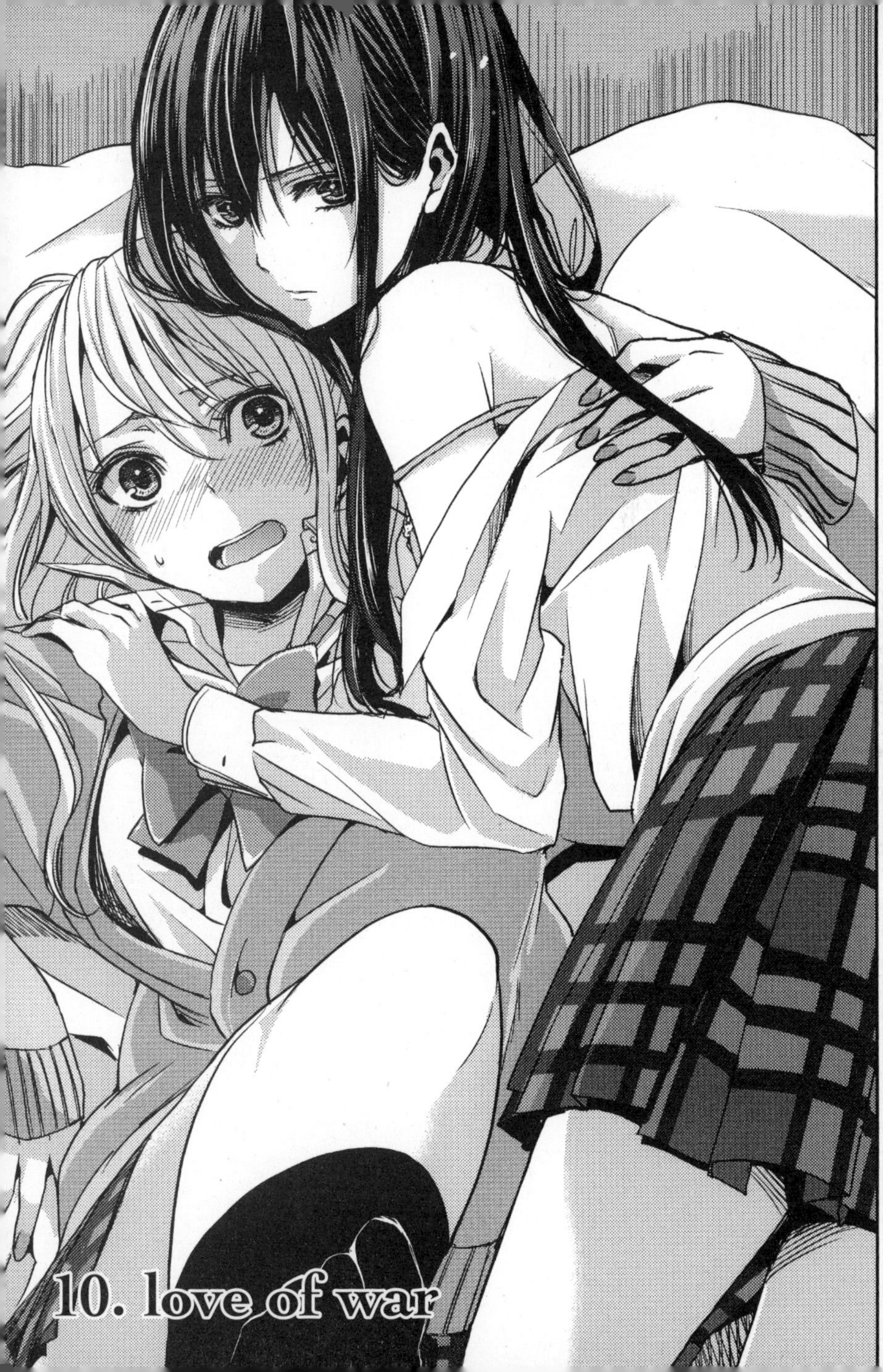

10. love of war

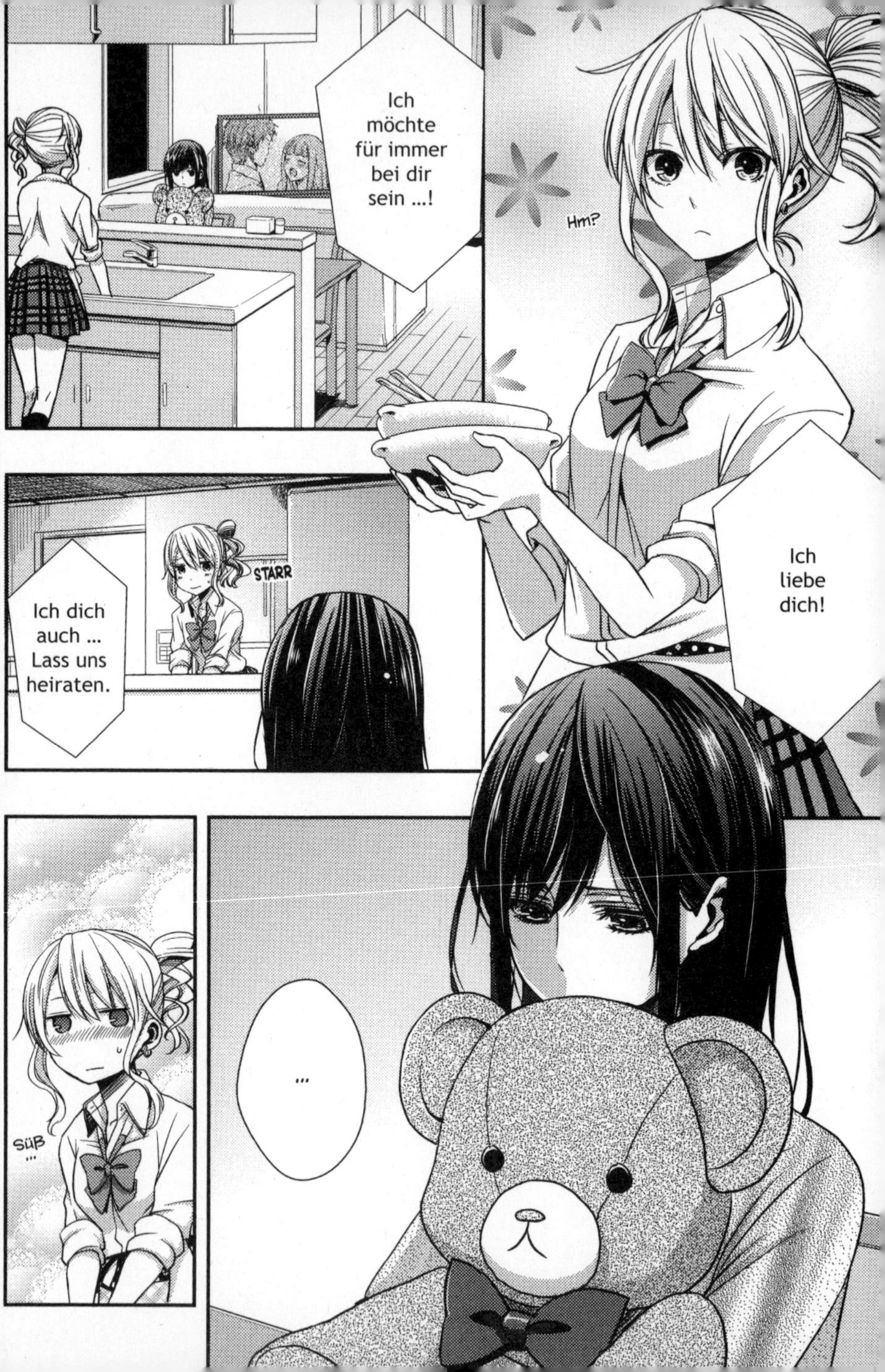
Hm?
Ich möchte für immer bei dir sein ...!
Ich liebe dich!
STARR
Ich dich auch ... Lass uns heiraten.
...
SÜẞ ...

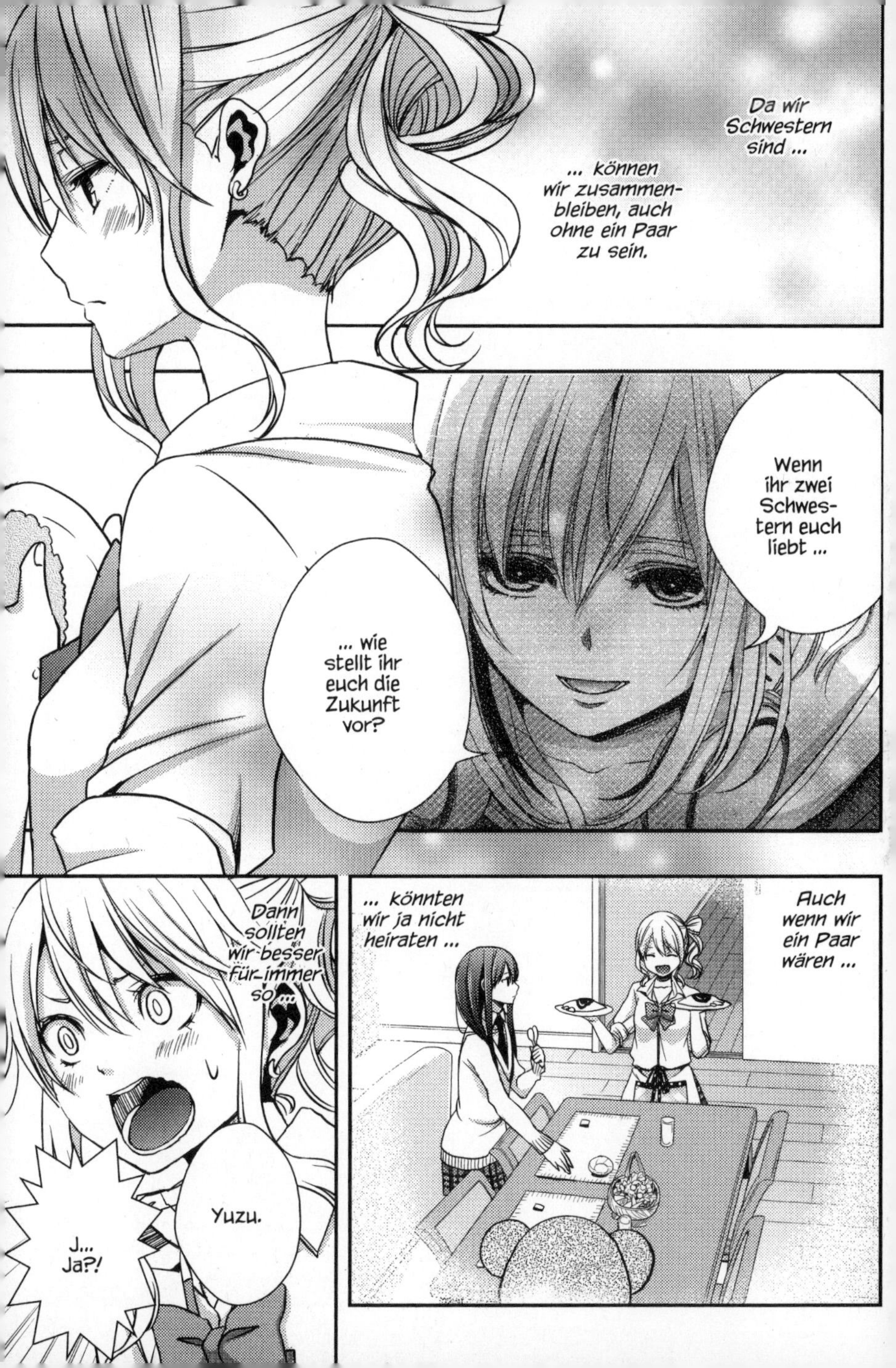
Da wir Schwestern sind ...
... können wir zusammenbleiben, auch ohne ein Paar zu sein.
Wenn ihr zwei Schwestern euch liebt ...
... wie stellt ihr euch die Zukunft vor?
Auch wenn wir ein Paar wären ...
... könnten wir ja nicht heiraten ...
Dann sollten wir besser für immer so ...
Yuzu.
J... Ja?!

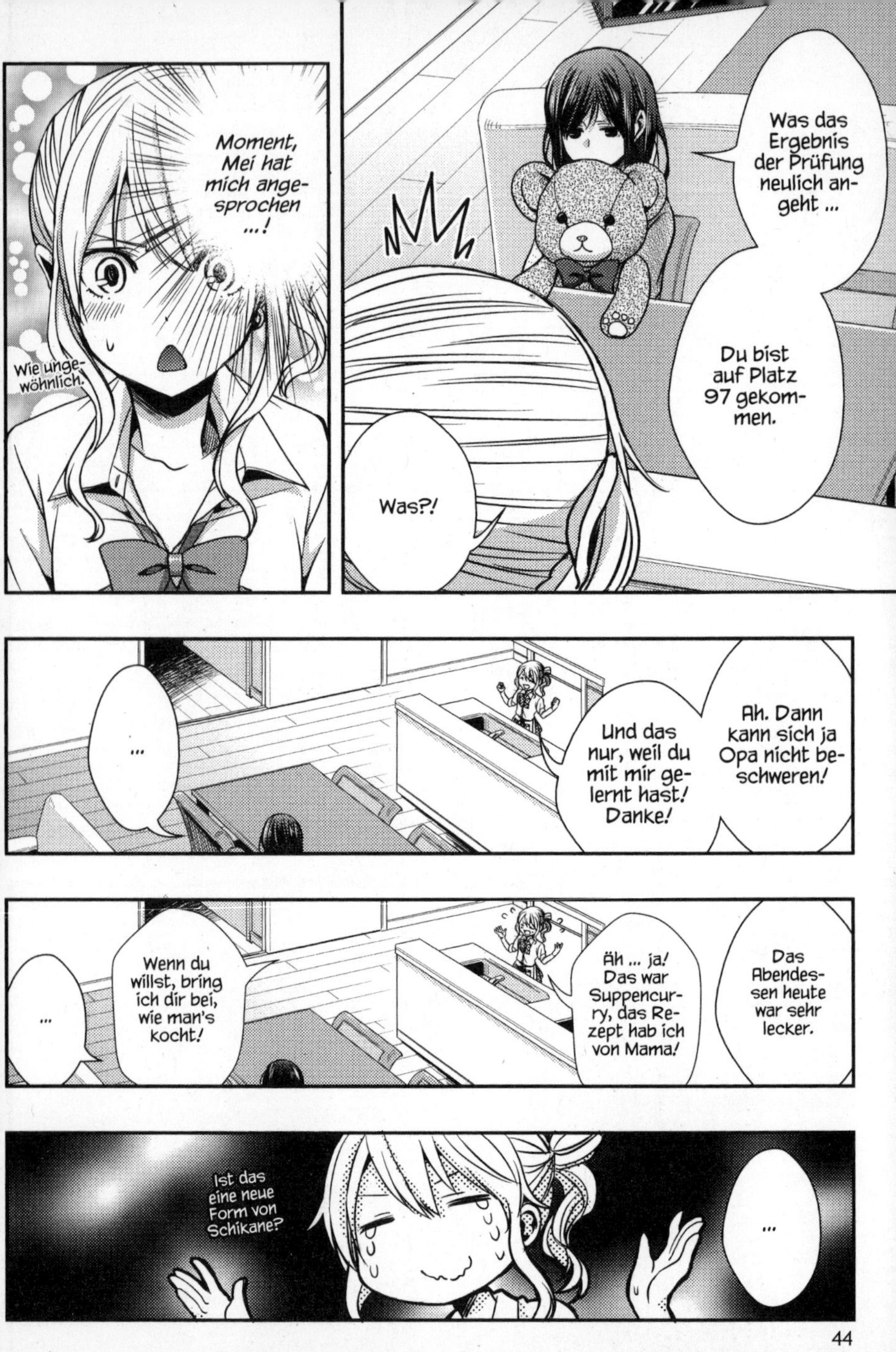

Was das Ergebnis der Prüfung neulich angeht ...
Du bist auf Platz 97 gekommen.
Was?!
Moment, Mei hat mich angesprochen ...!
Wie ungewöhnlich.
Ah. Dann kann sich ja Opa nicht beschweren!
Und das nur, weil du mit mir gelernt hast! Danke!
...
Das Abendessen heute war sehr lecker.
Äh ... ja! Das war Suppencurry, das Rezept hab ich von Mama!
Wenn du willst, bring ich dir bei, wie man's kocht!
...
...
Ist das eine neue Form von Schikane?

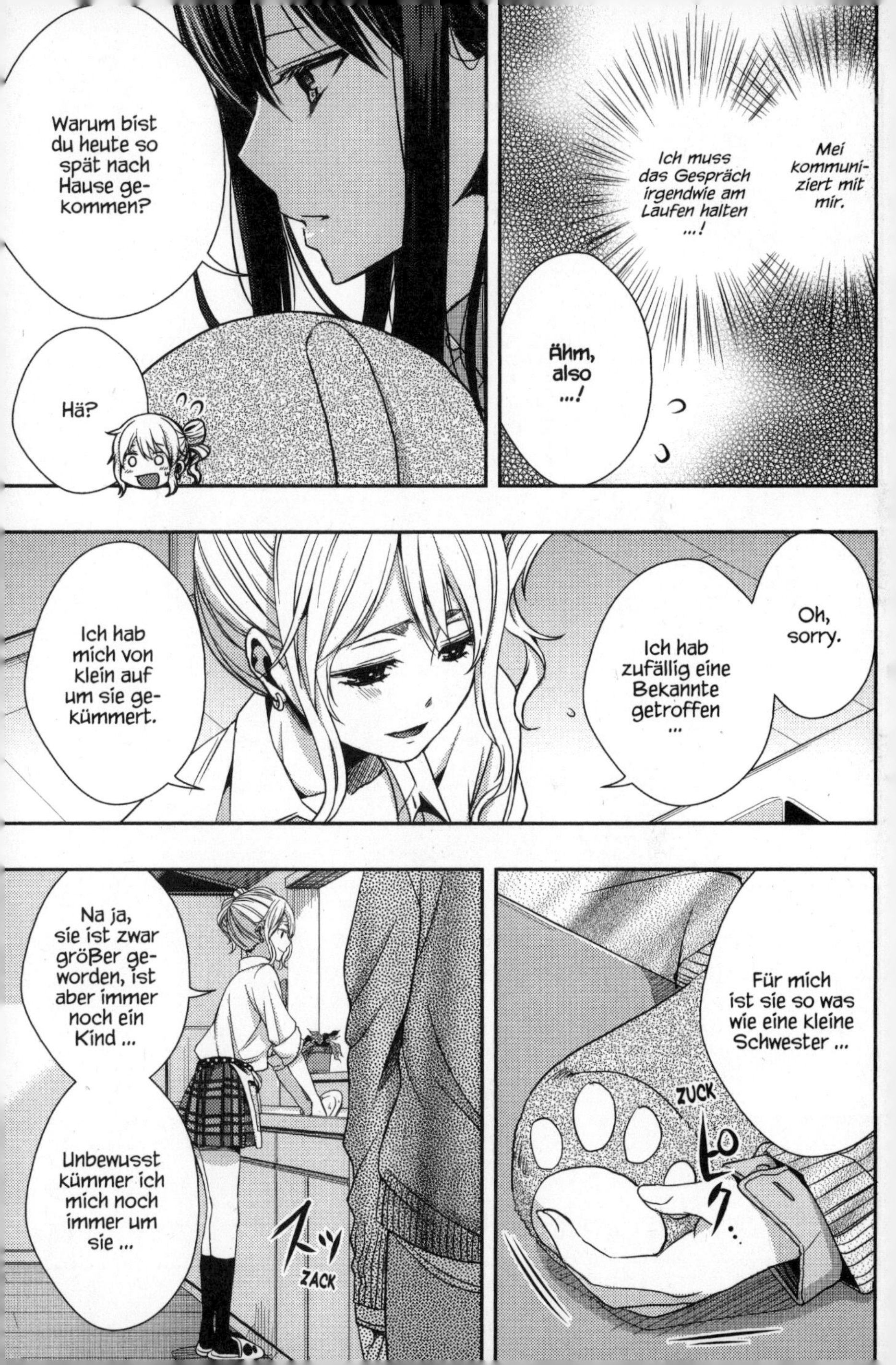
Mei kommuniziert mit mir.
Ich muss das Gespräch irgendwie am Laufen halten ...!
Ähm, also ...!
Warum bist du heute so spät nach Hause gekommen?
Hä?
Oh, sorry.
Ich hab zufällig eine Bekannte getroffen ...
Ich hab mich von klein auf um sie gekümmert.
Für mich ist sie so was wie eine kleine Schwester ...
ZUCK
Na ja, sie ist zwar größer geworden, ist aber immer noch ein Kind ...
Unbewusst kümmer ich mich noch immer um sie ...
ZACK

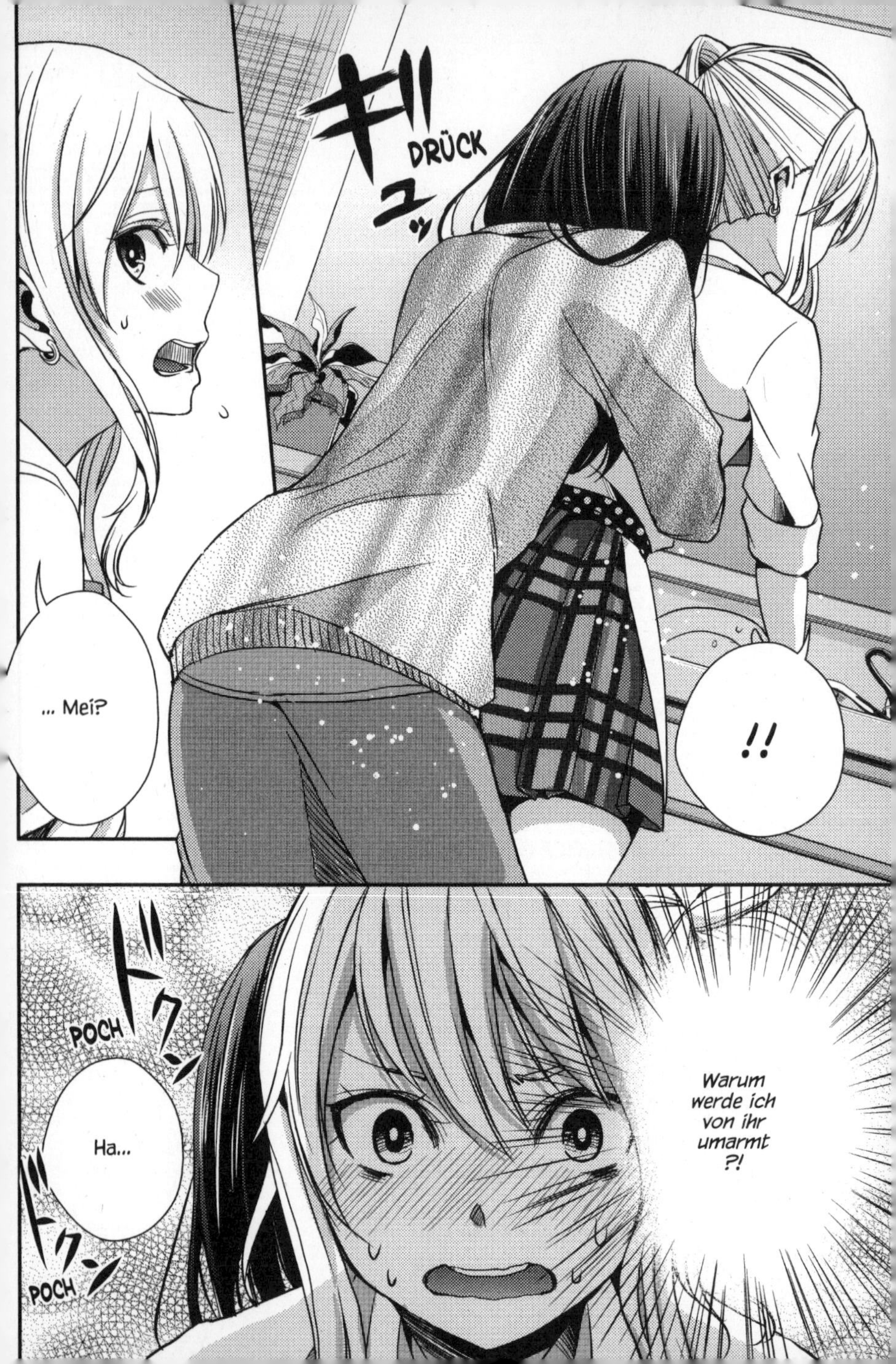
DRÜCK
!!
... Mei?
Warum werde ich von ihr umarmt?!
POCH
Ha...
POCH

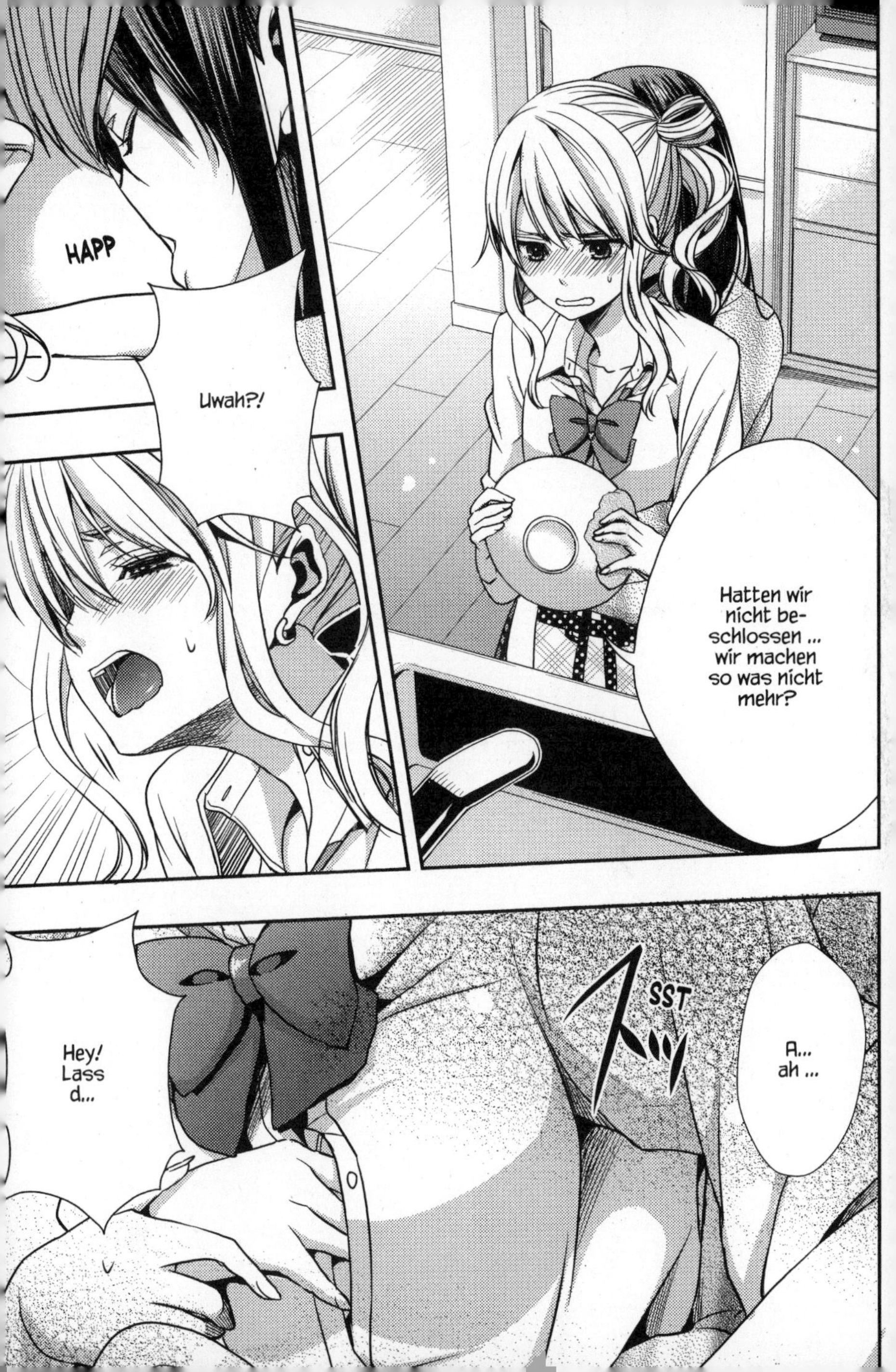
Hatten wir nicht be-
schlossen ... wir machen so was nicht mehr?
HAPP
Uwah?!
SST
A... ah ...
Hey! Lass d...

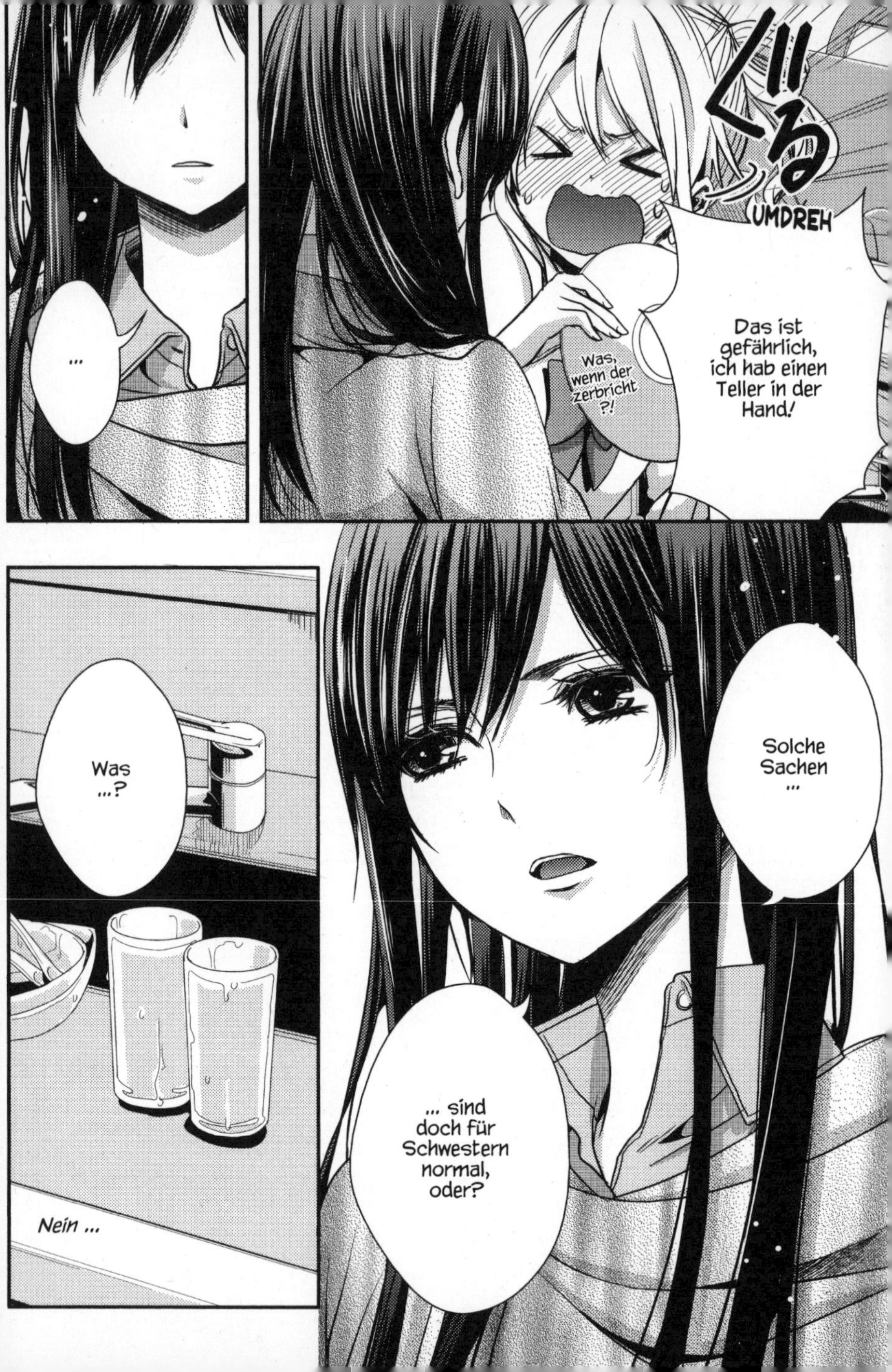

UMDREH
Das ist gefährlich, ich hab einen Teller in der Hand!
Was, wenn der zerbricht ?!
...
Solche Sachen ...
... sind doch für Schwestern normal, oder?
Was ...?
Nein ...

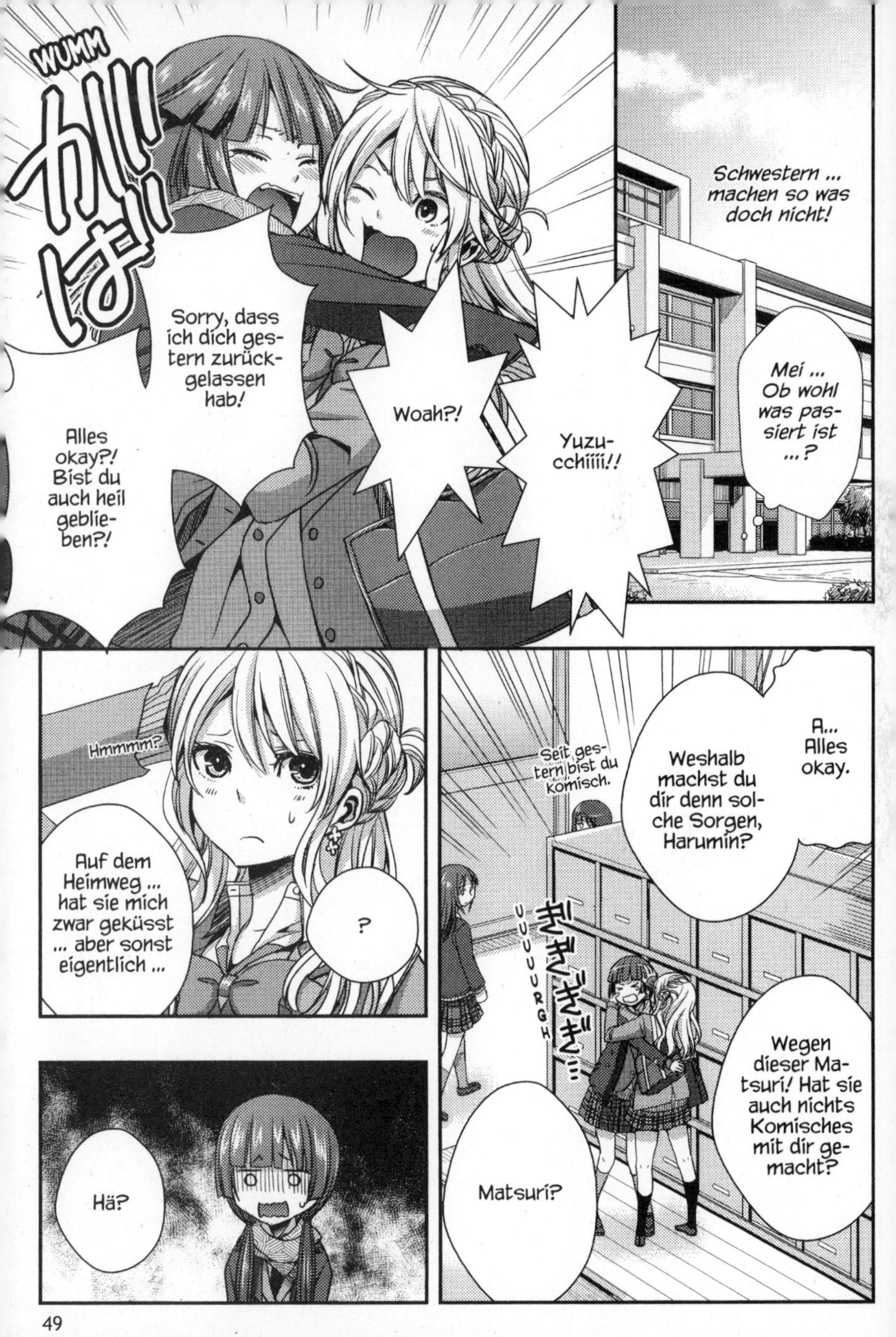

Schwestern ... machen so was doch nicht!
Mei ... Ob wohl was passiert ist ...?
Yuzu-cchiiii!!
Woah?!
WUMM
Sorry, dass ich dich gestern zurückgelassen hab!
Alles okay?! Bist du auch heil geblieben?!
A... Alles okay.
Weshalb machst du dir denn solche Sorgen, Harumin?
Seit gestern bist du komisch.
Hmmmm?
?
Auf dem Heimweg ... hat sie mich zwar geküsst ... aber sonst eigentlich ...
Wegen dieser Matsuri! Hat sie auch nichts Komisches mit dir gemacht?
UUUUURGH
Matsuri?
Hä?

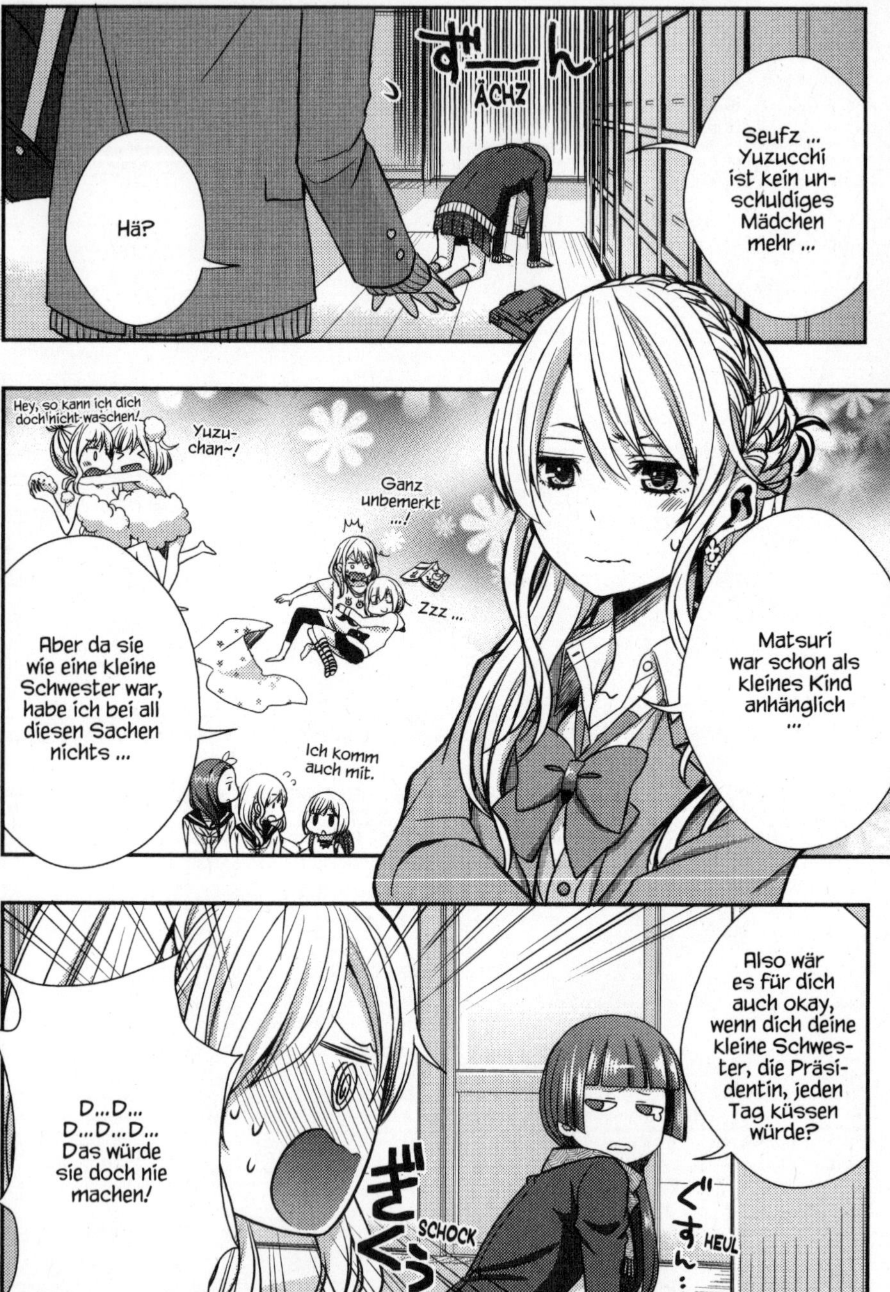

Seufz ... Yuzucchi ist kein unschuldiges Mädchen mehr ...
ずーん
ÄCHZ
Hä?
Matsuri war schon als kleines Kind anhänglich ...
Ganz unbemerkt ...!
Zzz ...
Yuzu-chan~!
Hey, so kann ich dich doch nicht waschen!
Ich komm auch mit.
Aber da sie wie eine kleine Schwester war, habe ich bei all diesen Sachen nichts ...
Also wär es für dich auch okay, wenn dich deine kleine Schwester, die Präsidentin, jeden Tag küssen würde?
ぐすん…
HEUL
ぎくっ
SCHOCK
D...D... D...D...D... Das würde sie doch nie machen!

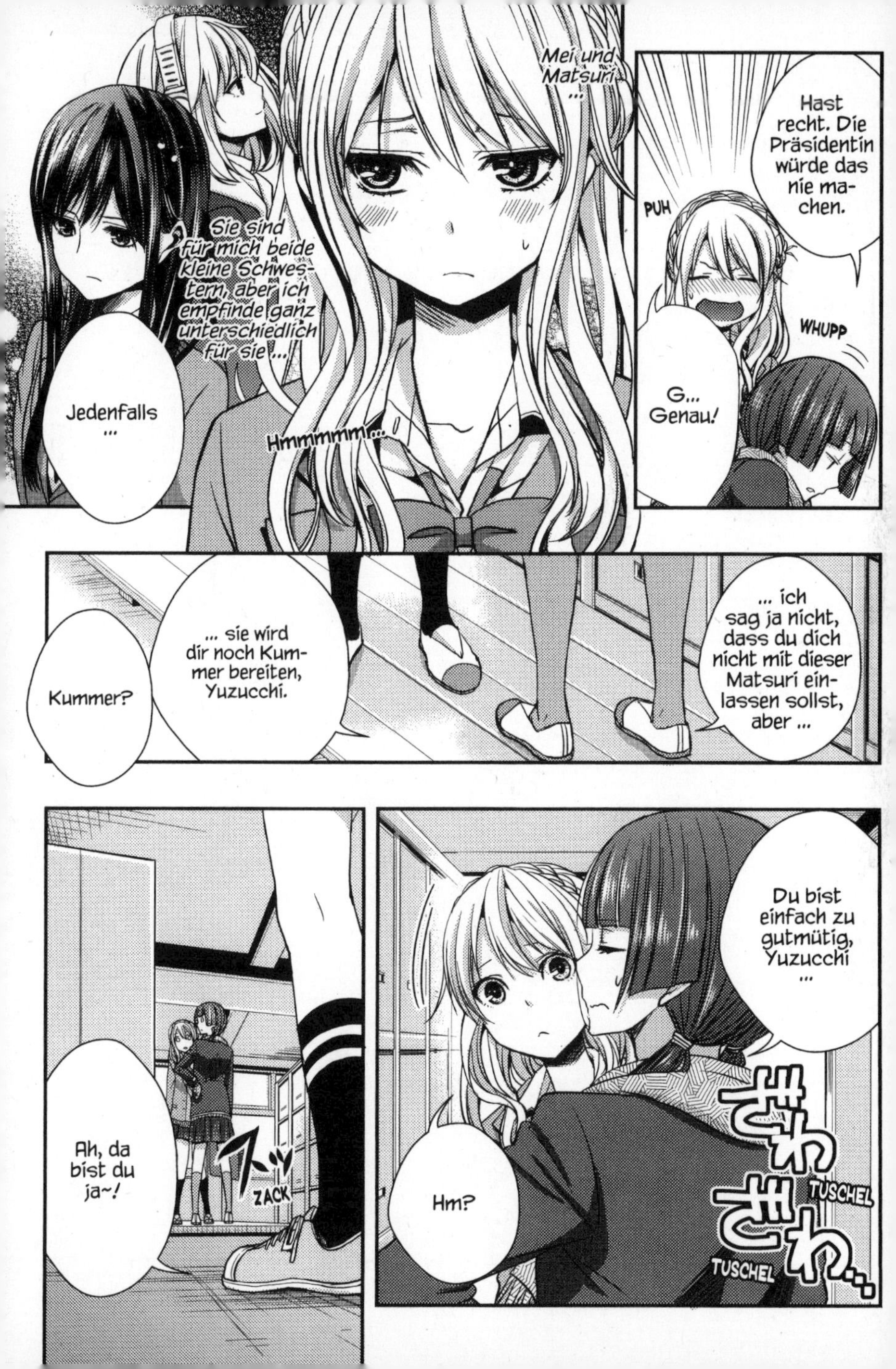
Hast recht. Die Präsidentin würde das nie machen.
PUH
WHUPP
G... Genau!
Mei und Matsuri ...
Sie sind für mich beide kleine Schwestern, aber ich empfinde ganz unterschiedlich für sie ...
Hmmmmm ...
Jedenfalls ...
... ich sag ja nicht, dass du dich nicht mit dieser Matsuri einlassen sollst, aber ...
... sie wird dir noch Kummer bereiten, Yuzucchi.
Kummer?
Du bist einfach zu gutmütig, Yuzucchi ...
TUSCHEL
TUSCHEL
Hm?
ZACK
Ah, da bist du ja~!

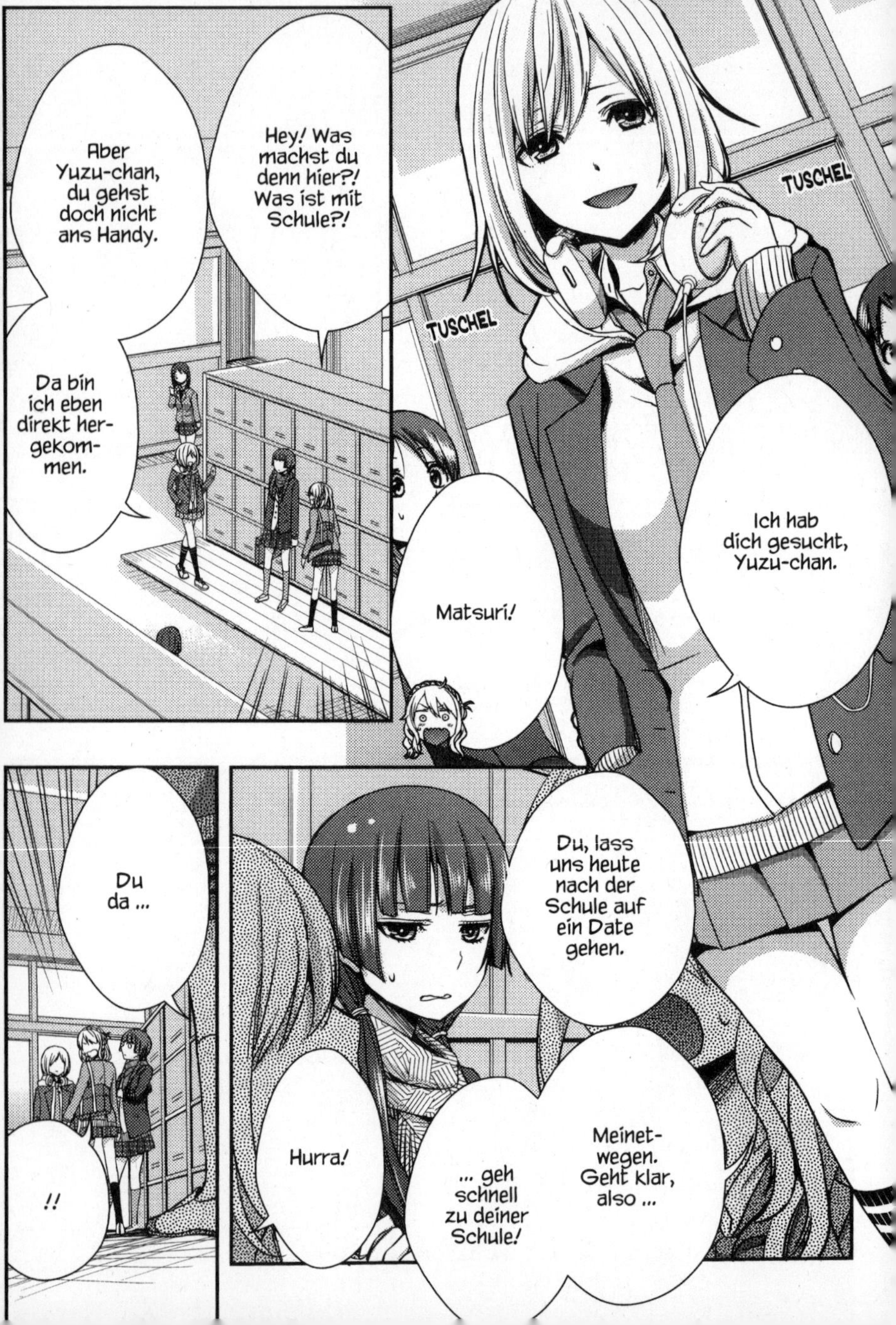

TUSCHEL
TUSCHEL
Ich hab dich gesucht, Yuzu-chan.
Matsuri!
Hey! Was machst du denn hier?! Was ist mit Schule?!
Aber Yuzu-chan, du gehst doch nicht ans Handy.
Da bin ich eben direkt her-gekom-men.
Du, lass uns heute nach der Schule auf ein Date gehen.
Meinet-wegen. Geht klar, also ...
... geh schnell zu deiner Schule!
Hurra!
Du da ...
!!

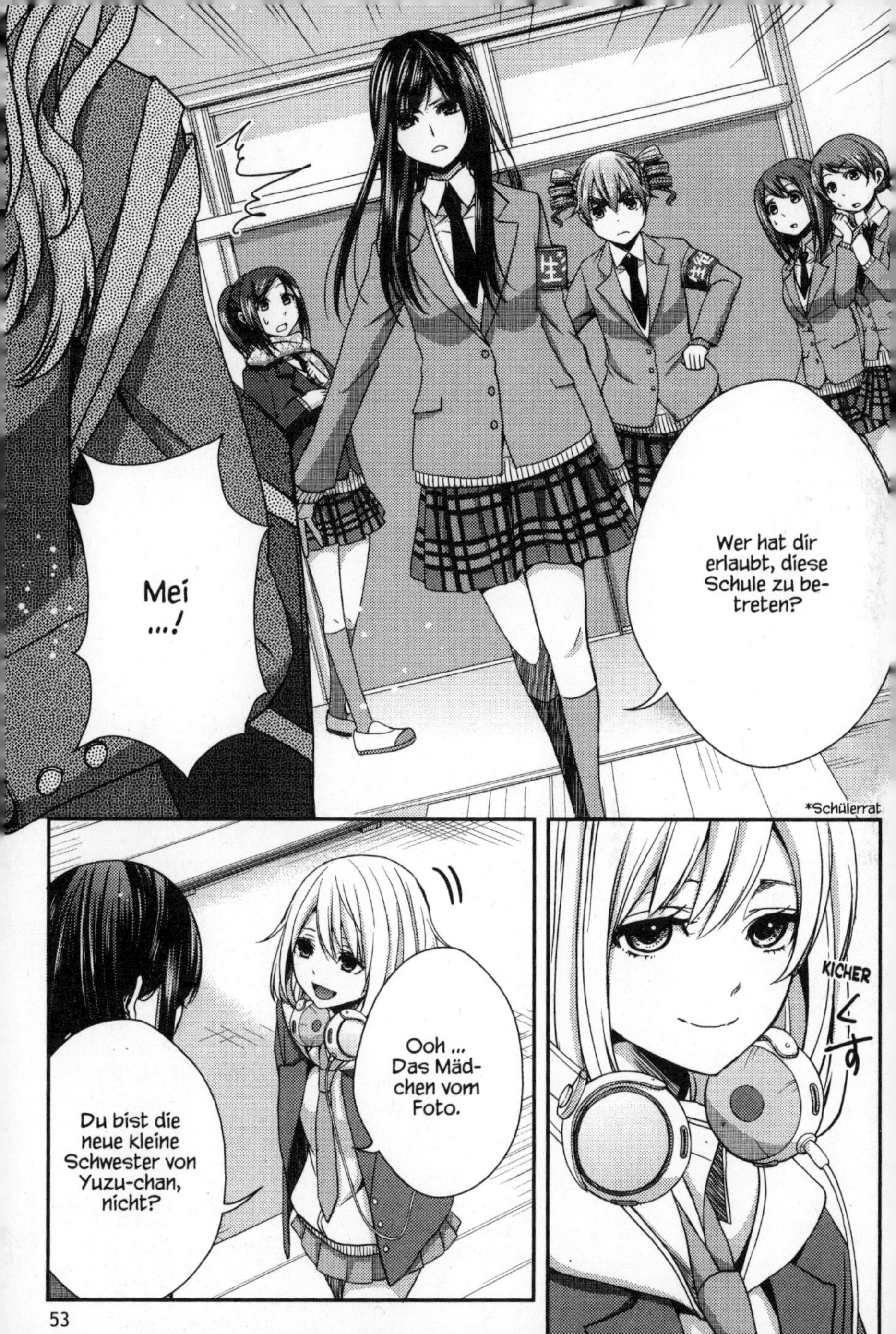
Wer hat dir erlaubt, diese Schule zu betreten?
Mei ...!
*Schülerrat
KICHER
くす
Ooh ... Das Mädchen vom Foto.
Du bist die neue kleine Schwester von Yuzu-chan, nicht?

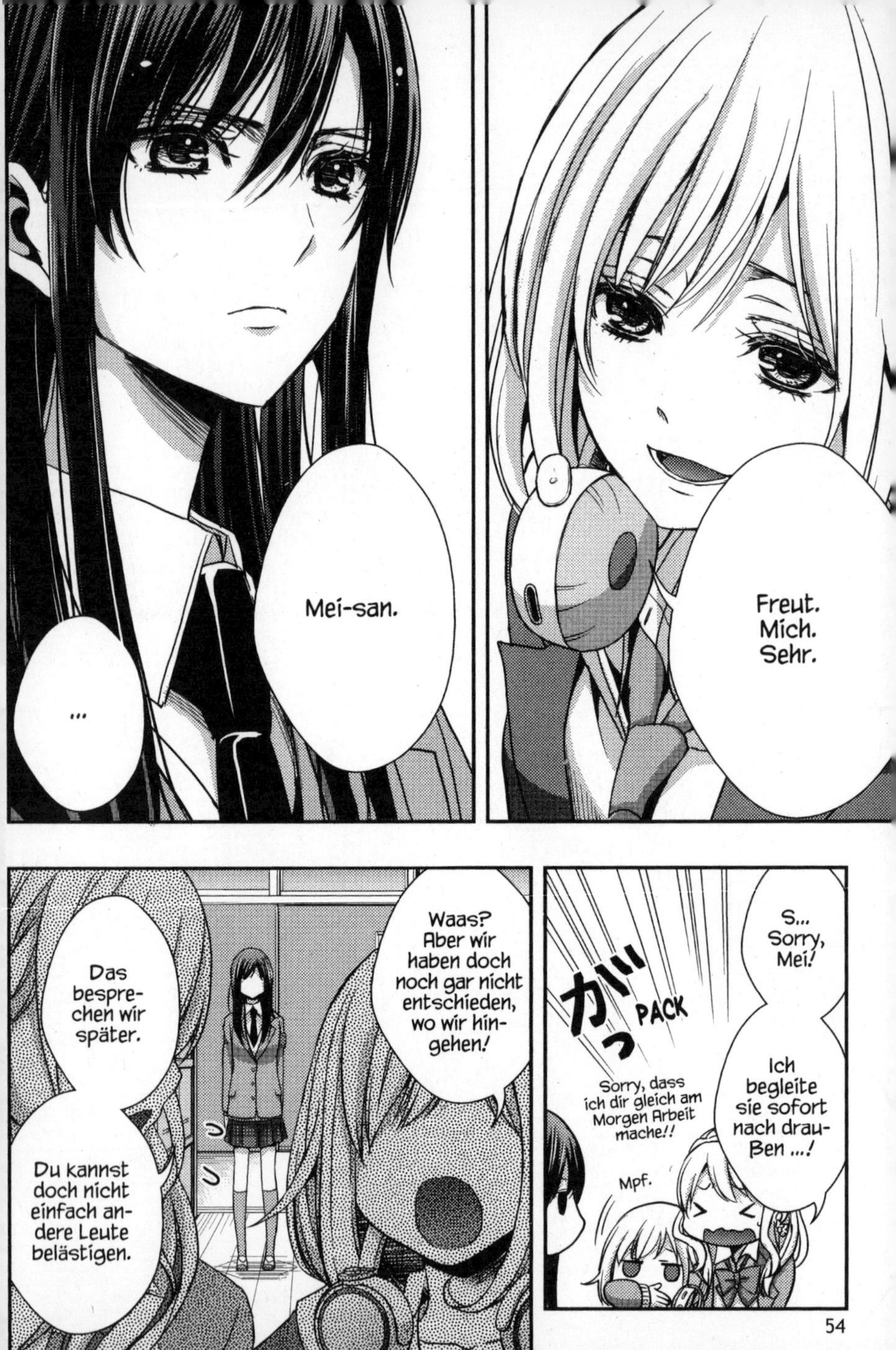
Freut.
Mich.
Sehr.
Mei-san.
...
S... Sorry, Mei!
Ich begleite sie sofort nach drau-ßen ...!
PACK
Sorry, dass ich dir gleich am Morgen Arbeit mache!!
Mpf.
Waas? Aber wir haben doch noch gar nicht entschieden, wo wir hin-gehen!
Das bespre-chen wir später.
Du kannst doch nicht einfach an-dere Leute belästigen.

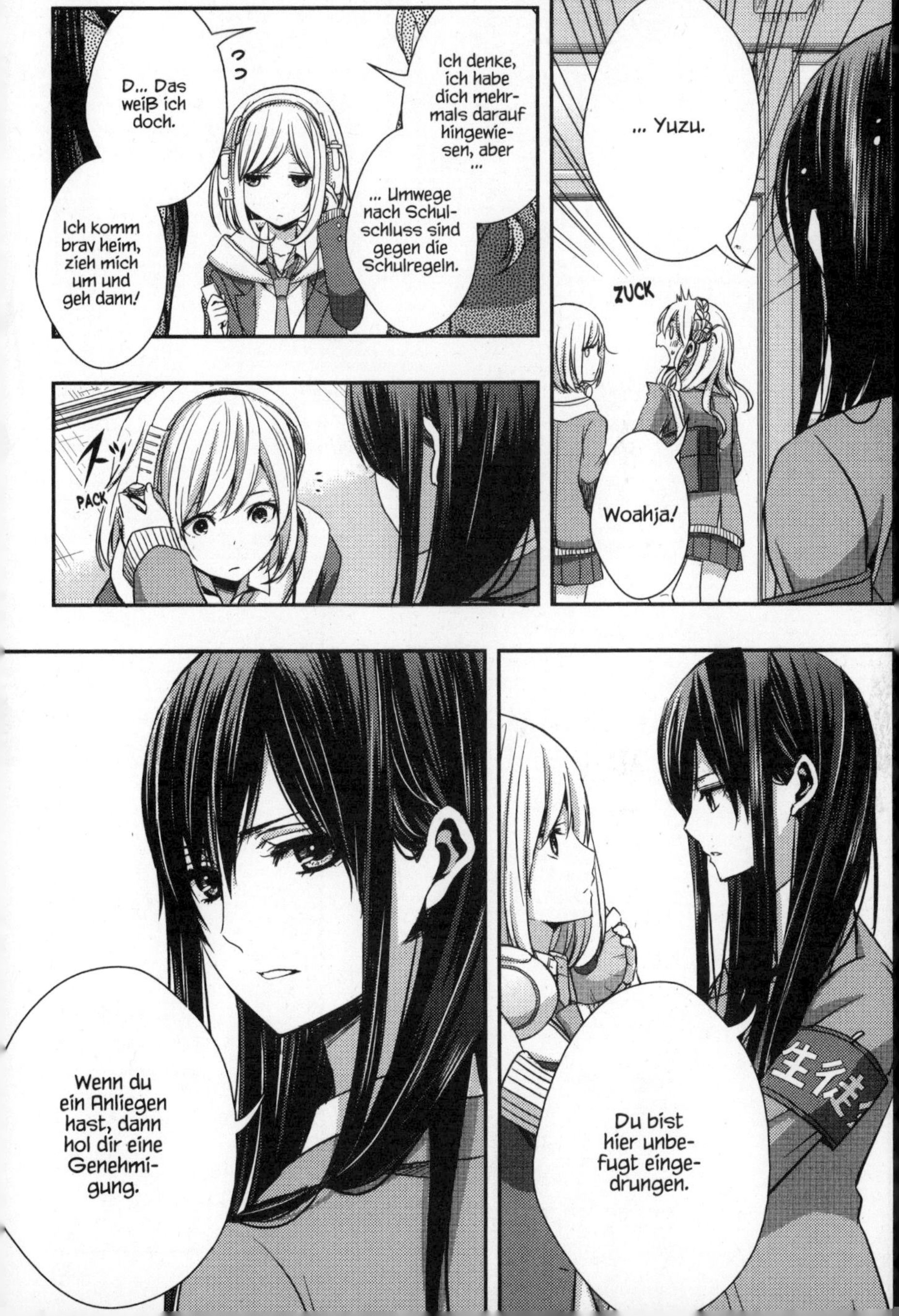
... Yuzu.
ZUCK
Woahja!
Ich denke, ich habe dich mehrmals darauf hingewiesen, aber ...
... Umwege nach Schulschluss sind gegen die Schulregeln.
D... Das weiß ich doch.
Ich komm brav heim, zieh mich um und geh dann!
PACK
Du bist hier unbefugt eingedrungen.
Wenn du ein Anliegen hast, dann hol dir eine Genehmigung.

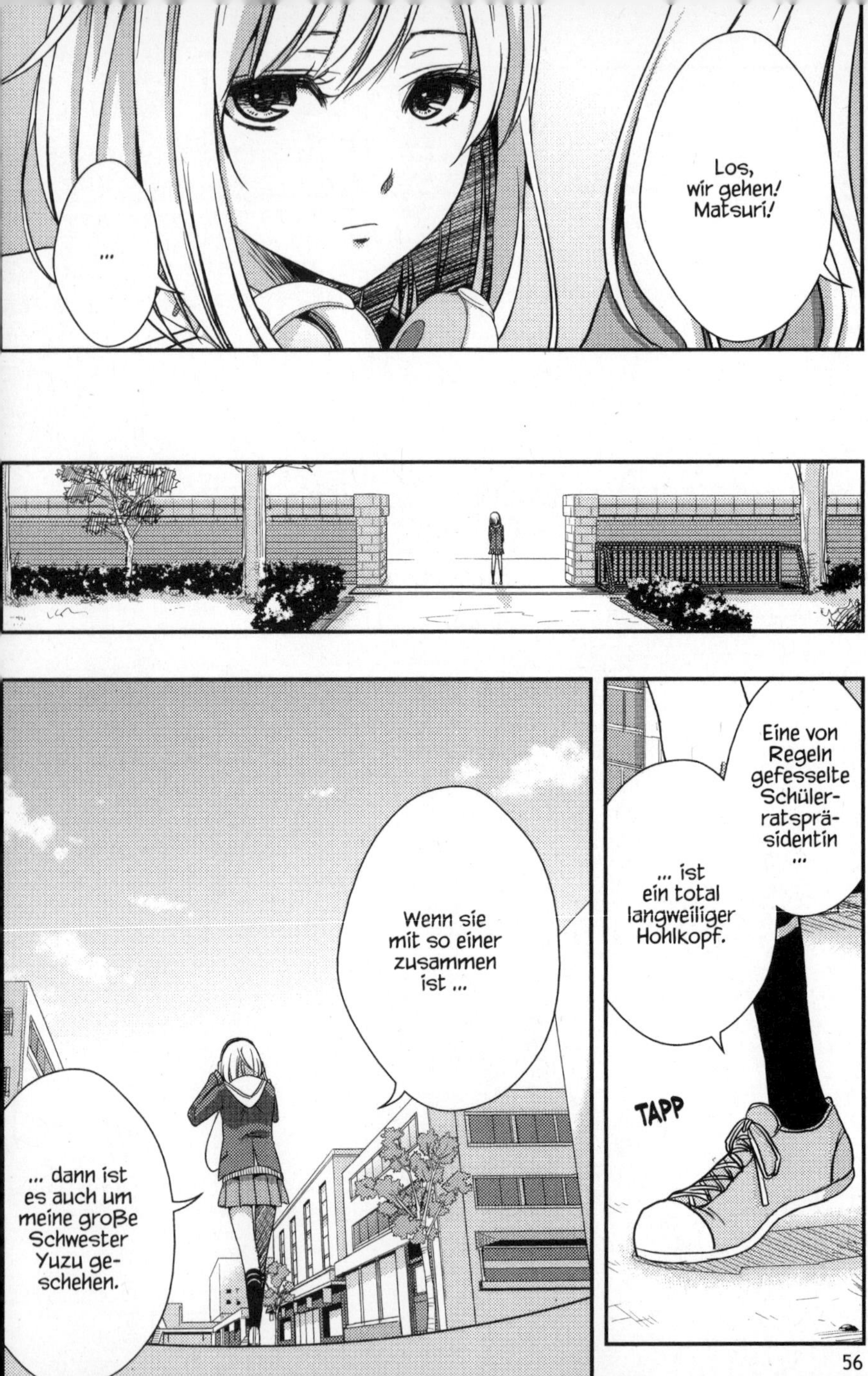
Los, wir gehen! Matsuri!
...
Eine von Regeln gefesselte Schülerratspräsidentin ...
... ist ein total langweiliger Hohlkopf.
TAPP
Wenn sie mit so einer zusammen ist ...
... dann ist es auch um meine große Schwester Yuzu geschehen.

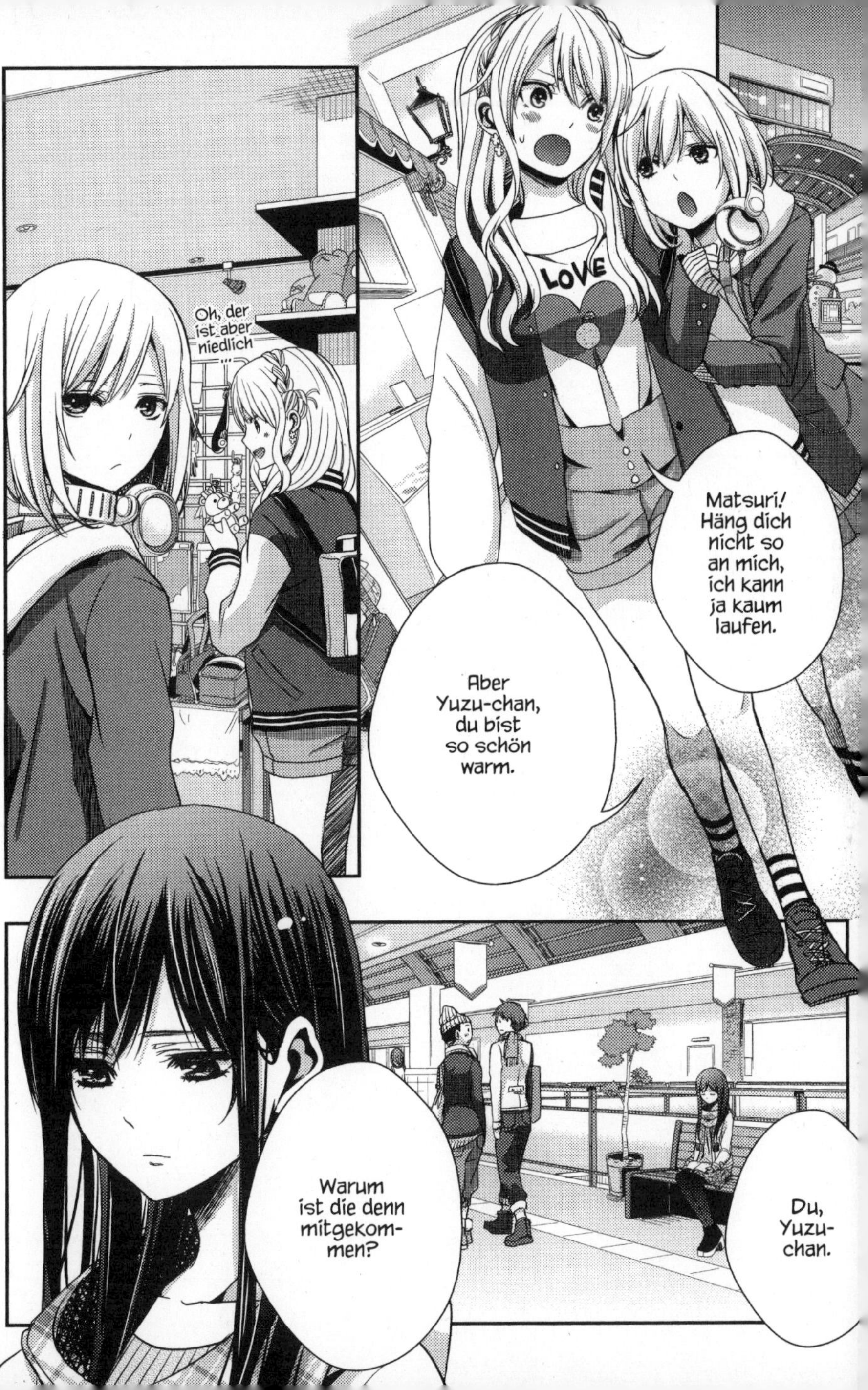

Matsuri! Häng dich nicht so an mich, ich kann ja kaum laufen.
Aber Yuzu-chan, du bist so schön warm.
Oh, der ist aber niedlich ...
Du, Yuzu-chan.
Warum ist die denn mitgekommen?

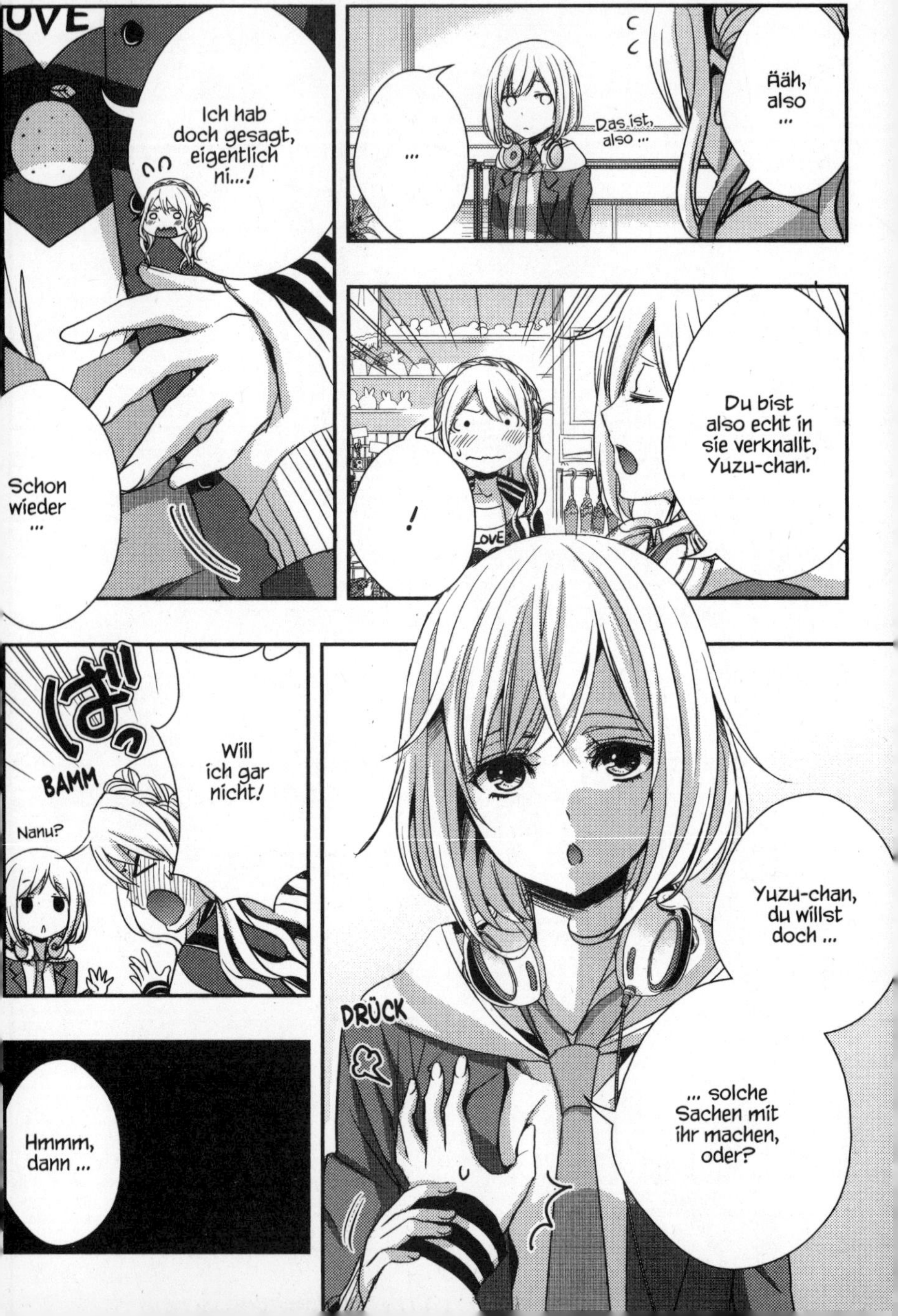

Ääh, also ...
Das ist, also ...
...
Du bist also echt in sie verknallt, Yuzu-chan.
!
LOVE
Ich hab doch gesagt, eigentlich ni...!
Schon wieder ...
Yuzu-chan, du willst doch ...
... solche Sachen mit ihr machen, oder?
DRÜCK
Hmmm, dann ...
Will ich gar nicht!
BAMM
Nanu?

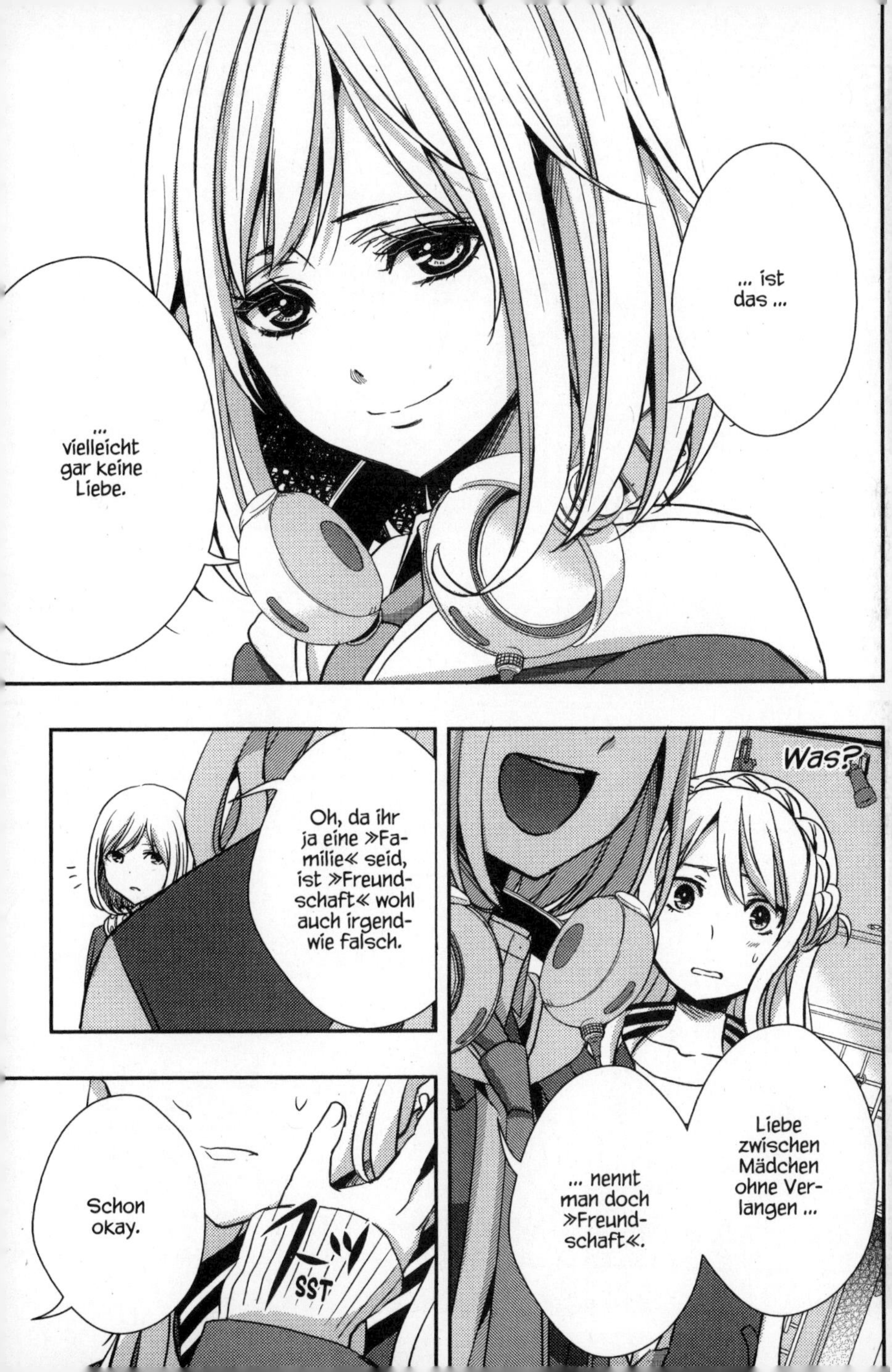
... ist das ...
... vielleicht gar keine Liebe.
Was?
Liebe zwischen Mädchen ohne Verlangen ...
... nennt man doch »Freundschaft«.
Oh, da ihr ja eine »Familie« seid, ist »Freundschaft« wohl auch irgendwie falsch.
Schon okay.
SST

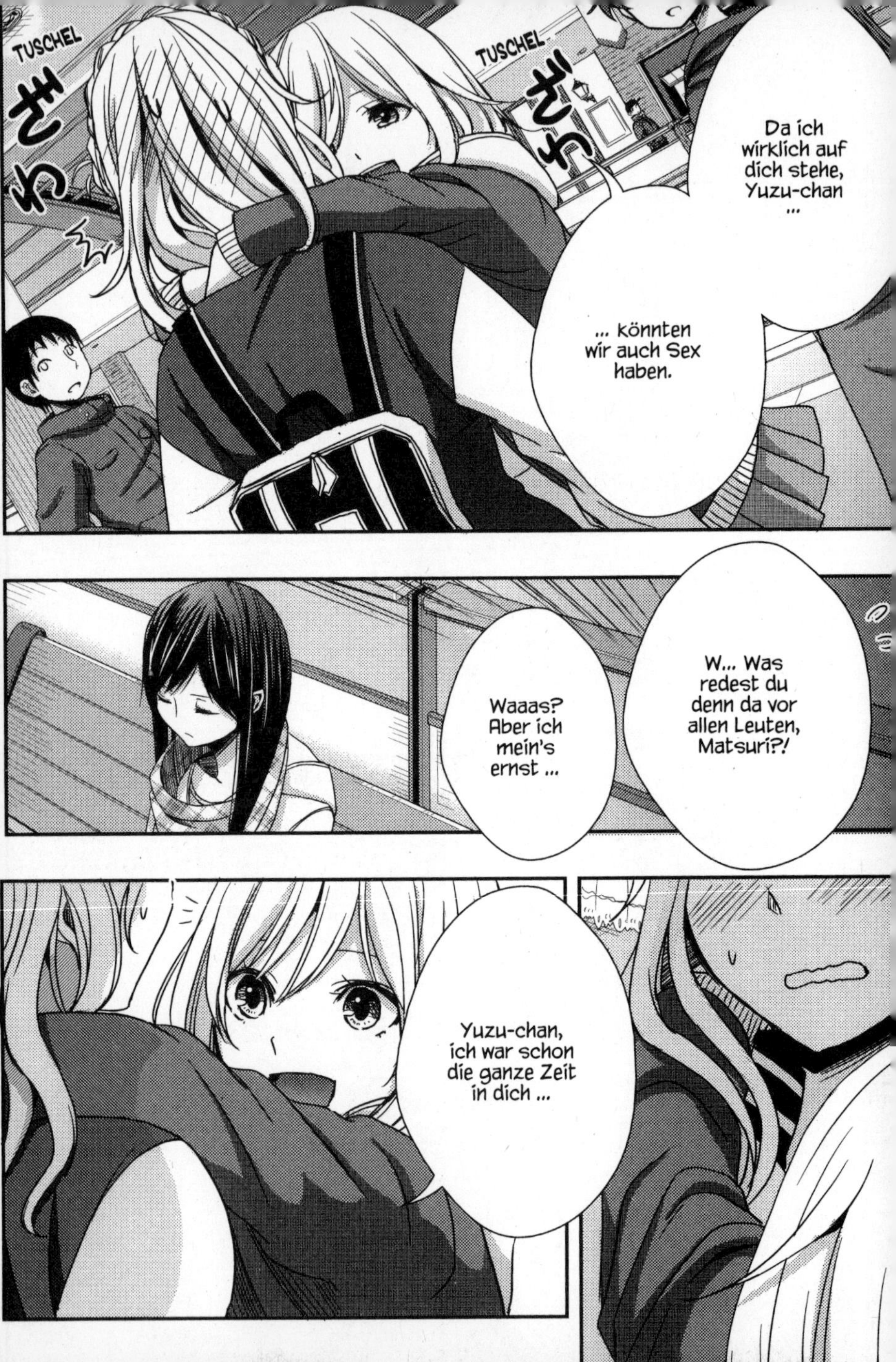
TUSCHEL
TUSCHEL
Da ich wirklich auf dich stehe, Yuzu-chan ...
... könnten wir auch Sex haben.
W... Was redest du denn da vor allen Leuten, Matsuri?!
Waaas? Aber ich mein's ernst ...
Yuzu-chan, ich war schon die ganze Zeit in dich ...

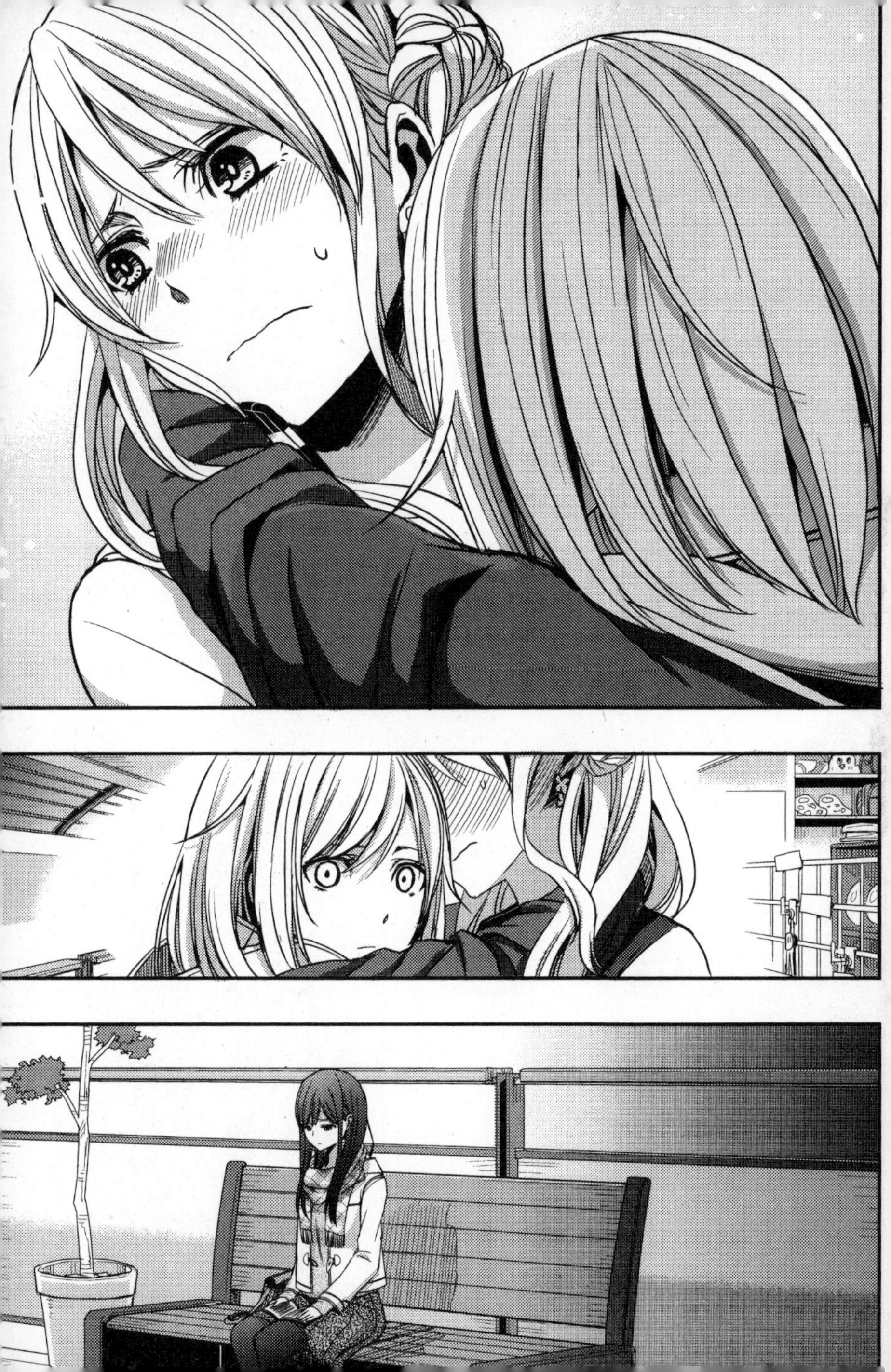

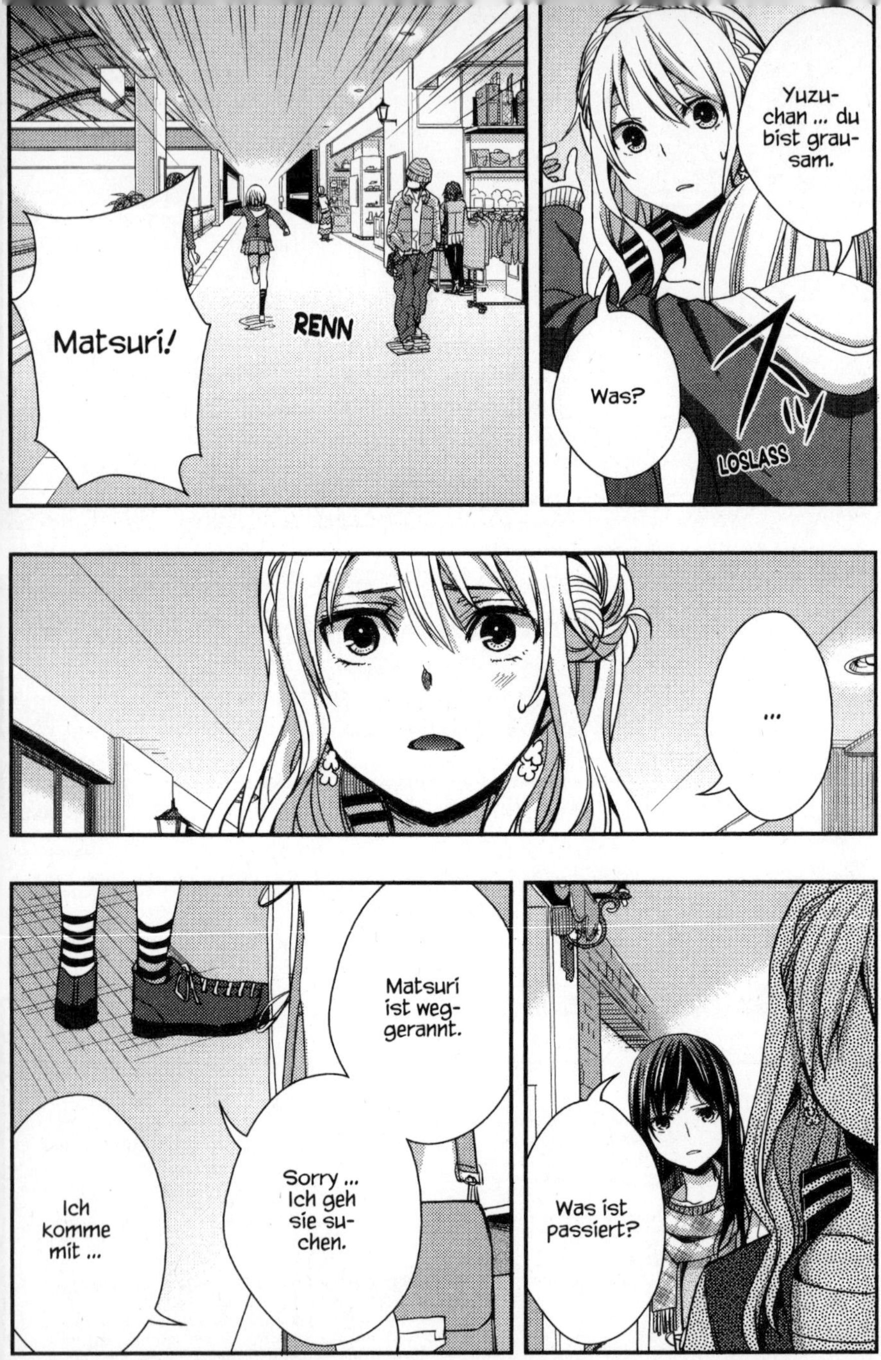
Yuzu-chan ... du bist grausam.
Was?
LOSLASS
Matsuri!
RENN
...
Was ist passiert?
Matsuri ist weggerannt.
Sorry ... Ich geh sie suchen.
Ich komme mit ...

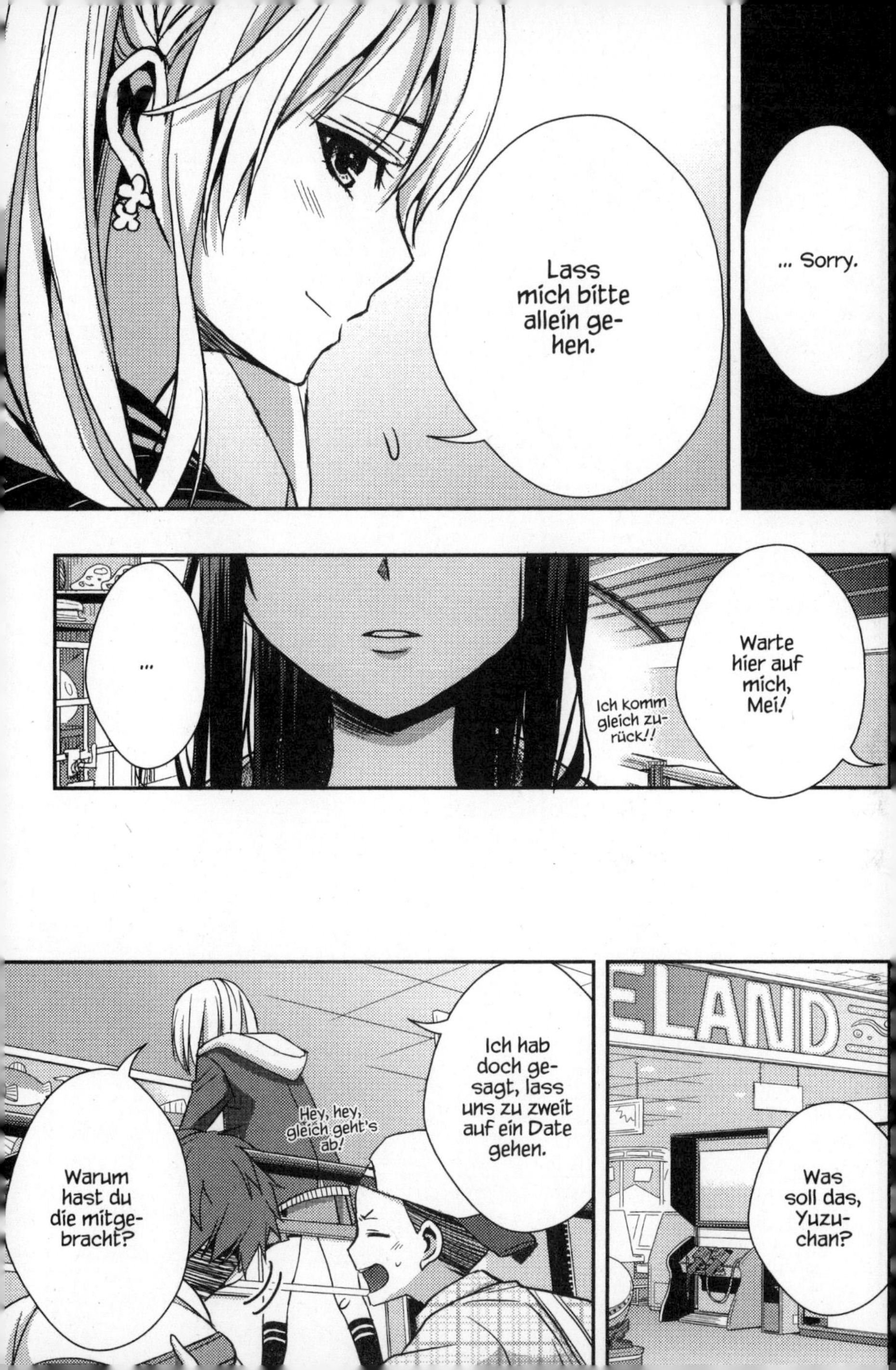
... Sorry.
Lass mich bitte allein ge-hen.
Warte hier auf mich, Mei!
Ich komm gleich zu-rück!!
...
Was soll das, Yuzu-chan?
Ich hab doch ge-sagt, lass uns zu zweit auf ein Date gehen.
Hey, hey, gleich geht's ab!
Warum hast du die mitge-bracht?
LAND

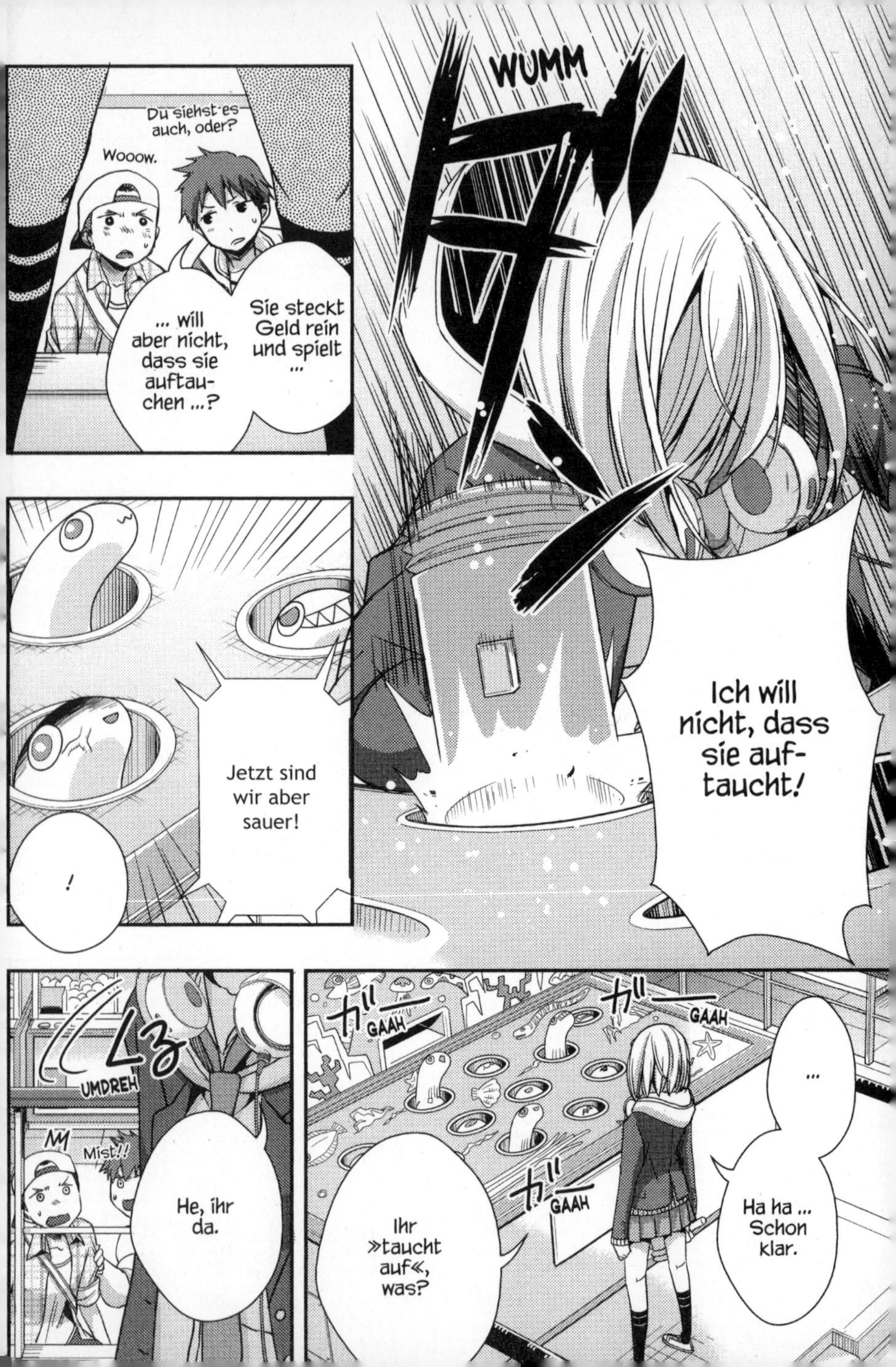
WUMM
Ich will nicht, dass sie auftaucht!
Sie steckt Geld rein und spielt ...
... will aber nicht, dass sie auftauchen ...?
Wooow.
Du siehst es auch, oder?
Jetzt sind wir aber sauer!
!
GAAH
GAAH
GAAH
...
Ha ha ... Schon klar.
Ihr »taucht auf«, was?
UMDREH
He, ihr da.
Mist!!

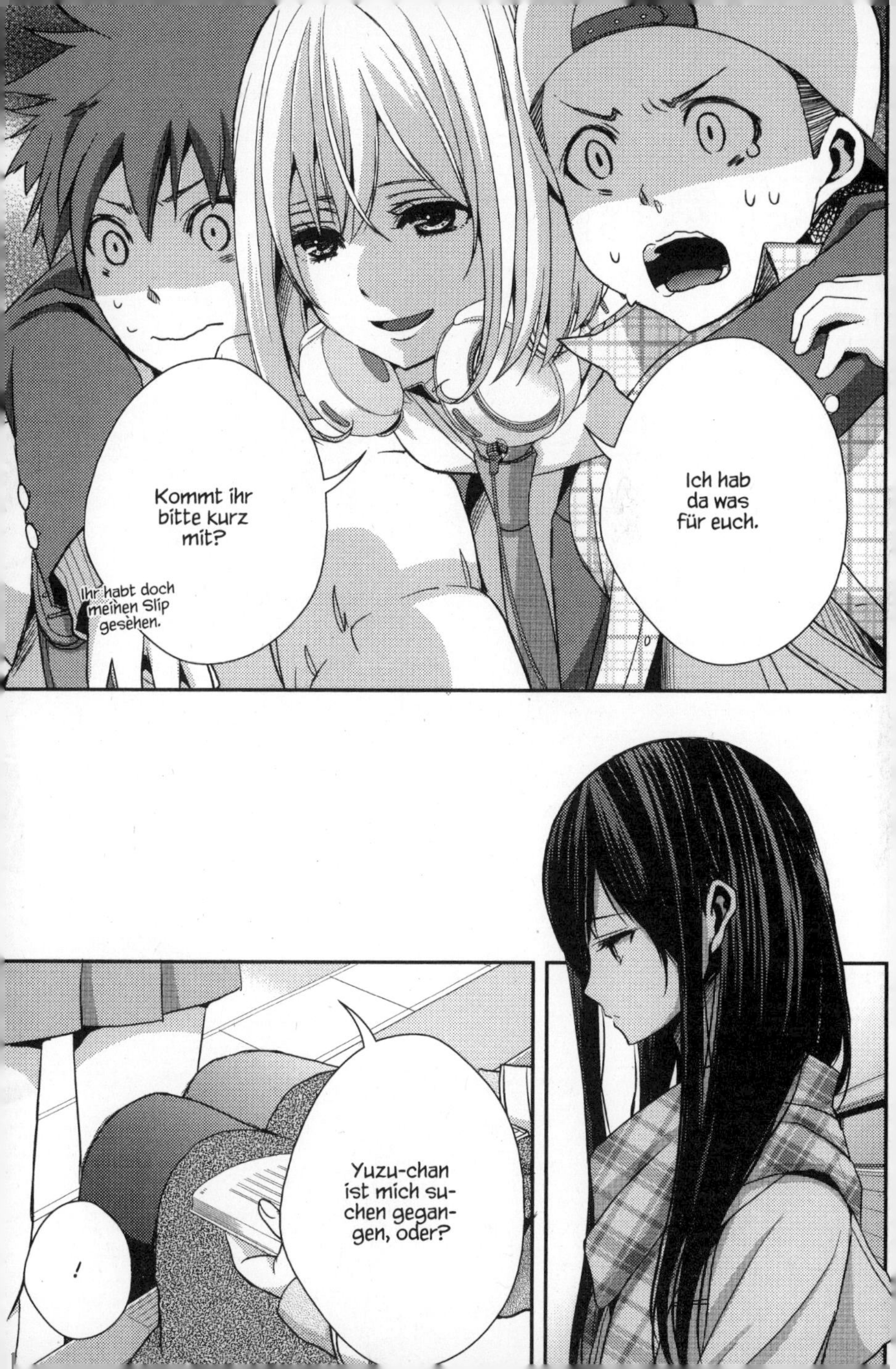
Ich hab da was für euch.
Kommt ihr bitte kurz mit?
Ihr habt doch meinen Slip gesehen.
Yuzu-chan ist mich suchen gegangen, oder?
!

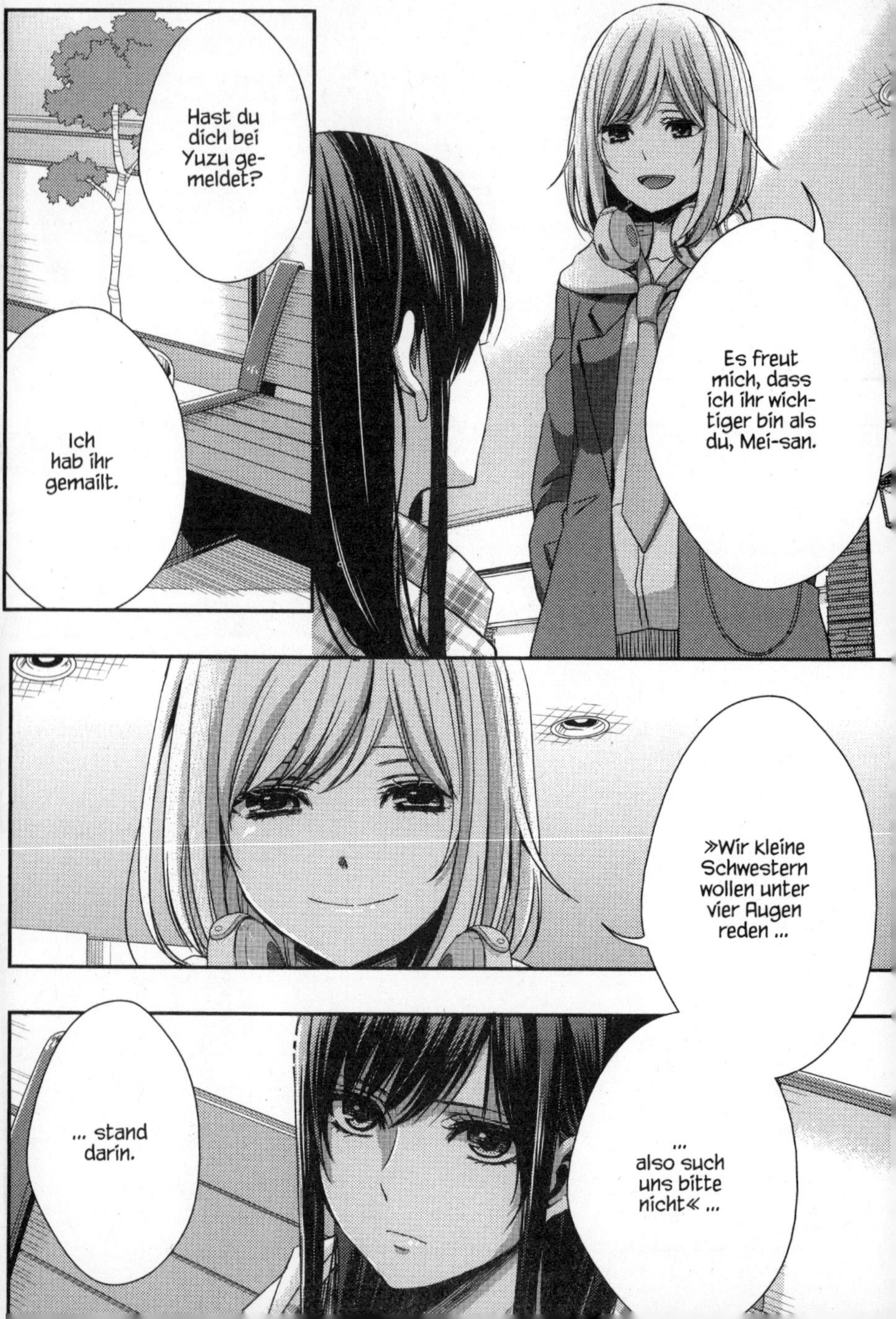

Hast du dich bei Yuzu gemeldet?
Ich hab ihr gemailt.
»Wir kleine Schwestern wollen unter vier Augen reden ...
... also such uns bitte nicht« ...
... stand darin.
Es freut mich, dass ich ihr wichtiger bin als du, Mei-san.

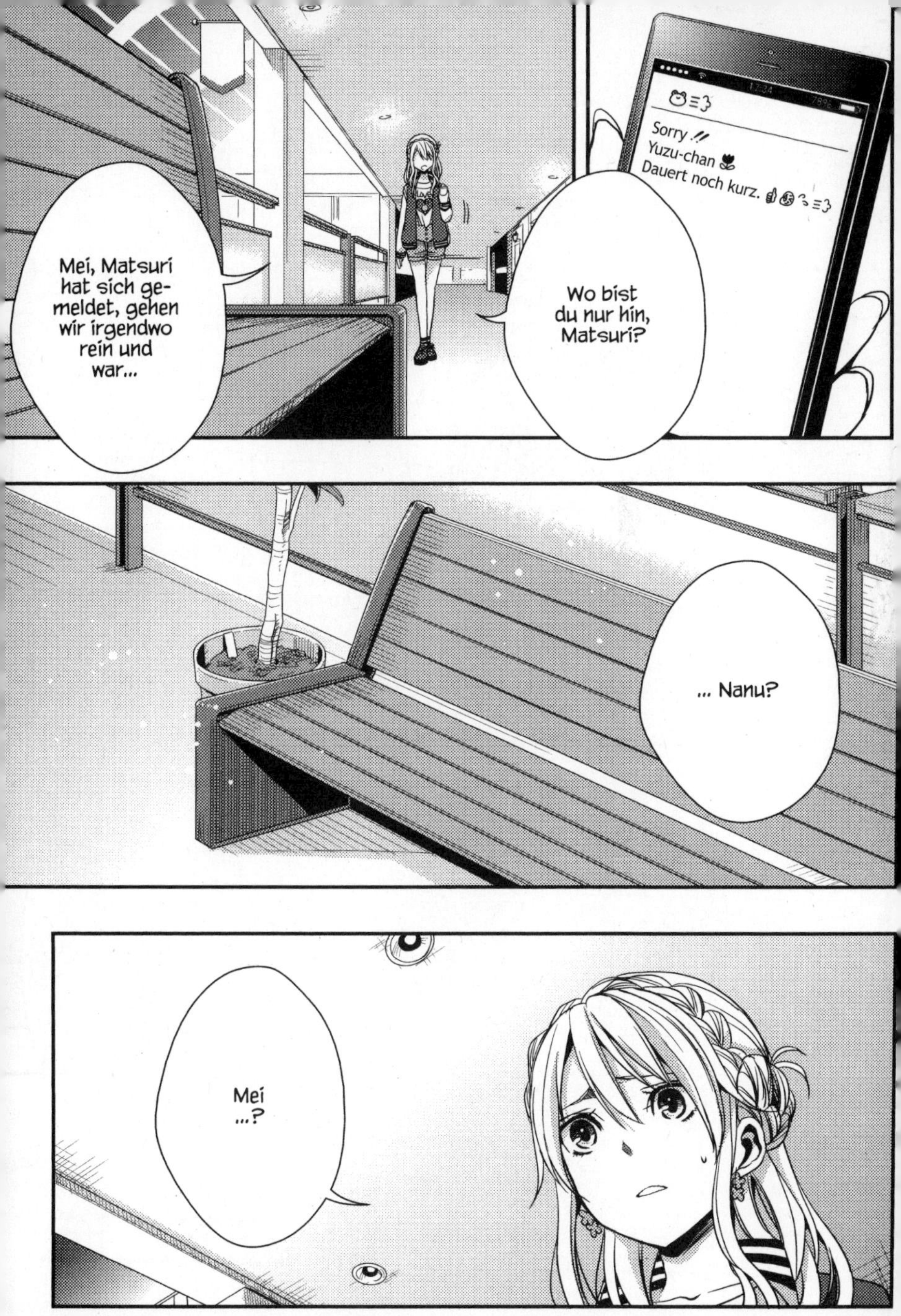
Sorry !!
Yuzu-chan
Dauert noch kurz.
Wo bist du nur hin, Matsuri?
Mei, Matsuri hat sich gemeldet, gehen wir irgendwo rein und war...
... Nanu?
Mei ...?

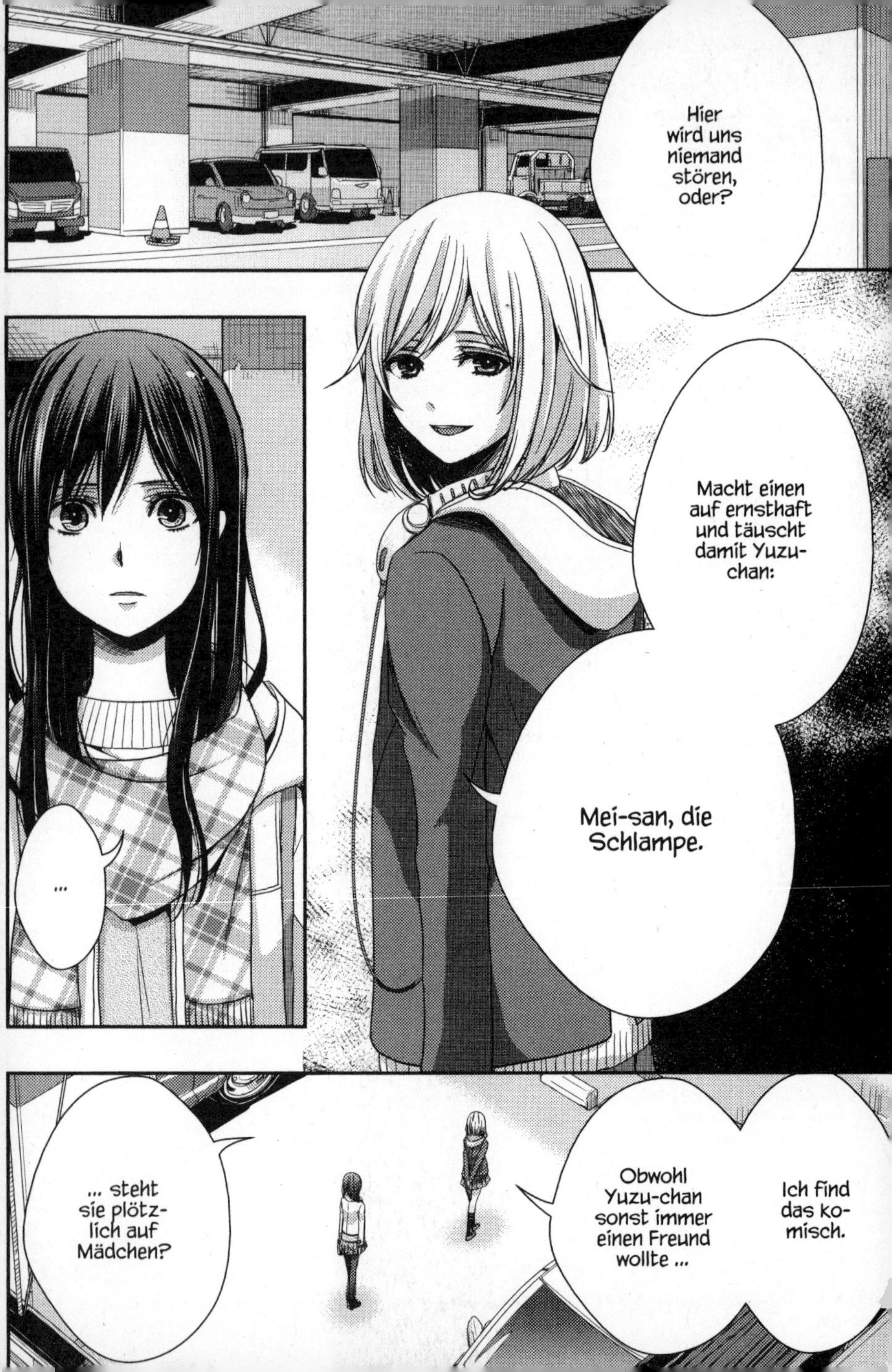
Hier wird uns niemand stören, oder?
Macht einen auf ernsthaft und täuscht damit Yuzu-chan:
Mei-san, die Schlampe.
...
Ich find das komisch.
Obwohl Yuzu-chan sonst immer einen Freund wollte ...
... steht sie plötzlich auf Mädchen?

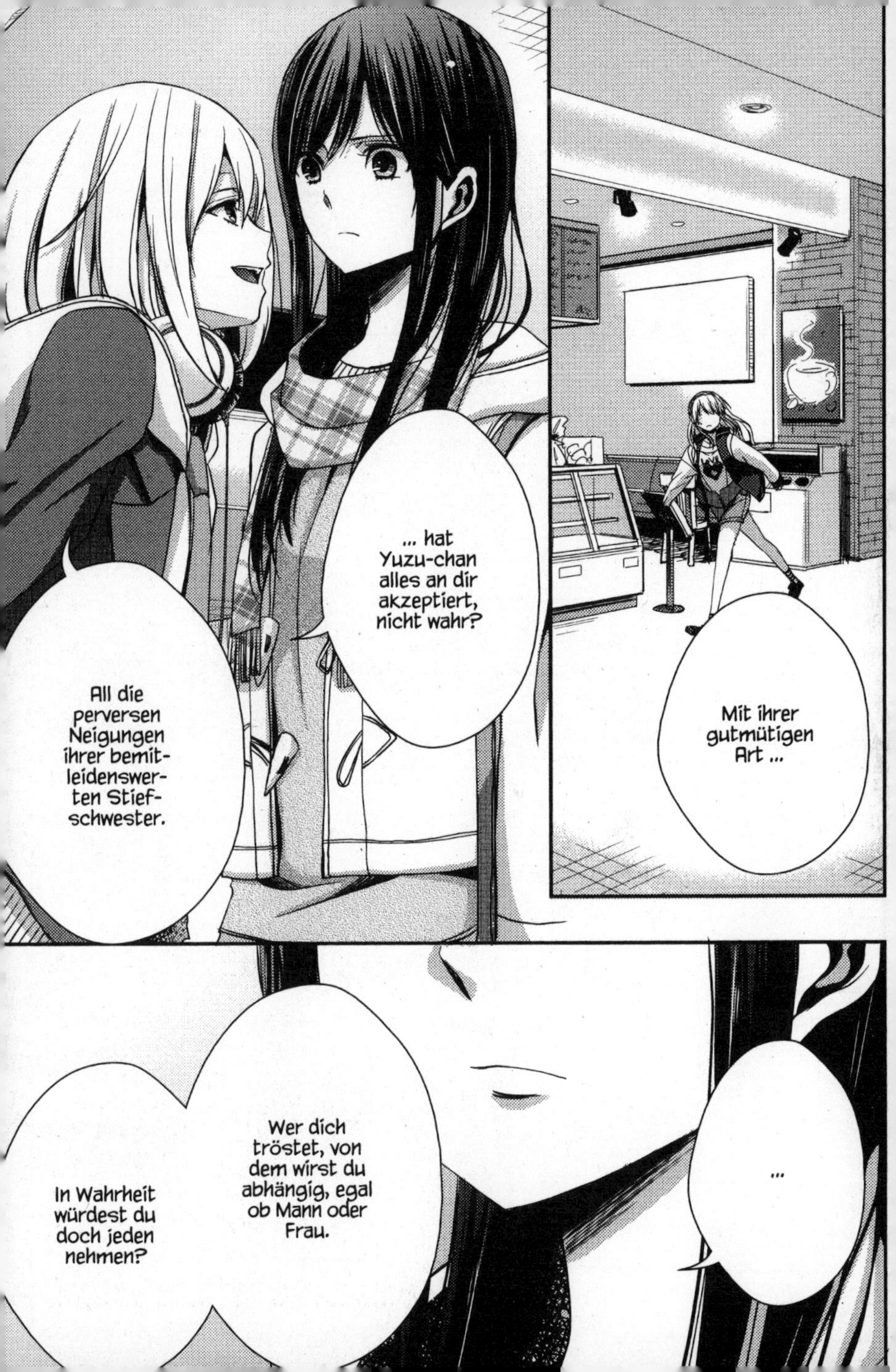
Mit ihrer gutmütigen Art ...
... hat Yuzu-chan alles an dir akzeptiert, nicht wahr?
All die perversen Neigungen ihrer bemitleidenswerten Stiefschwester.
...
Wer dich tröstet, von dem wirst du abhängig, egal ob Mann oder Frau.
In Wahrheit würdest du doch jeden nehmen?

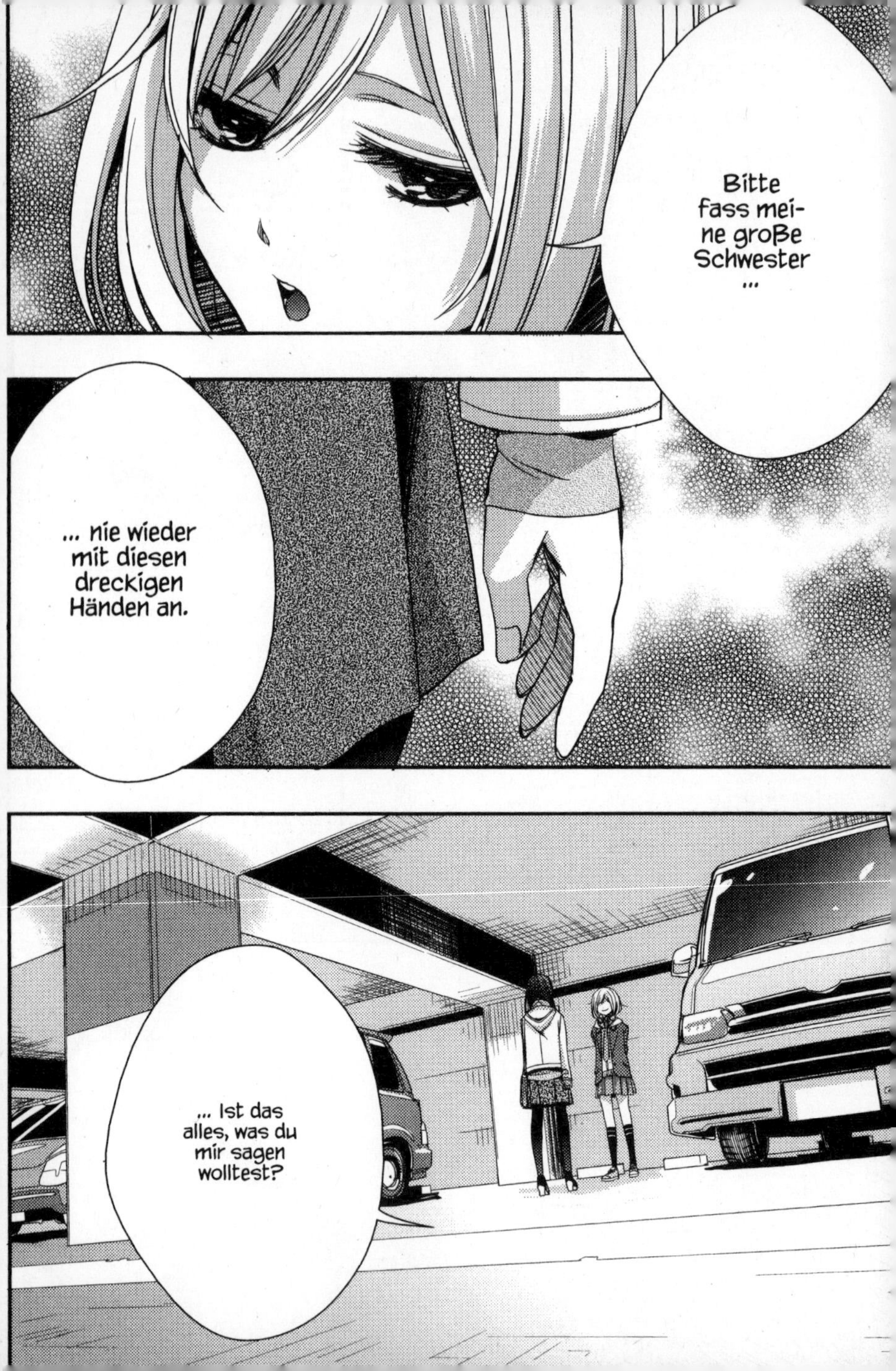
Bitte fass meine große Schwester ...
... nie wieder mit diesen dreckigen Händen an.
... Ist das alles, was du mir sagen wolltest?

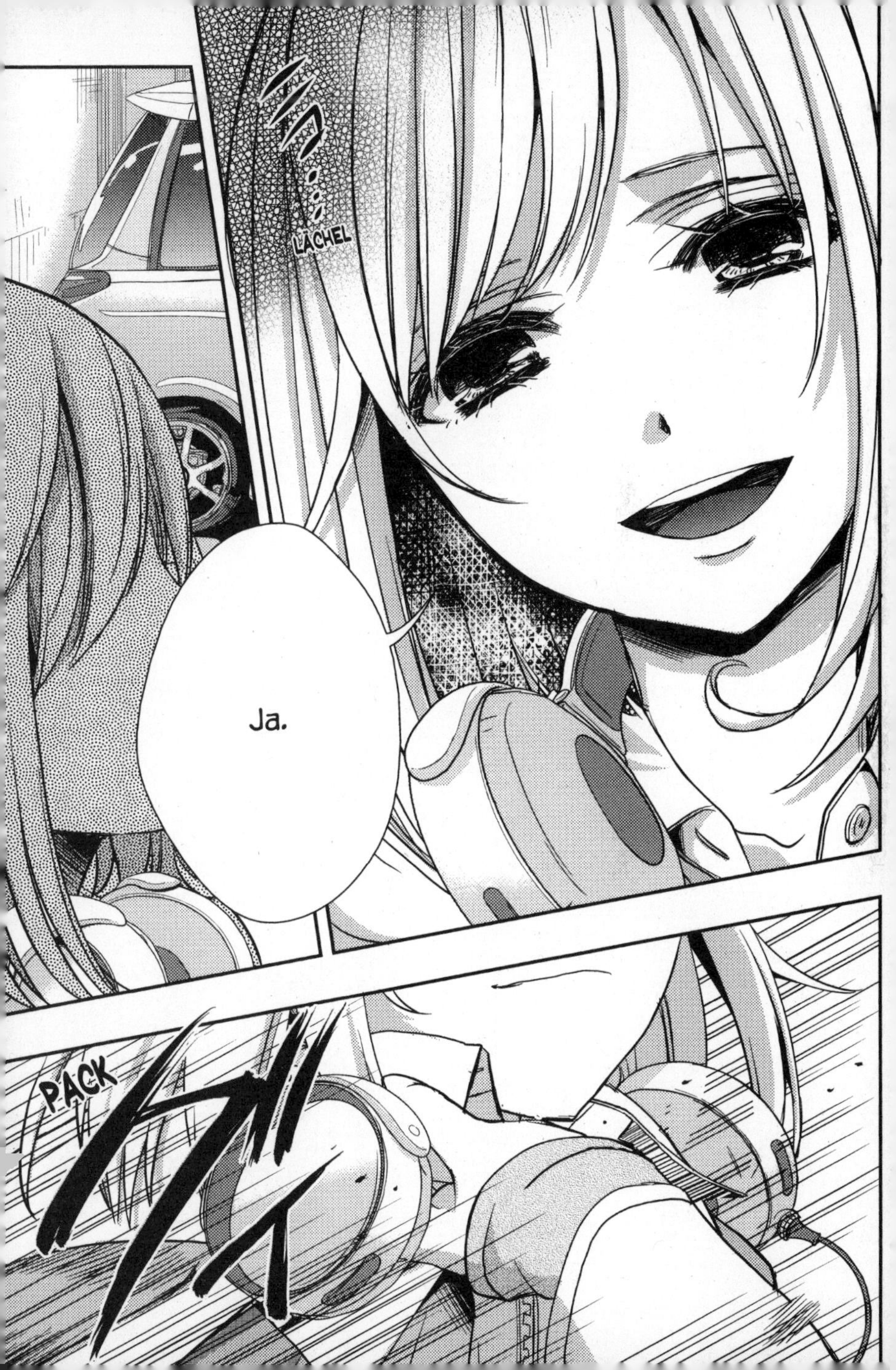
LÄCHEL
Ja.
PACK

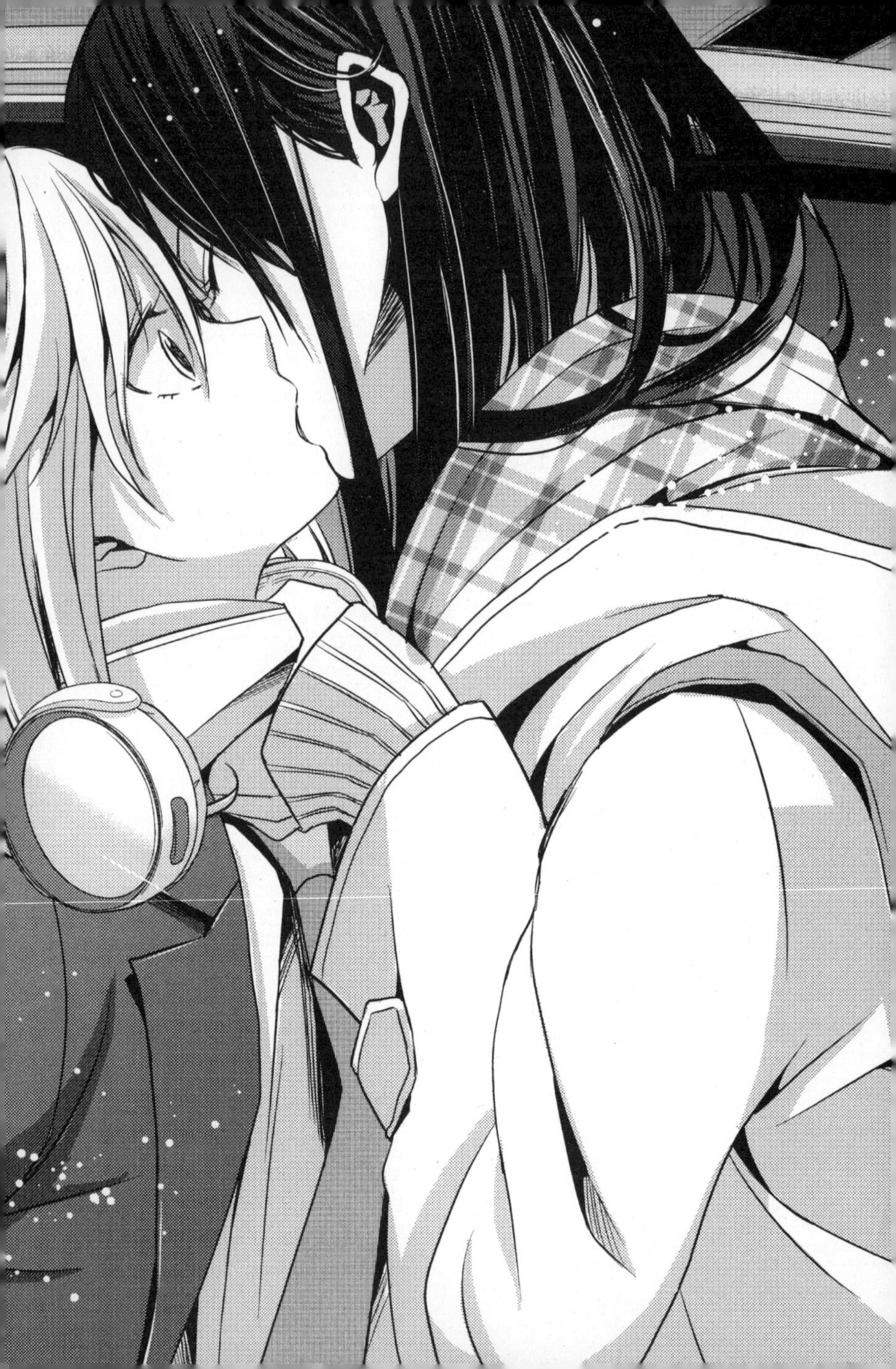

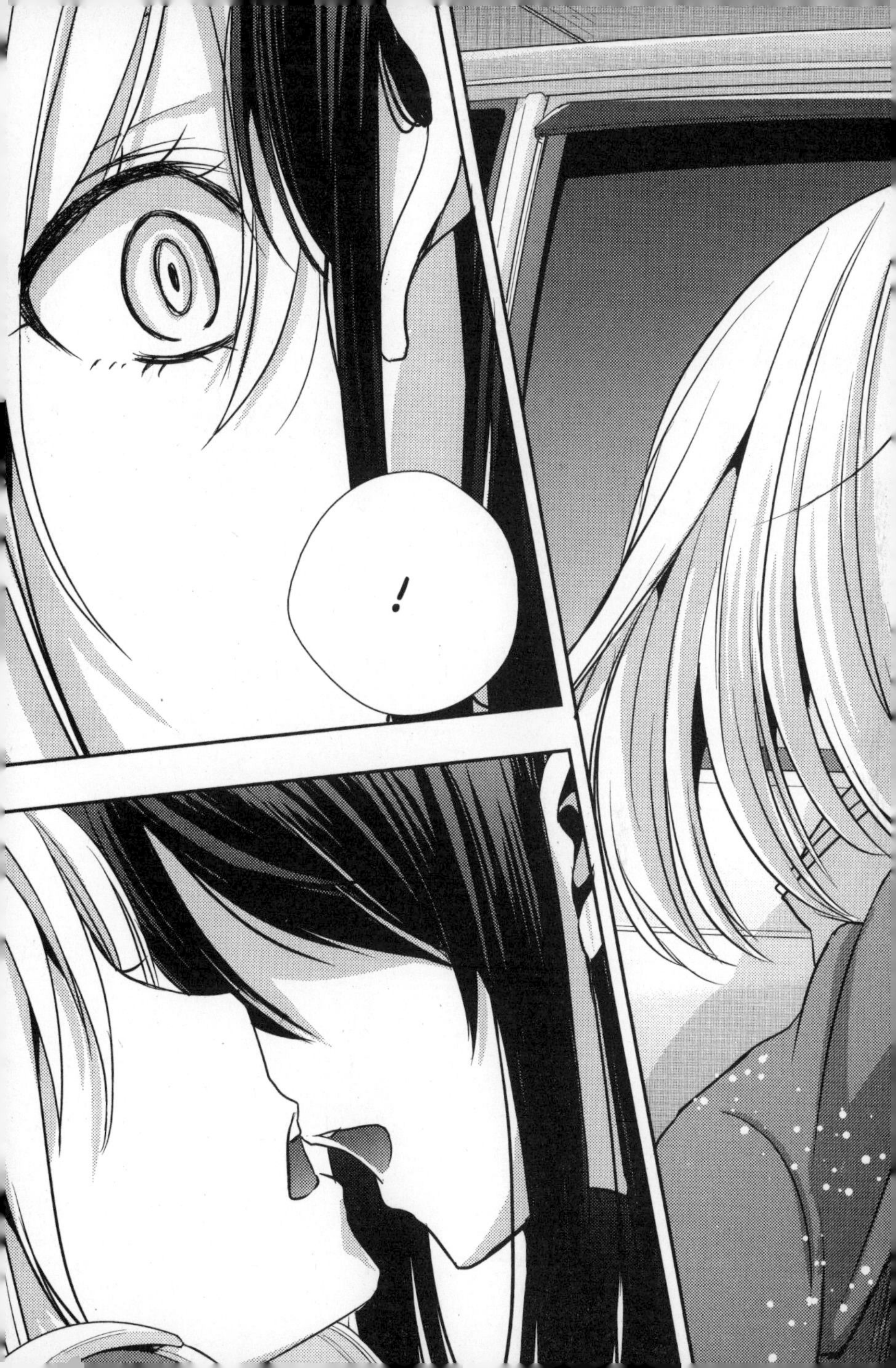

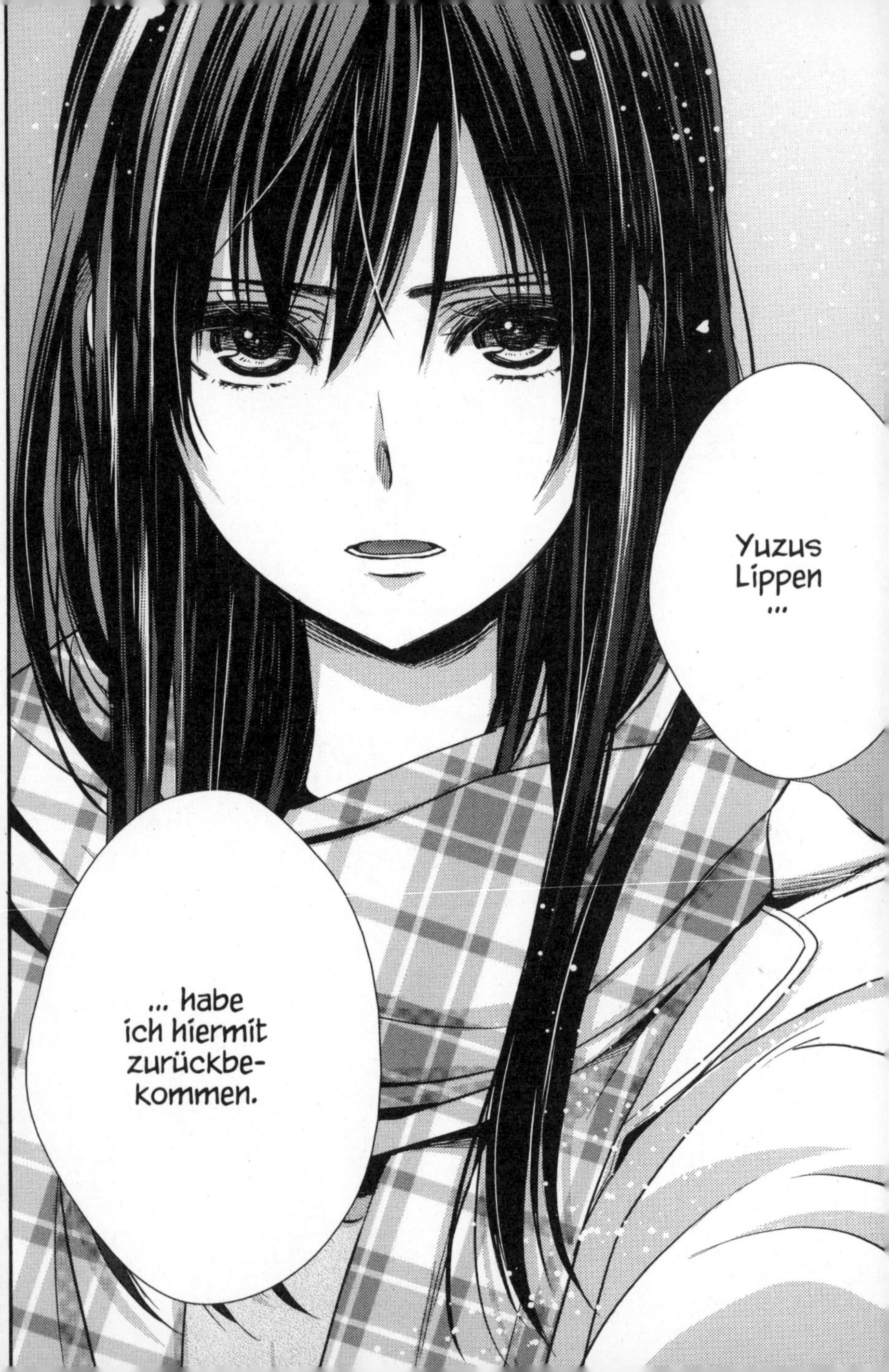
Yuzus Lippen ...
... habe ich hiermit zurückbekommen.

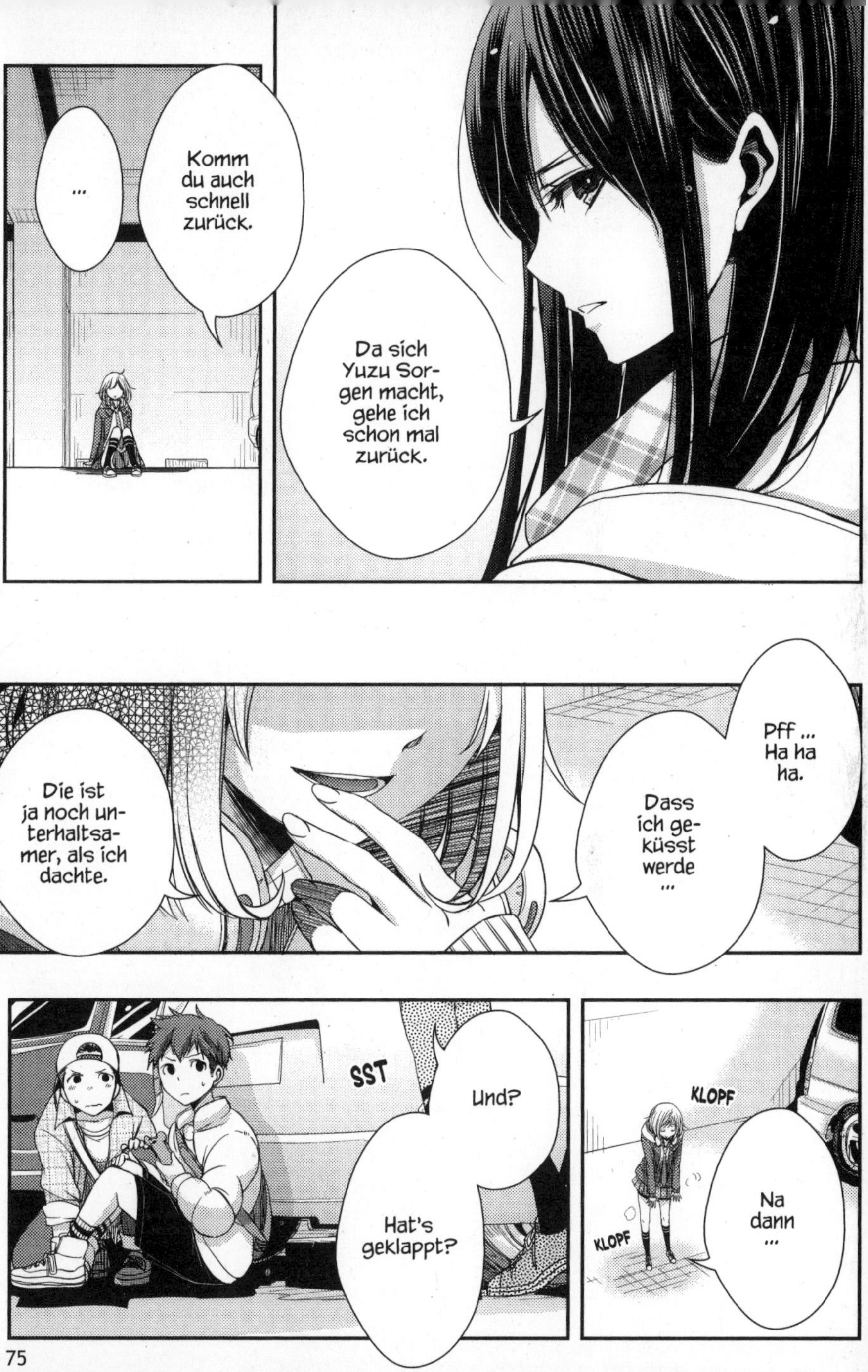

Da sich Yuzu Sorgen macht, gehe ich schon mal zurück.
Komm du auch schnell zurück.
...
Pff ... Ha ha ha.
Dass ich geküsst werde ...
Die ist ja noch unterhaltsamer, als ich dachte.
KLOPF
KLOPF
Na dann ...
SST
Und?
Hat's geklappt?

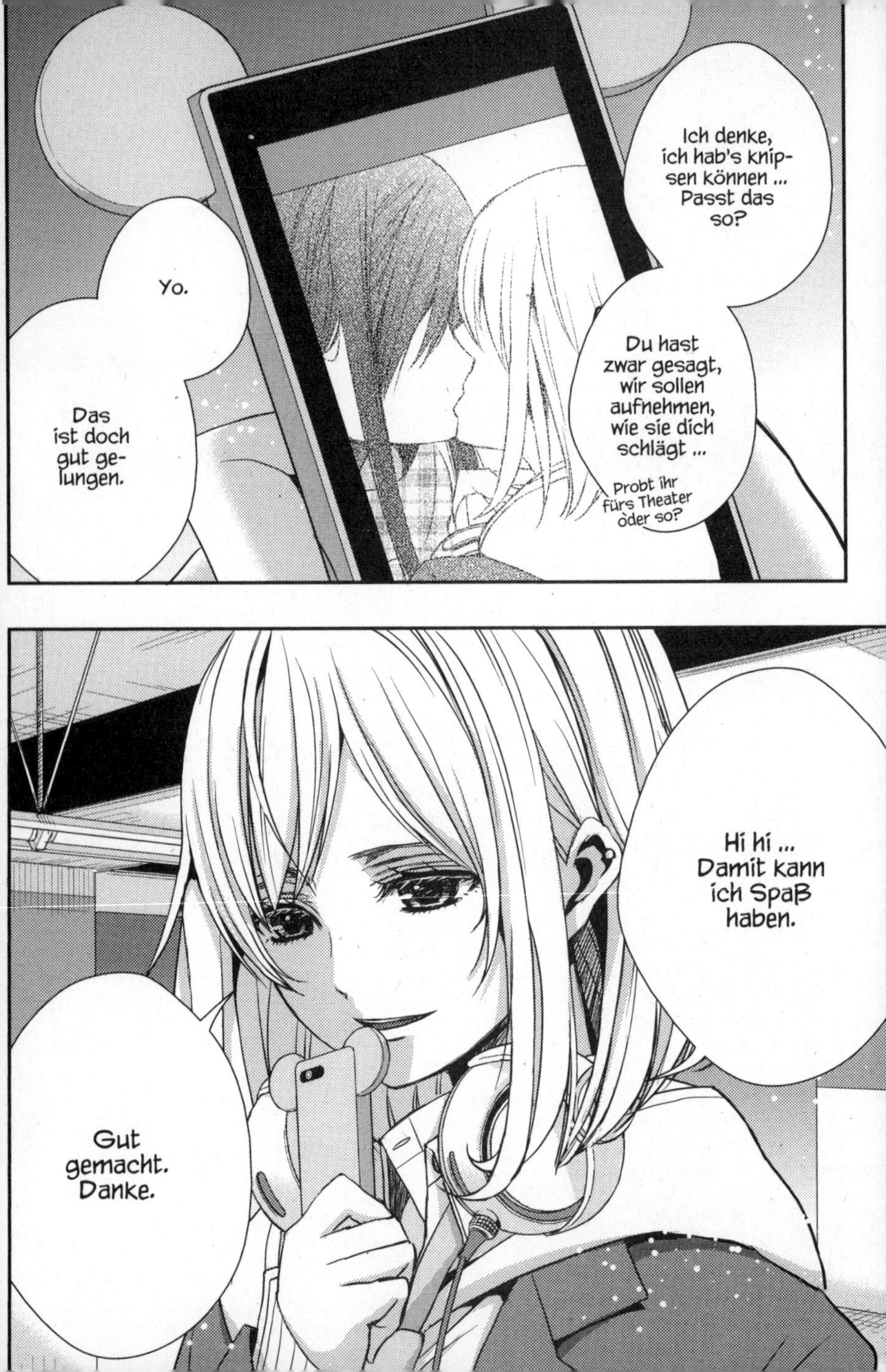
Ich denke, ich hab's knipsen können ... Passt das so?
Yo.
Du hast zwar gesagt, wir sollen aufnehmen, wie sie dich schlägt ...
Probt ihr fürs Theater oder so?
Das ist doch gut gelungen.
Hi hi ... Damit kann ich Spaß haben.
Gut gemacht. Danke.

citrus

citrus

3

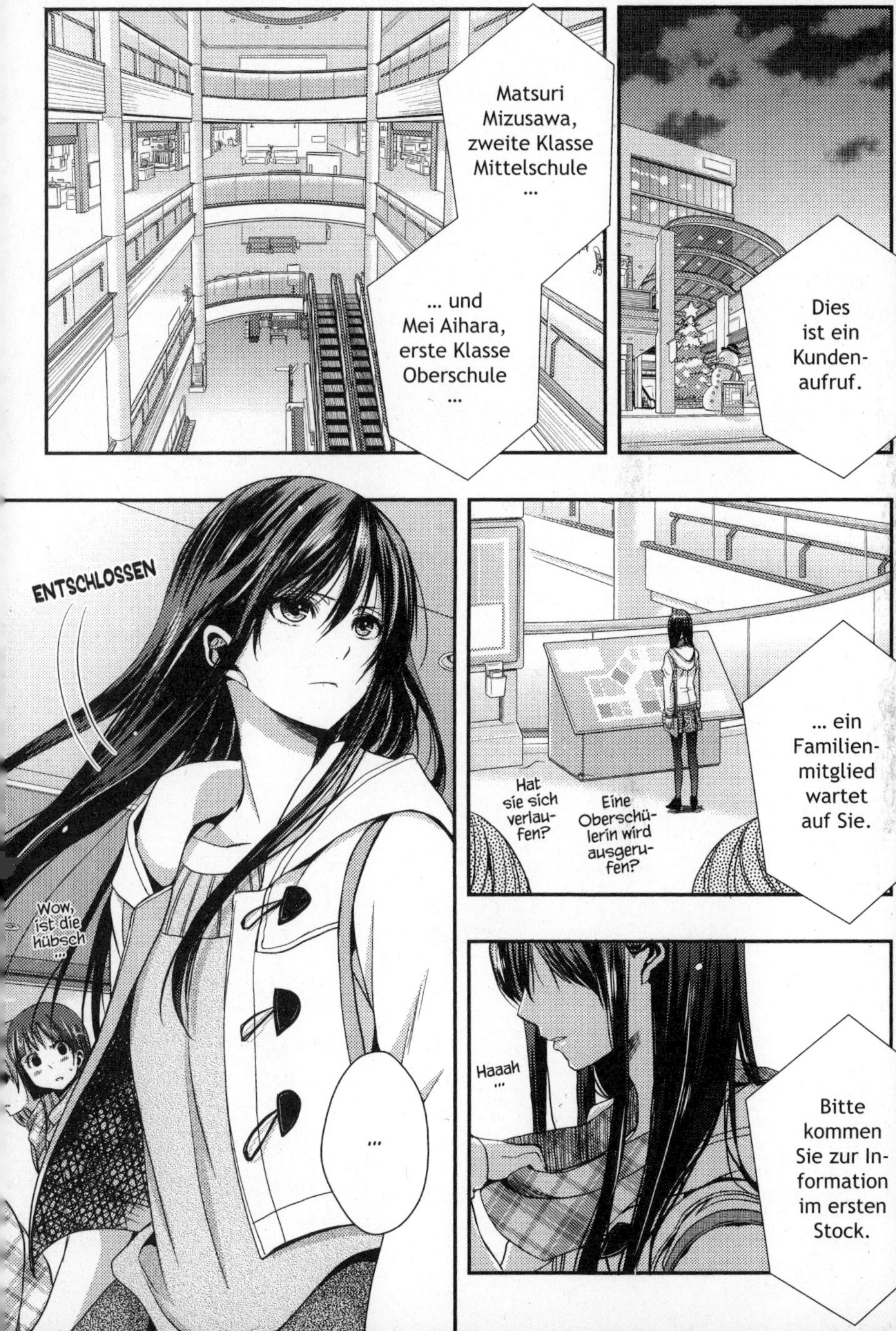
Dies ist ein Kundenaufruf.
Matsuri Mizusawa, zweite Klasse Mittelschule ...
... und Mei Aihara, erste Klasse Oberschule ...
... ein Familienmitglied wartet auf Sie.
Eine Oberschülerin wird ausgerufen?
Hat sie sich verlaufen?
ENTSCHLOSSEN
Wow, ist die hübsch ...
Bitte kommen Sie zur Information im ersten Stock.
Haaah ...
...

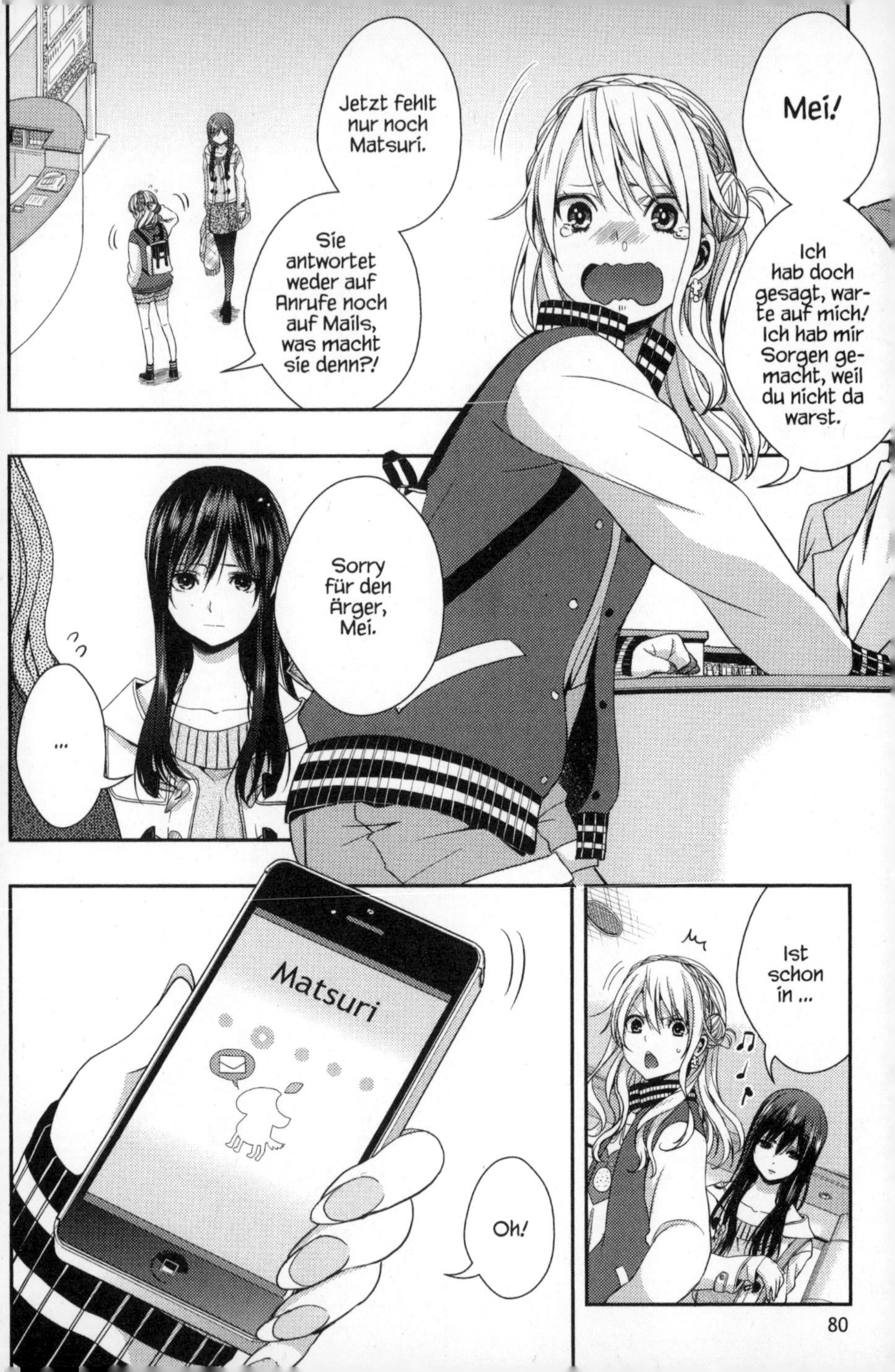

Mei!
Ich hab doch gesagt, warte auf mich! Ich hab mir Sorgen gemacht, weil du nicht da warst.
Jetzt fehlt nur noch Matsuri.
Sie antwortet weder auf Anrufe noch auf Mails, was macht sie denn?!
Sorry für den Ärger, Mei.
...
Ist schon in ...
Matsuri
Oh!

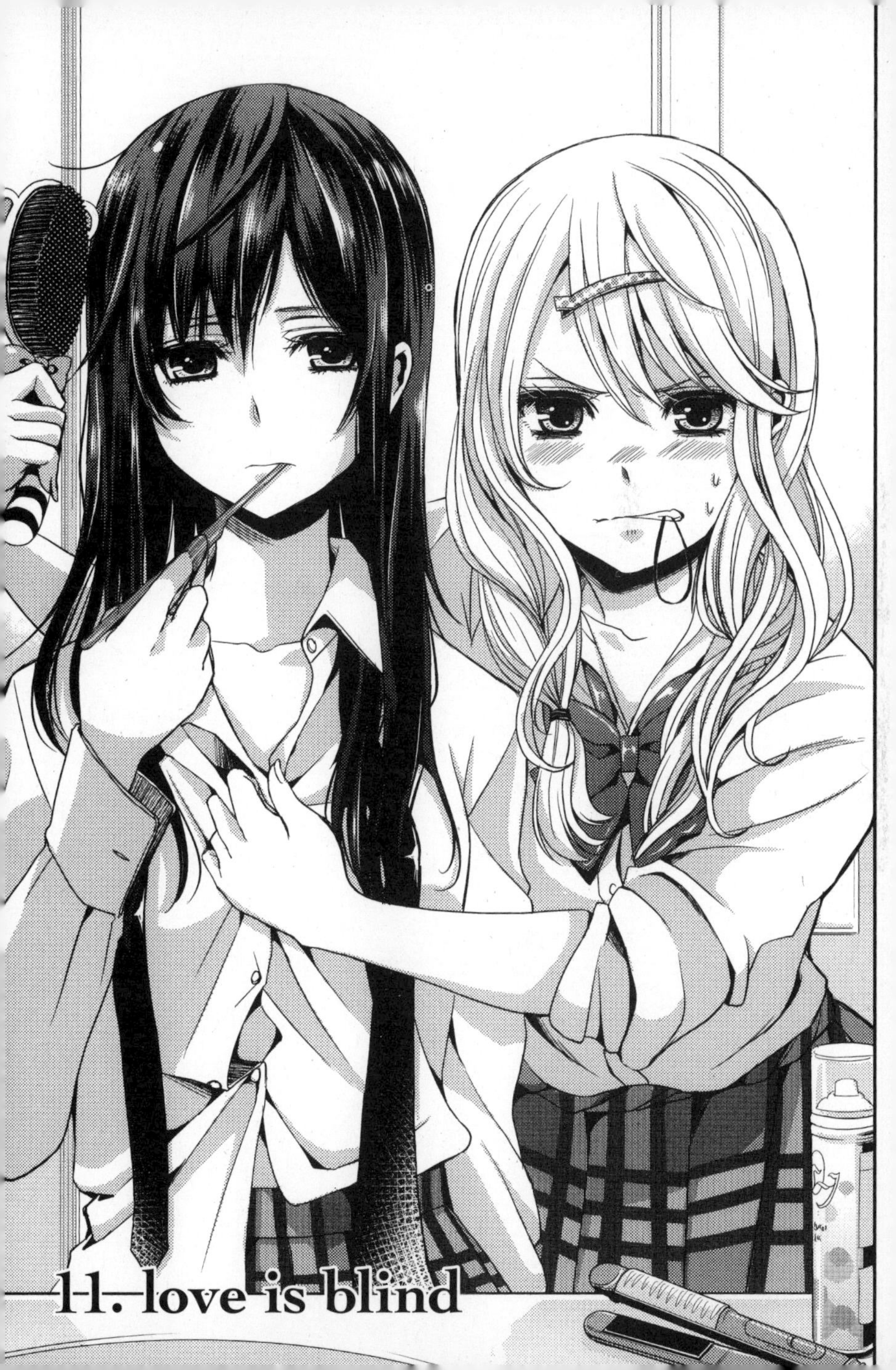
11. love is blind

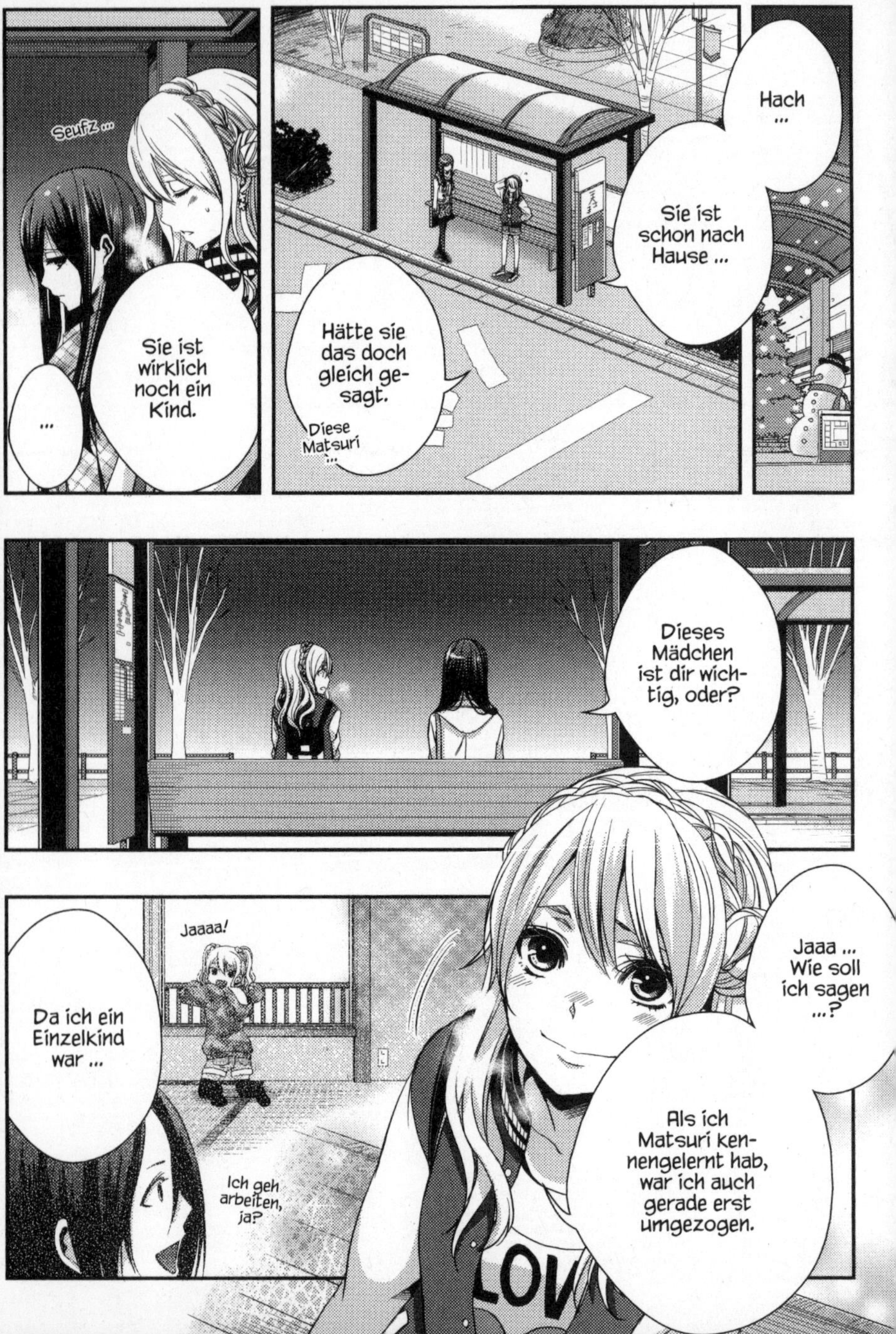
Hach ...
Sie ist schon nach Hause ...
Hätte sie das doch gleich gesagt.
Diese Matsuri ...
Seufz ...
Sie ist wirklich noch ein Kind.
...
Dieses Mädchen ist dir wichtig, oder?
Jaaa ... Wie soll ich sagen ...?
Als ich Matsuri kennengelernt hab, war ich auch gerade erst umgezogen.
Jaaaa!
Ich geh arbeiten, ja?
Da ich ein Einzelkind war ...

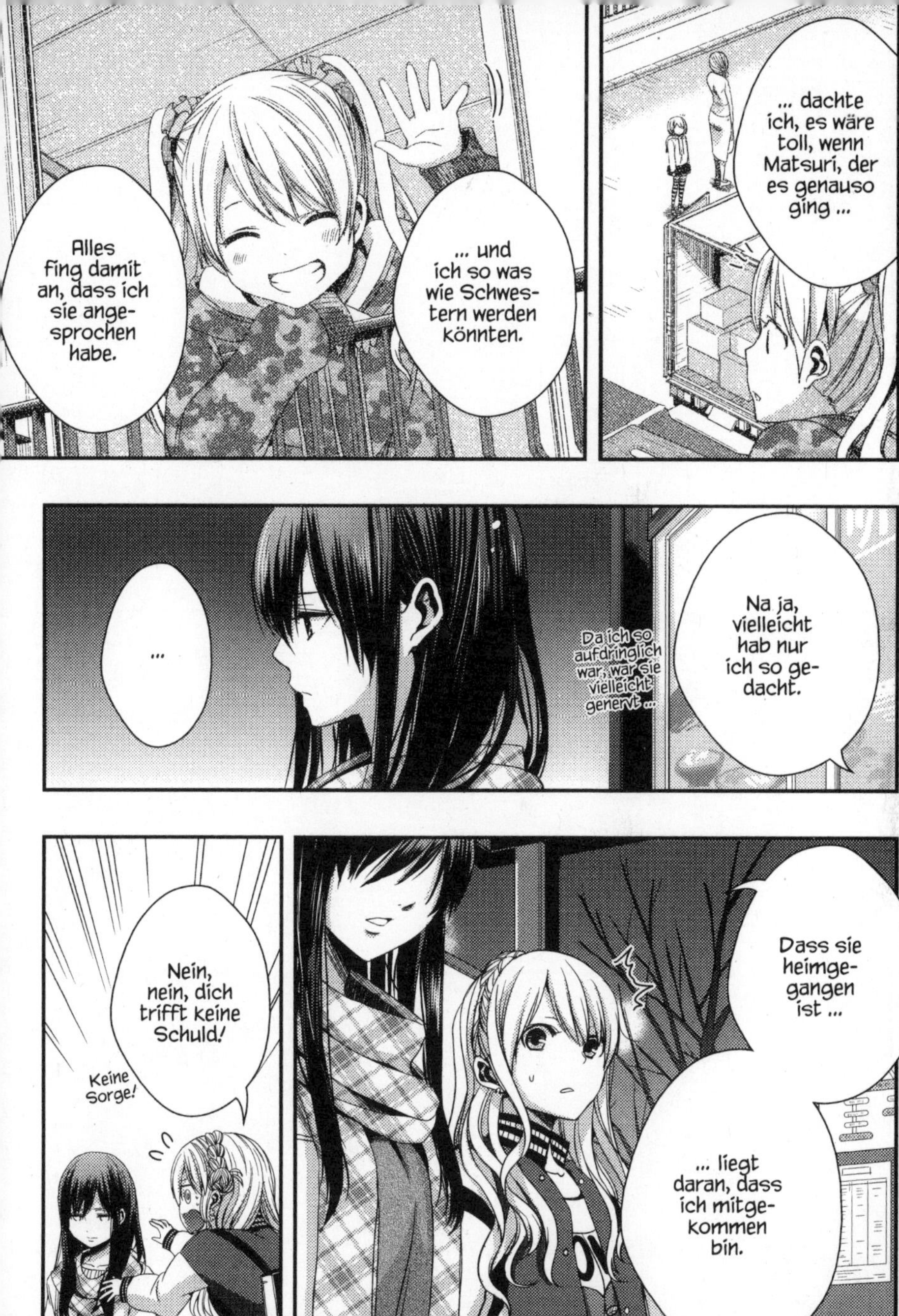
... dachte ich, es wäre toll, wenn Matsuri, der es genauso ging ...
... und ich so was wie Schwes-tern werden könnten.
Alles fing damit an, dass ich sie ange-sprochen habe.
Na ja, vielleicht hab nur ich so ge-dacht.
Da ich so aufdringlich war, war sie vielleicht genervt ...
...
Dass sie heimge-gangen ist ...
... liegt daran, dass ich mitge-kommen bin.
Nein, nein, dich trifft keine Schuld!
Keine Sorge!

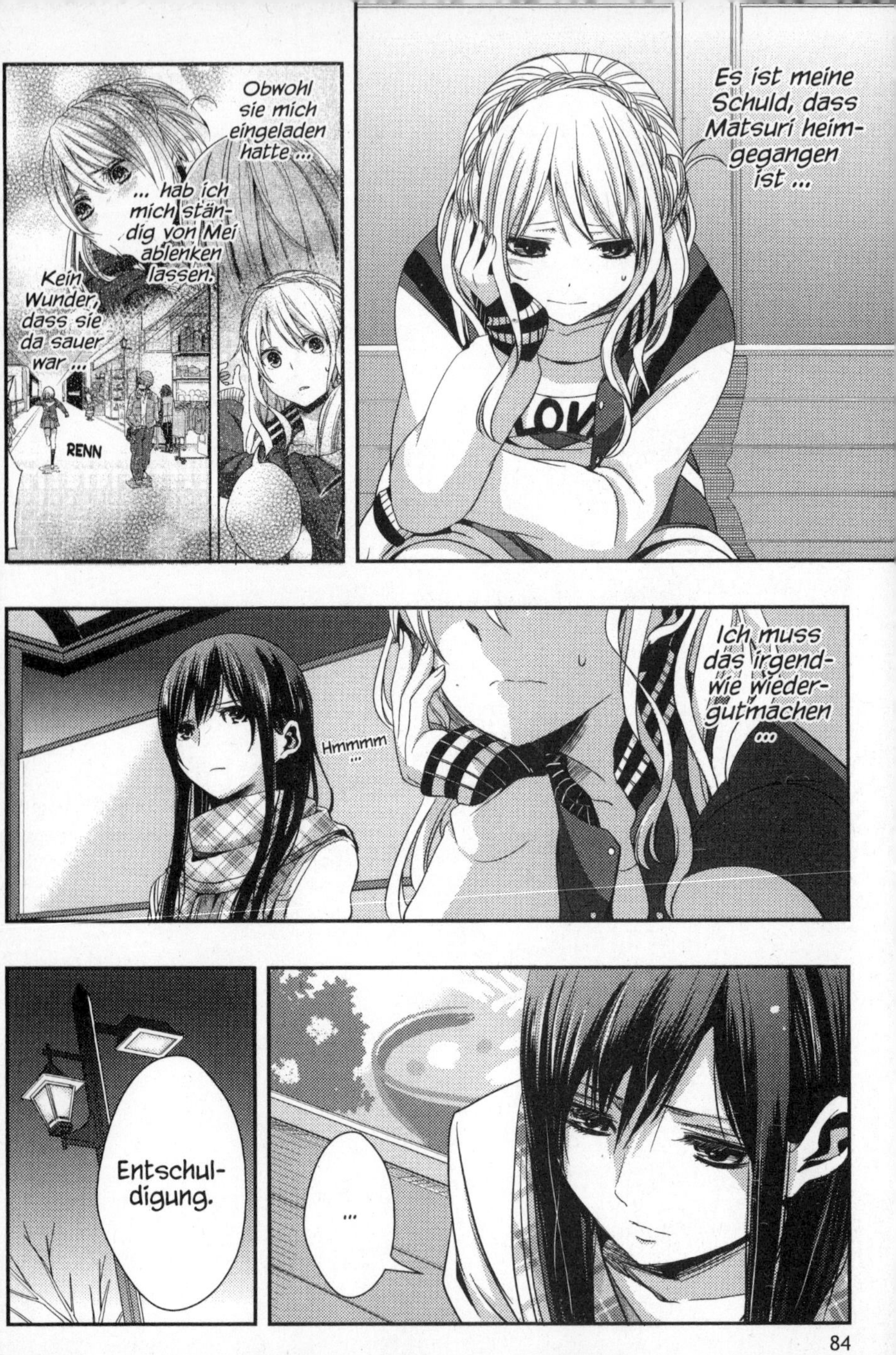
Es ist meine Schuld, dass Matsuri heimgegangen ist ...
Obwohl sie mich eingeladen hatte ...
... hab ich mich ständig von Mei ablenken lassen.
Kein Wunder, dass sie da sauer war ...
RENN
Ich muss das irgendwie wiedergutmachen ...
Hmmmm ...
...
Entschuldigung.

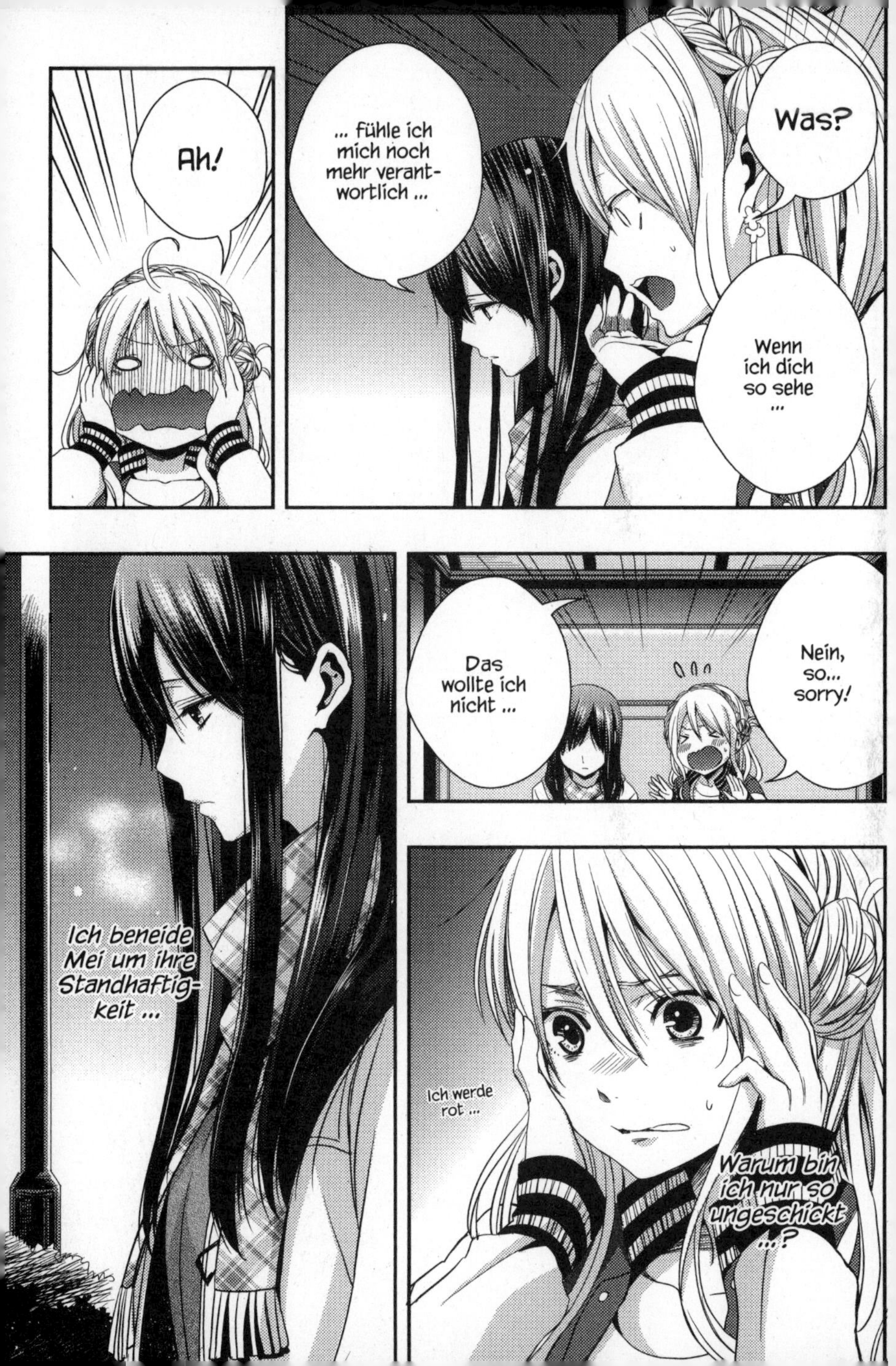
Was?
... fühle ich mich noch mehr verantwortlich ...
Ah!
Wenn ich dich so sehe ...
Nein, so... sorry!
Das wollte ich nicht ...
Ich beneide Mei um ihre Standhaftigkeit ...
Ich werde rot ...
Warum bin ich nur so ungeschickt ...?

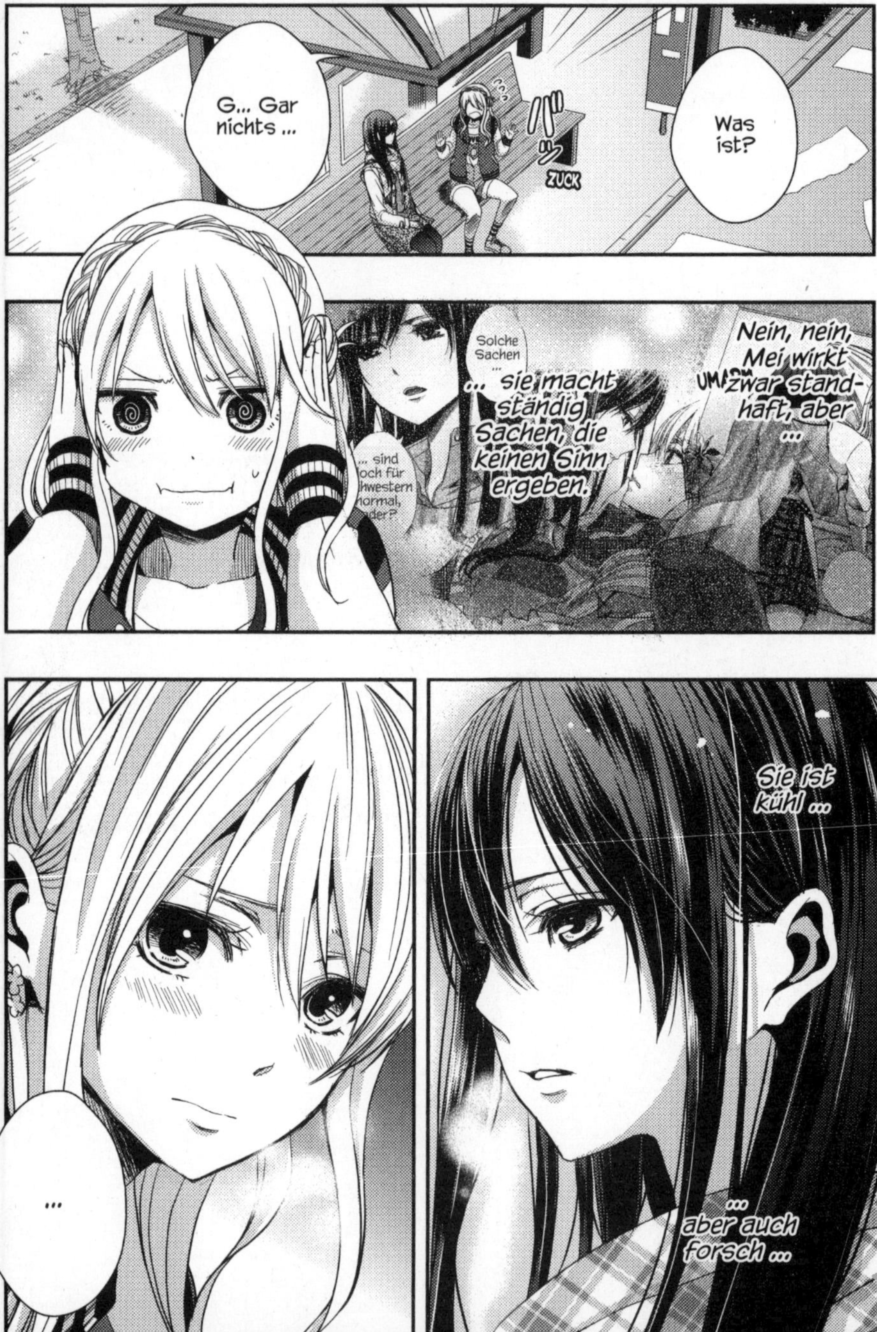
Was ist?
ZUCK
G... Gar nichts ...
Nein, nein, Mei wirkt zwar standhaft, aber ...
... sie macht ständig Sachen, die keinen Sinn ergeben.
Solche Sachen ...
... sind
normal,
Sie ist kühl ...
... aber auch forsch ...
...

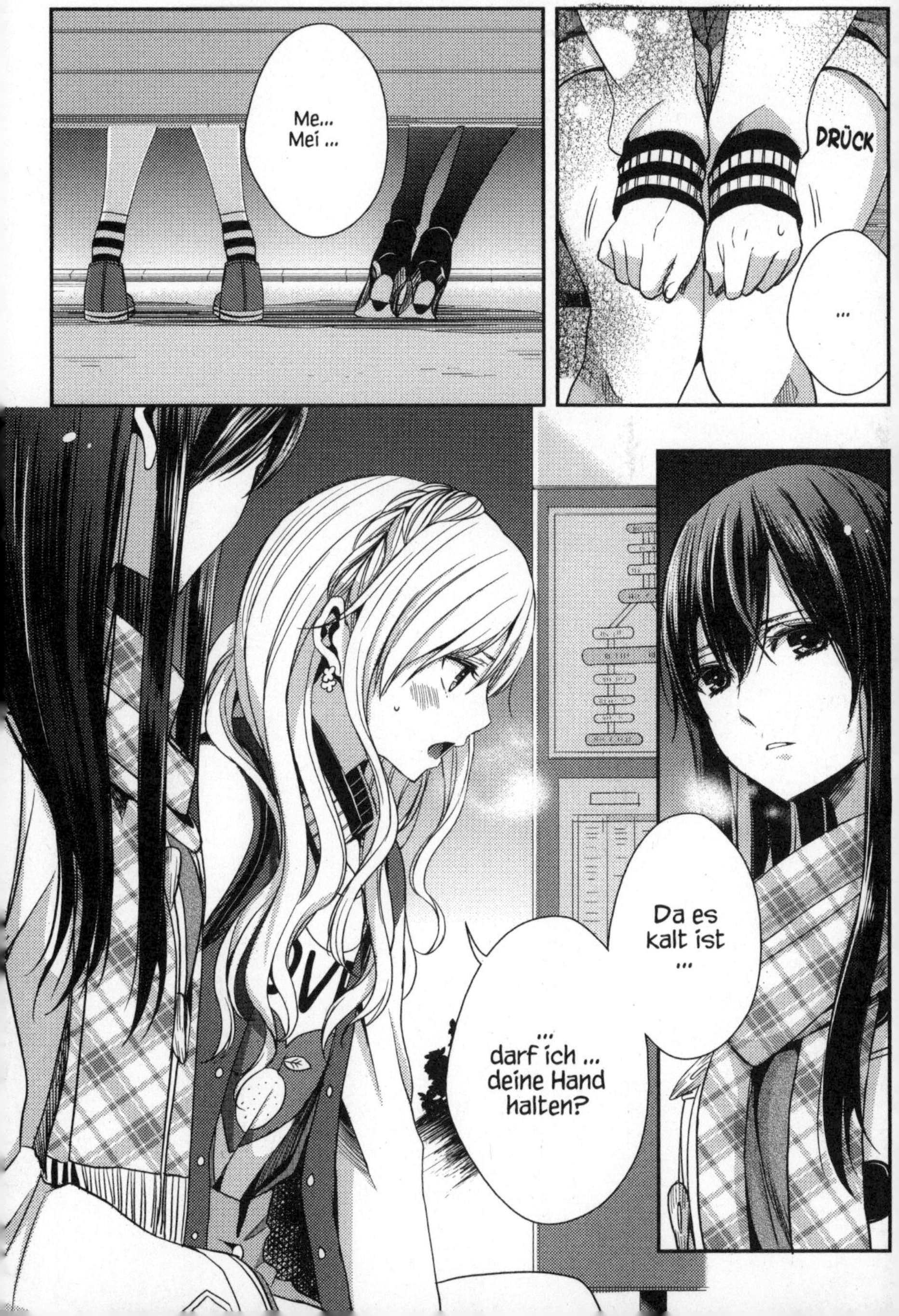
DRÜCK
...
Me... Mei ...
Da es kalt ist ...
... darf ich ... deine Hand halten?

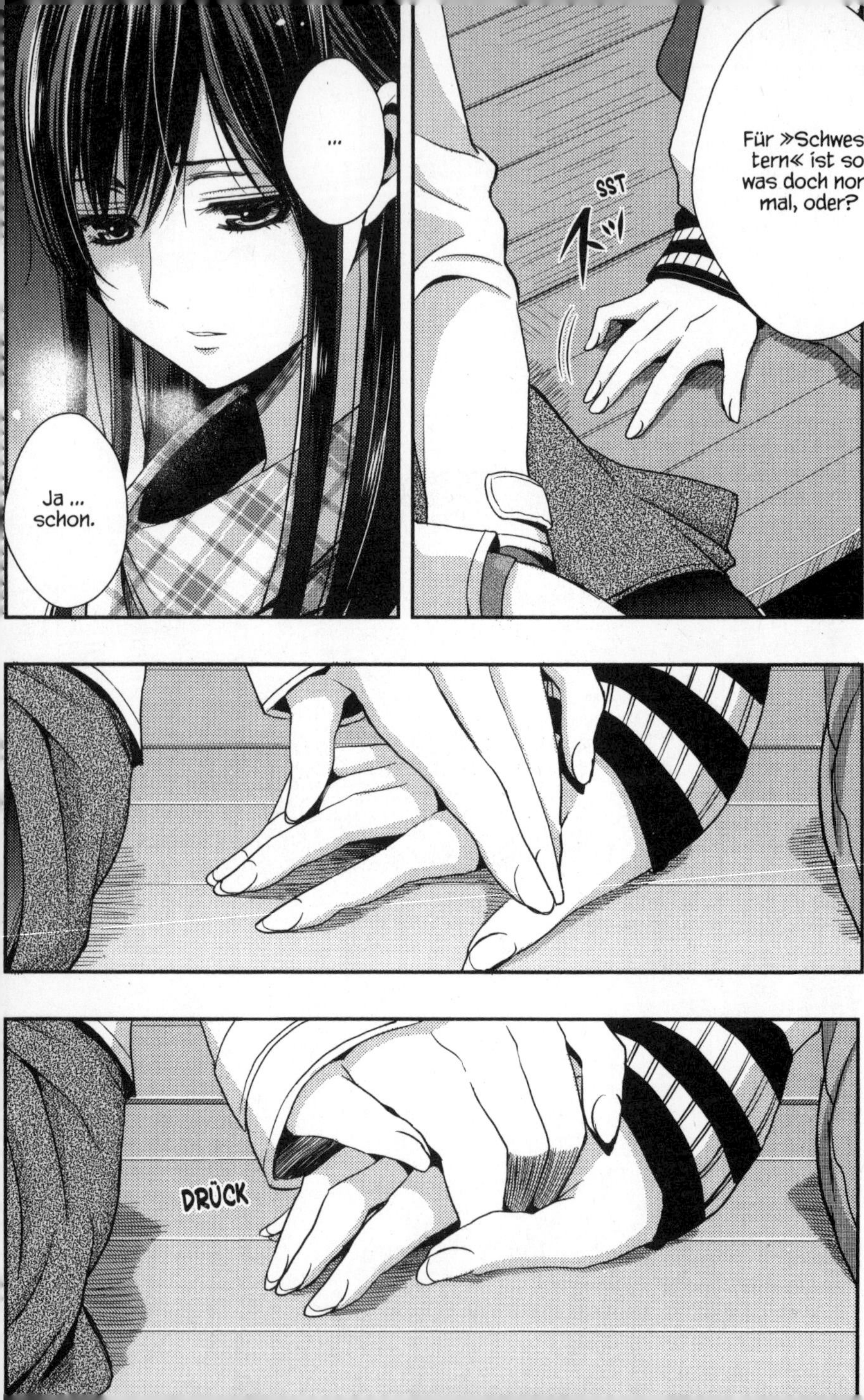
Für »Schwestern« ist so was doch normal, oder?
SST
...
Ja ... schon.
DRÜCK

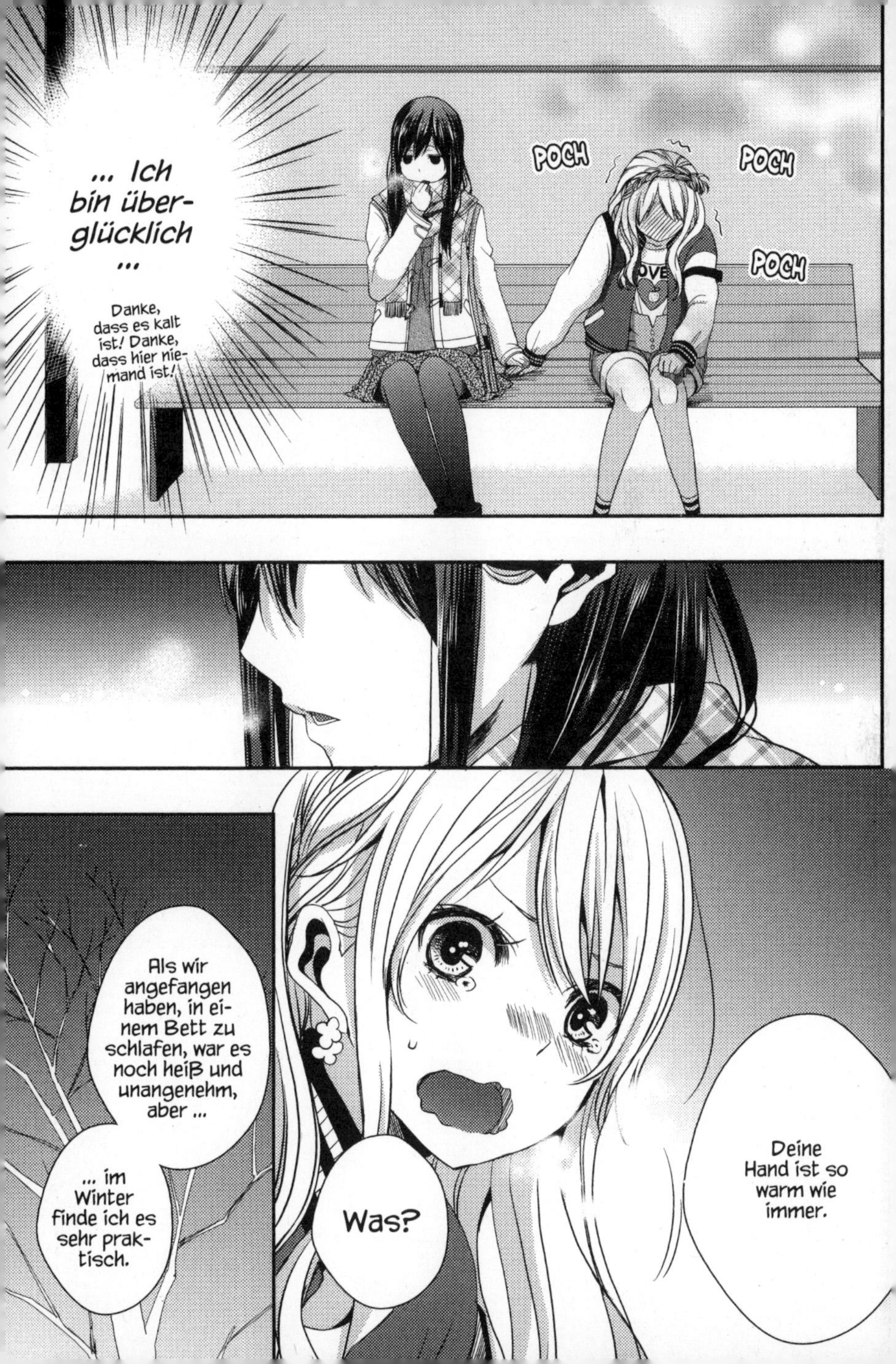
POCH
POCH
POCH
... Ich bin überglücklich ...
Danke, dass es kalt ist! Danke, dass hier niemand ist!
Deine Hand ist so warm wie immer.
Was?
Als wir angefangen haben, in einem Bett zu schlafen, war es noch heiß und unangenehm, aber ...
... im Winter finde ich es sehr praktisch.

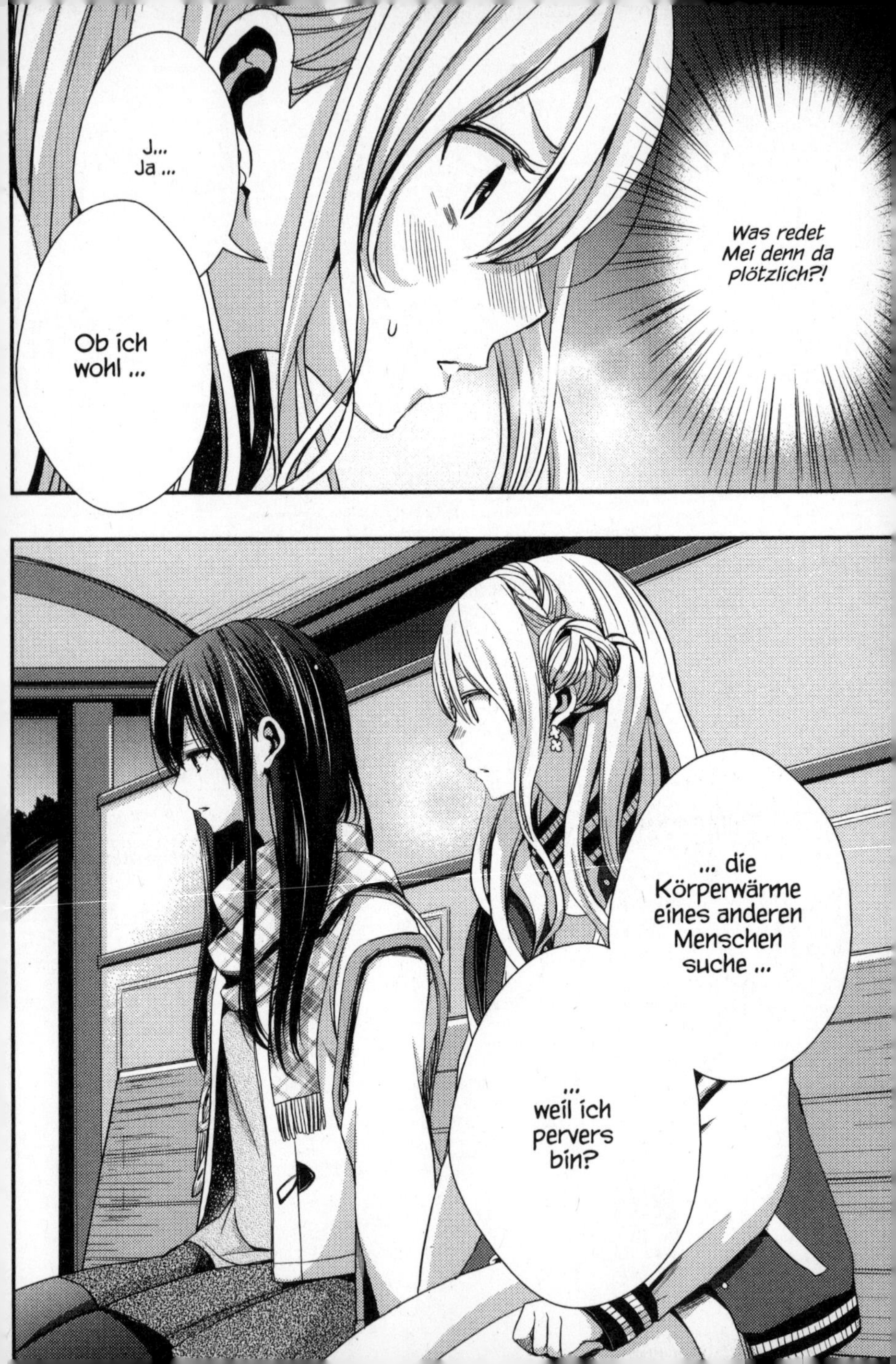
Was redet Mei denn da plötzlich?!
J... Ja ...
Ob ich wohl ...
... die Körperwärme eines anderen Menschen suche ...
... weil ich pervers bin?

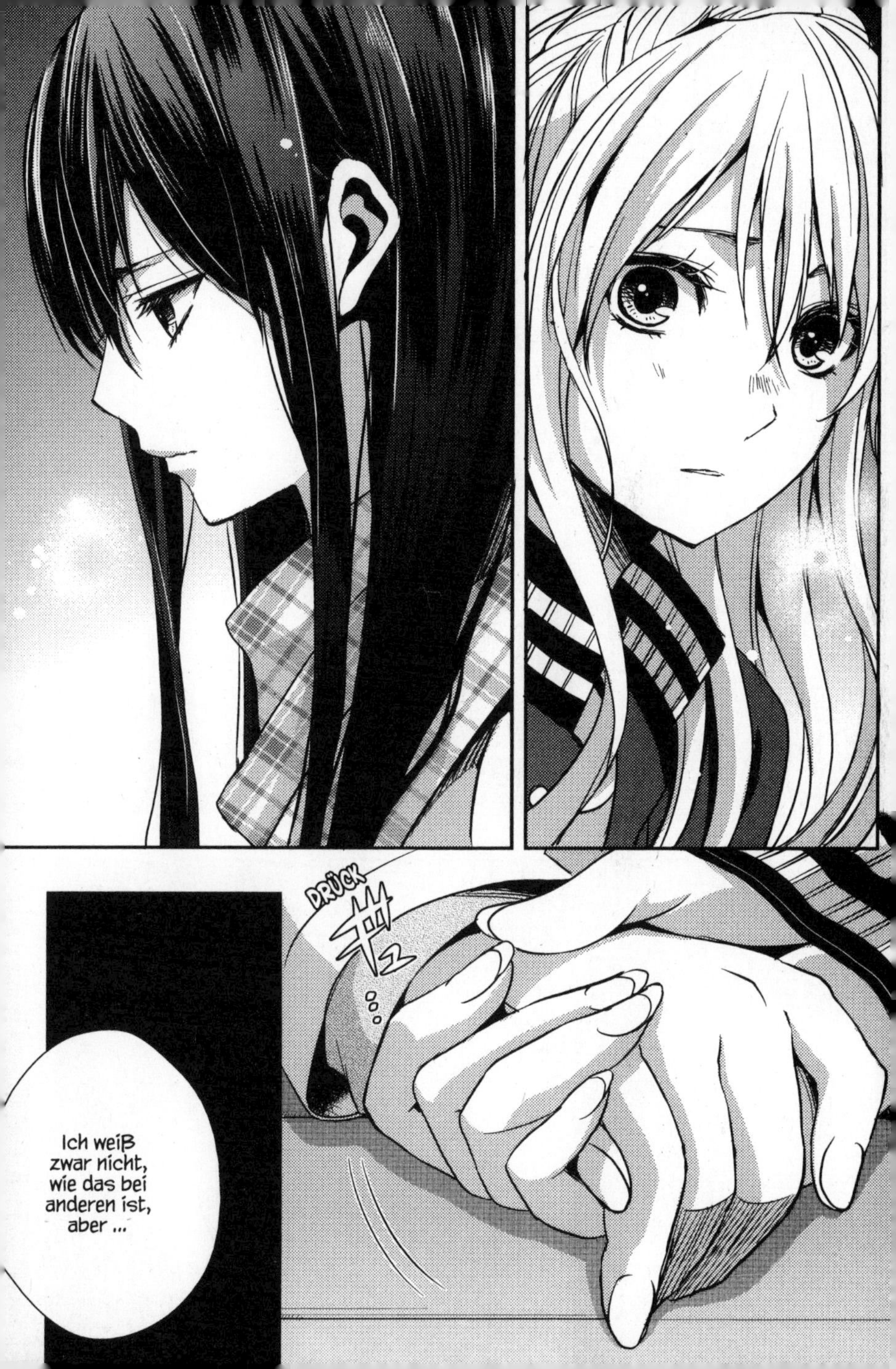
DRÜCK
Ich weiß zwar nicht, wie das bei anderen ist, aber ...

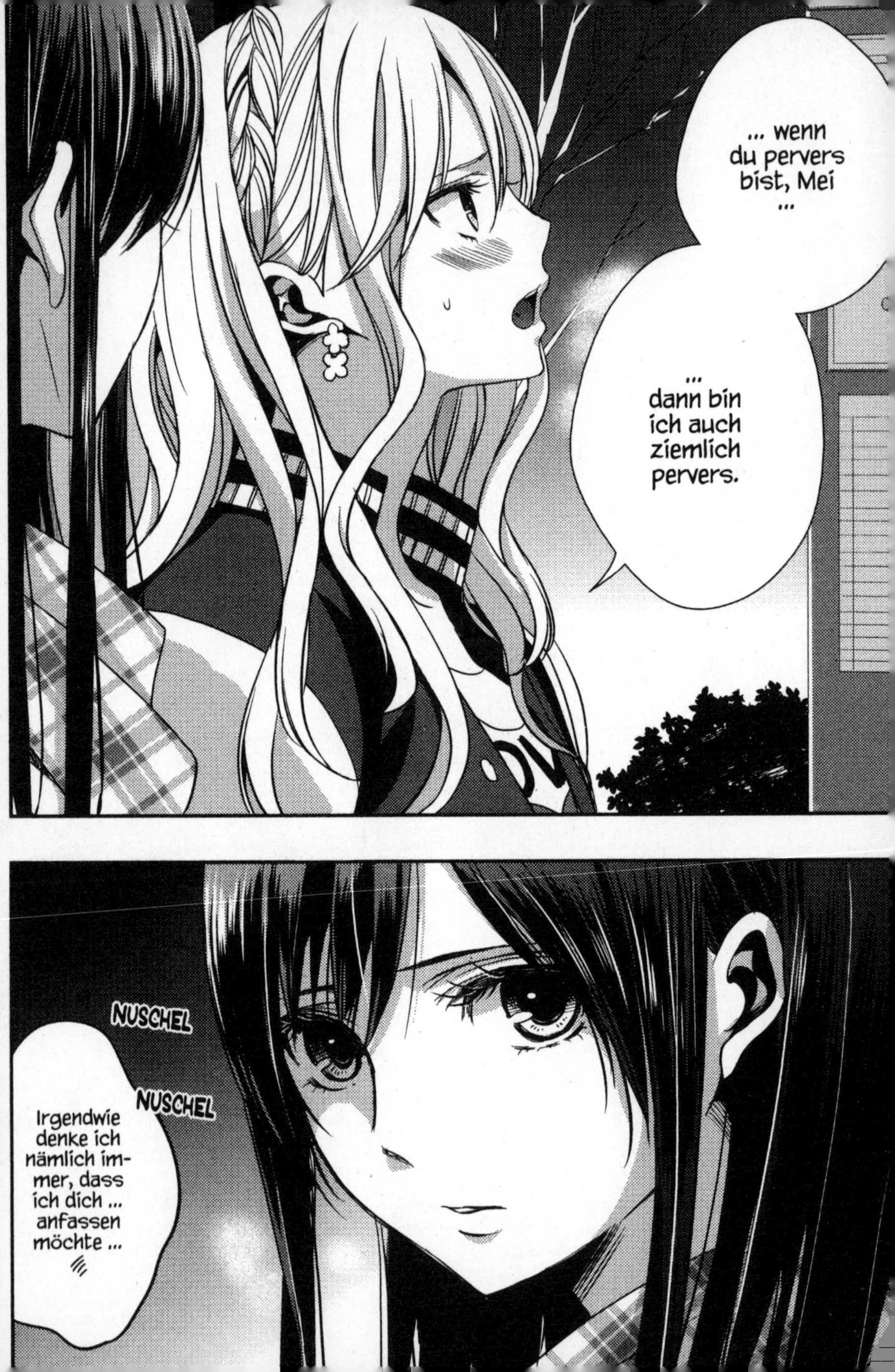
... wenn du pervers bist, Mei ...
... dann bin ich auch ziemlich pervers.
NUSCHEL
NUSCHEL
Irgendwie denke ich nämlich immer, dass ich dich ... anfassen möchte ...

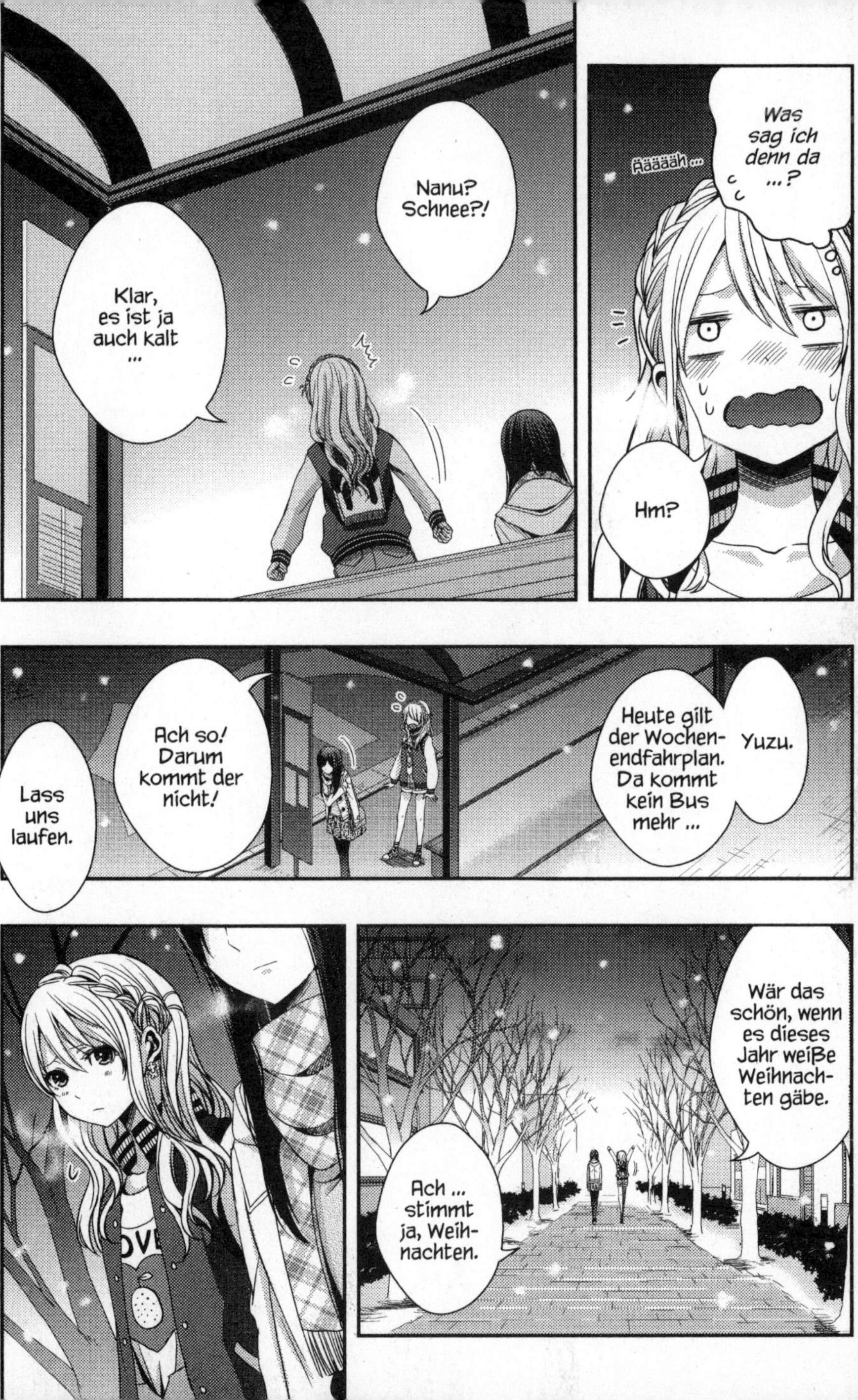
Äääääh ...
Was sag ich denn da ...?
Hm?
Nanu? Schnee?!
Klar, es ist ja auch kalt ...
Yuzu.
Heute gilt der Wochenendfahrplan. Da kommt kein Bus mehr ...
Ach so! Darum kommt der nicht!
Lass uns laufen.
Wär das schön, wenn es dieses Jahr weiße Weihnachten gäbe.
Ach ... stimmt ja, Weihnachten.

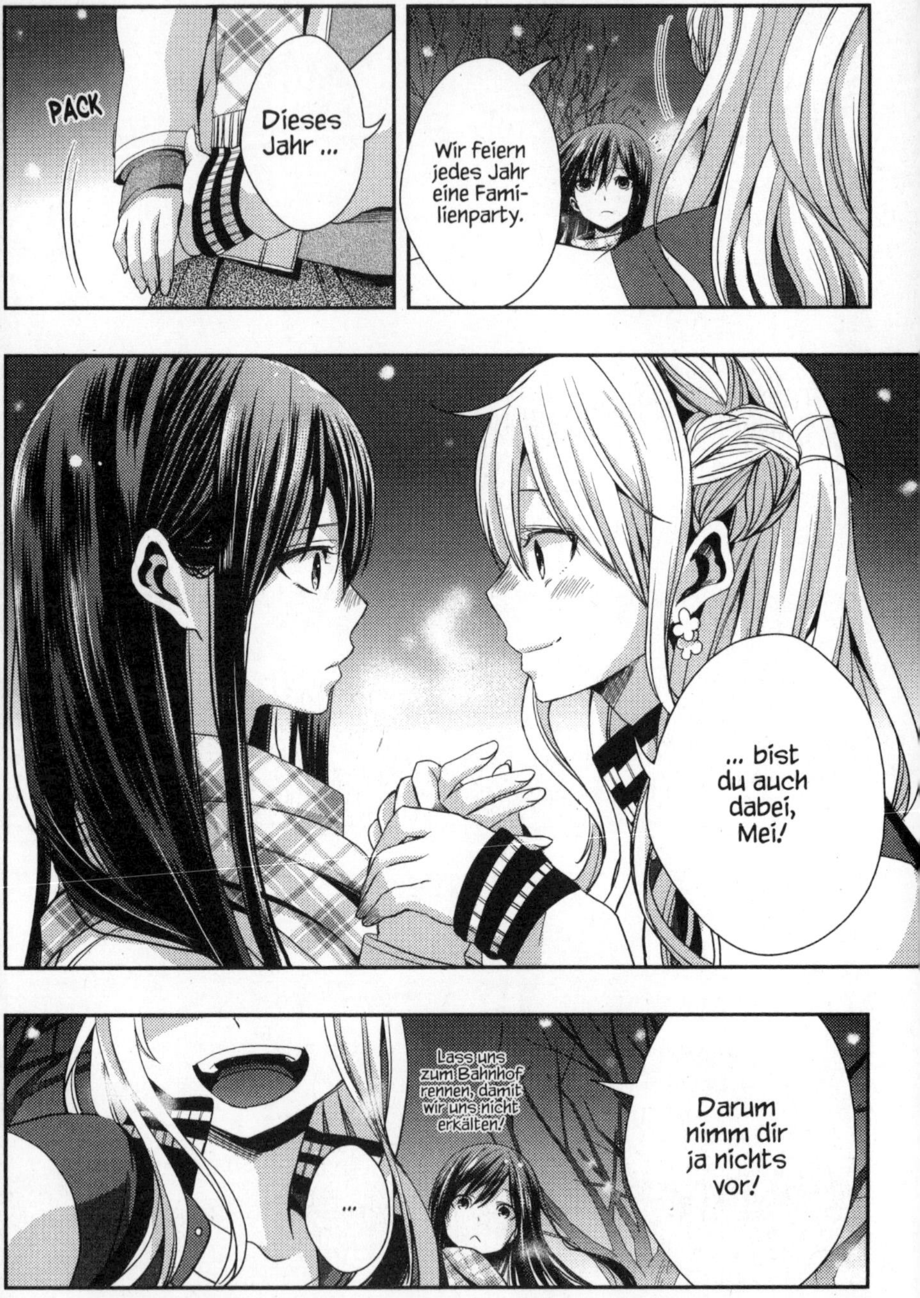
Wir feiern jedes Jahr eine Familienparty.
PACK
Dieses Jahr ...
... bist du auch dabei, Mei!
Darum nimm dir ja nichts vor!
Lass uns zum Bahnhof rennen, damit wir uns nicht erkälten!
...

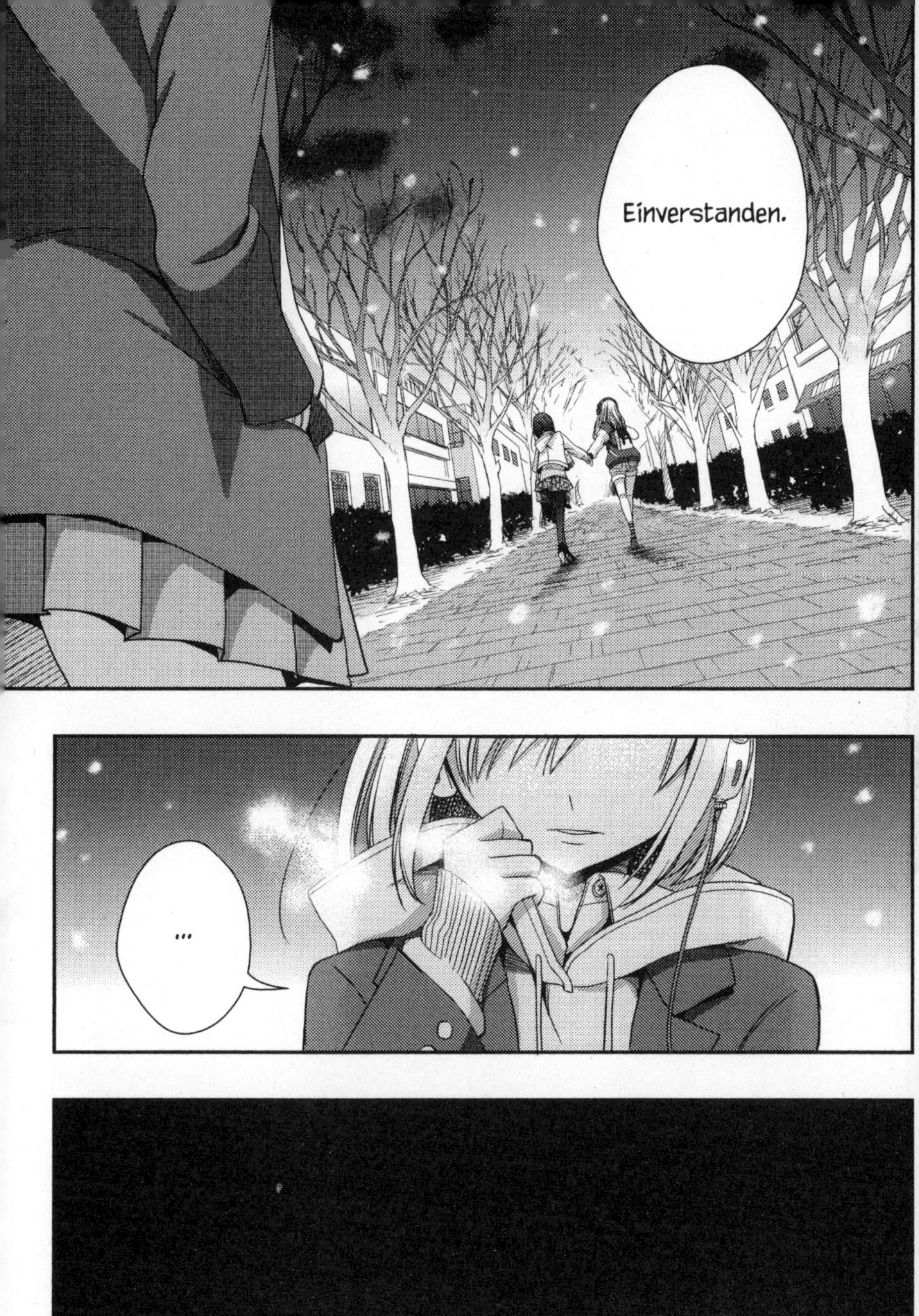
Einverstanden.
...

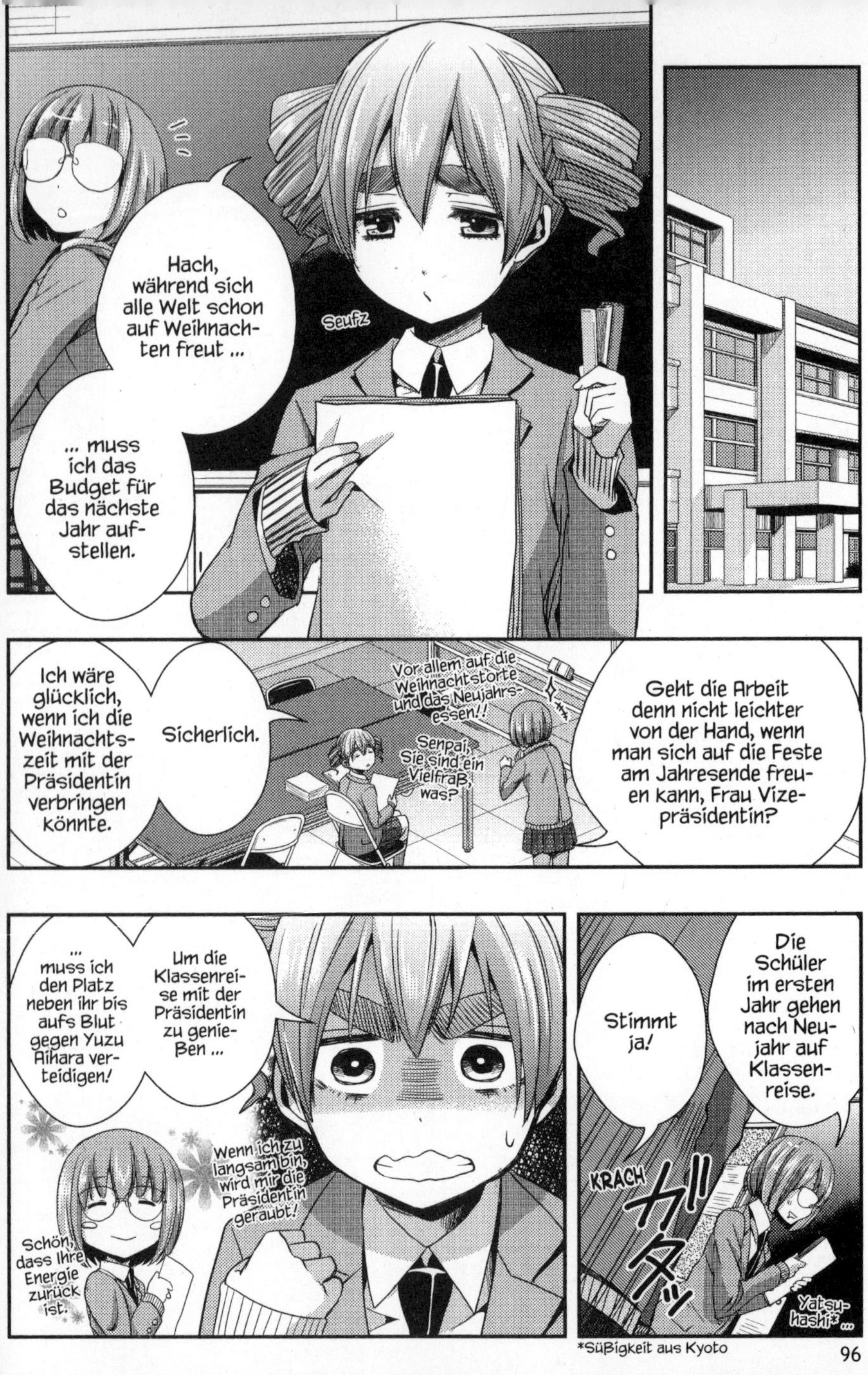

*Süßigkeit aus Kyoto

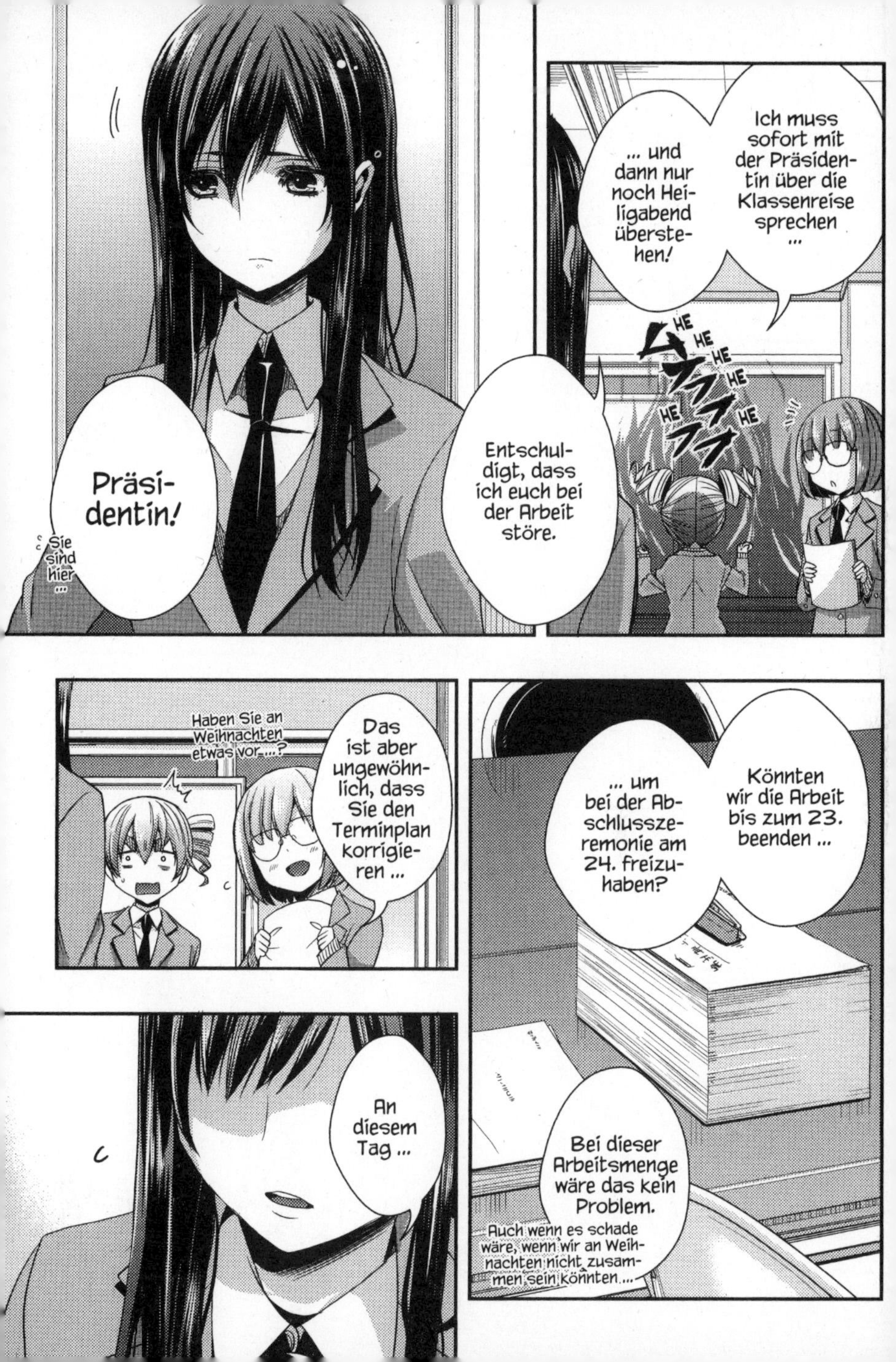
Ich muss sofort mit der Präsidentin über die Klassenreise sprechen ...
... und dann nur noch Heiligabend überstehen!
HE HE HE HE HE HE
Entschuldigt, dass ich euch bei der Arbeit störe.
Präsidentin!
Sie sind hier ...
Könnten wir die Arbeit bis zum 23. beenden ...
... um bei der Abschlusszeremonie am 24. freizuhaben?
Das ist aber ungewöhnlich, dass Sie den Terminplan korrigieren ...
Haben Sie an Weihnachten etwas vor ...?
Bei dieser Arbeitsmenge wäre das kein Problem.
Auch wenn es schade wäre, wenn wir an Weihnachten nicht zusammen sein könnten ...
An diesem Tag ...

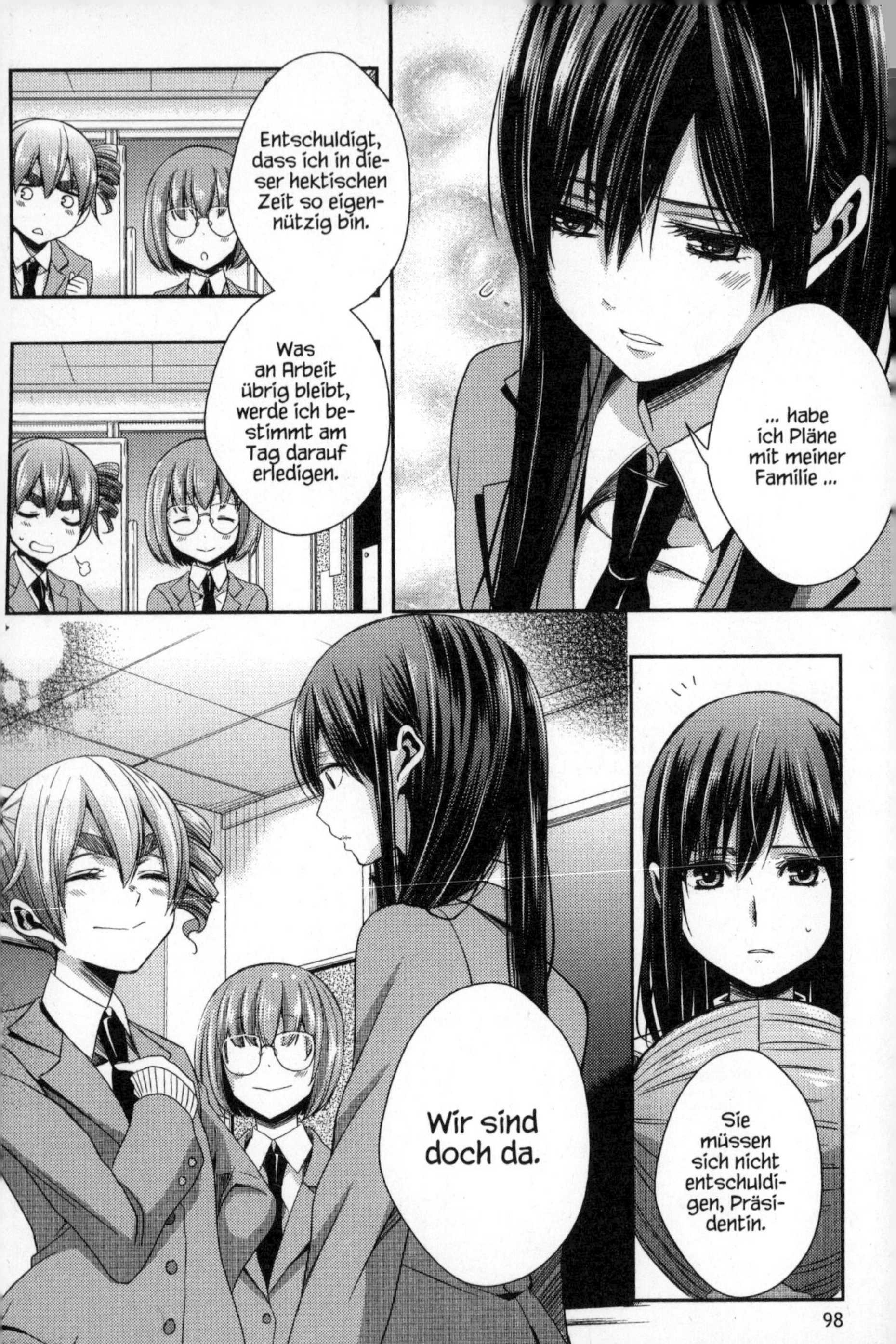
... habe ich Pläne mit meiner Familie ...
Entschuldigt, dass ich in dieser hektischen Zeit so eigennützig bin.
Was an Arbeit übrig bleibt, werde ich bestimmt am Tag darauf erledigen.
Sie müssen sich nicht entschuldigen, Präsidentin.
Wir sind doch da.

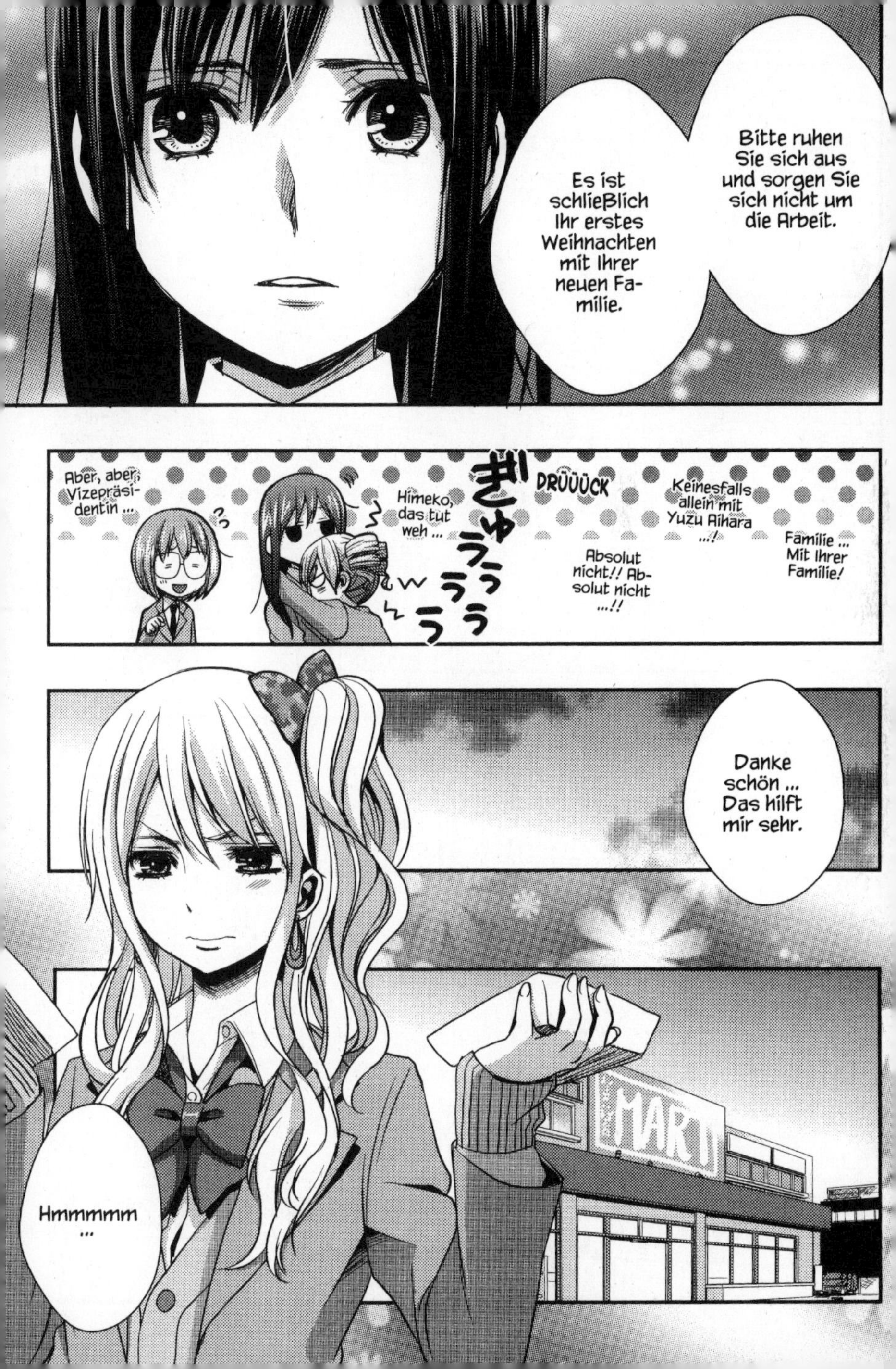
Bitte ruhen Sie sich aus und sorgen Sie sich nicht um die Arbeit.
Es ist schließlich Ihr erstes Weihnachten mit Ihrer neuen Familie.
Familie ... Mit Ihrer Familie!
Keinesfalls allein mit Yuzu Aihara ...!
Absolut nicht!! Absolut nicht ...!!
DRÜÜÜCK
Himeko, das tut weh ...
Aber, aber, Vizepräsidentin ...
Danke schön ... Das hilft mir sehr.
Hmmmmm ...
MART

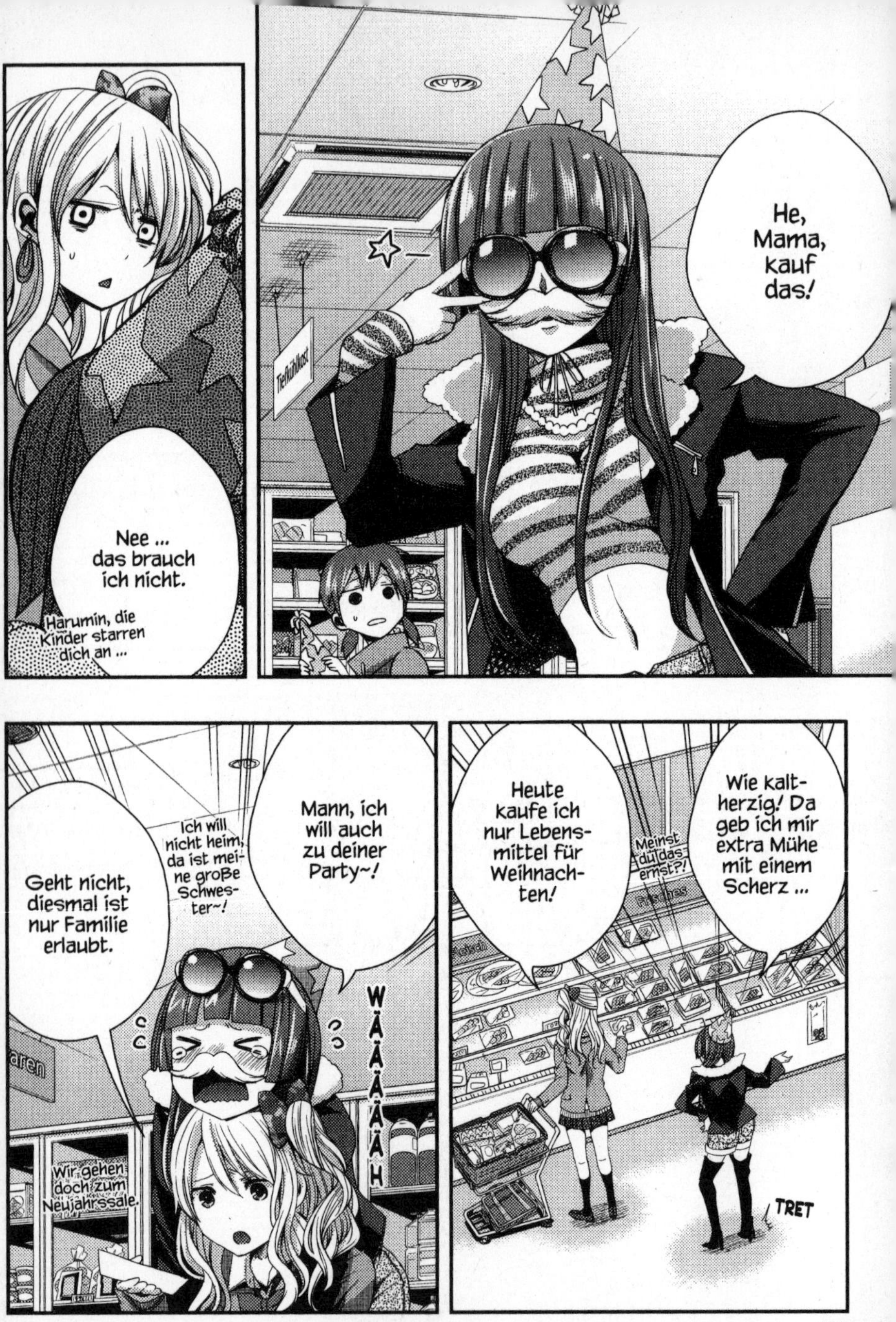
He, Mama, kauf das!
Tiefkühlkost
Nee ... das brauch ich nicht.
Harumin, die Kinder starren dich an ...
Wie kaltherzig! Da geb ich mir extra Mühe mit einem Scherz ...
Meinst du das ernst?!
Heute kaufe ich nur Lebensmittel für Weihnachten!
Frisches
Fleisch
TRET
Mann, ich will auch zu deiner Party~!
Ich will nicht heim, da ist meine große Schwester~!
Geht nicht, diesmal ist nur Familie erlaubt.
WÄÄÄÄÄH
Wir gehen doch zum Neujahrssale.

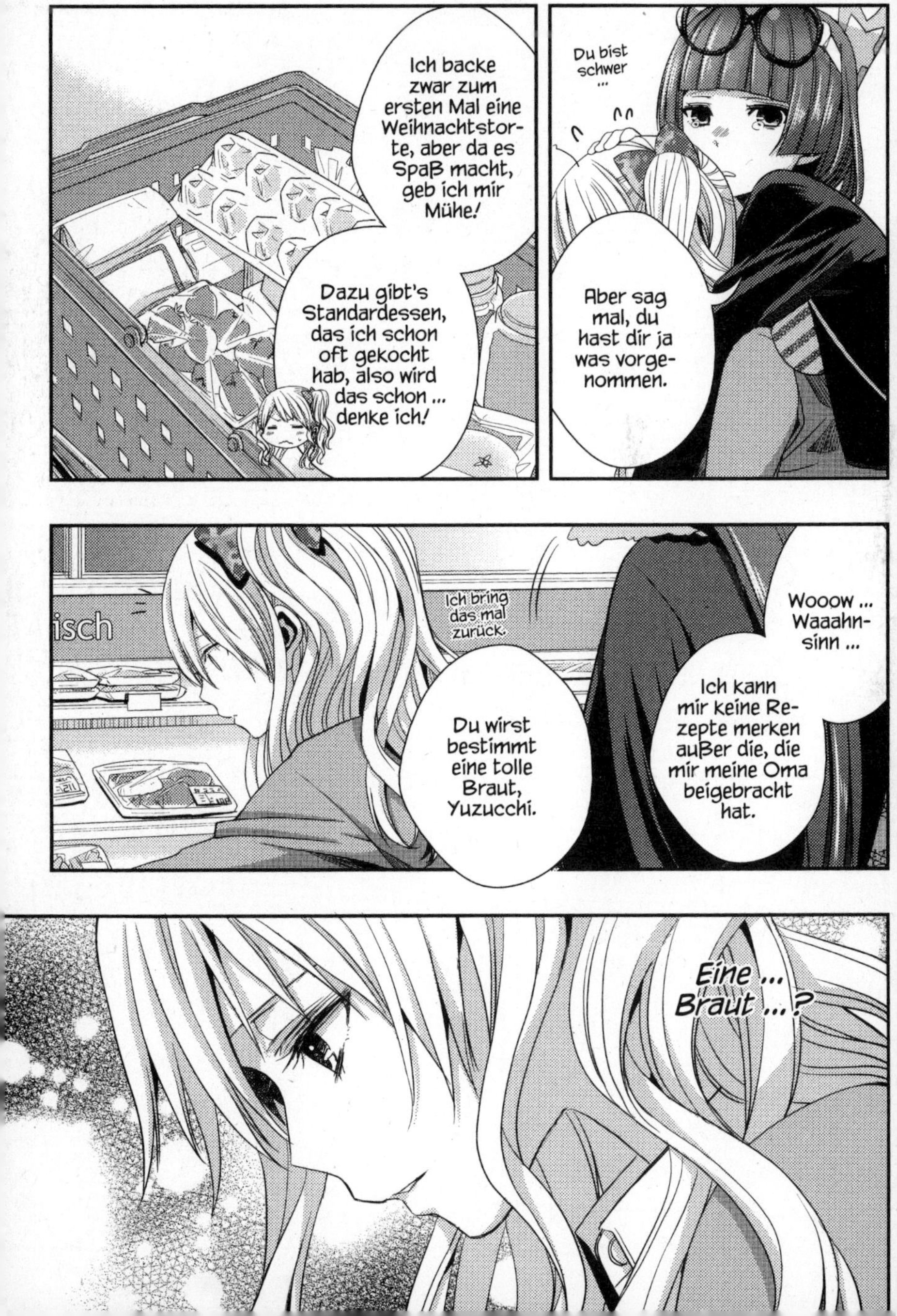
Du bist schwer ...
Aber sag mal, du hast dir ja was vorgenommen.
Ich backe zwar zum ersten Mal eine Weihnachtstorte, aber da es Spaß macht, geb ich mir Mühe!
Dazu gibt's Standardessen, das ich schon oft gekocht hab, also wird das schon ... denke ich!
Wooow ... Waaahnsinn ...
Ich kann mir keine Rezepte merken außer die, die mir meine Oma beigebracht hat.
Du wirst bestimmt eine tolle Braut, Yuzucchi.
Ich bring das mal zurück.
isch
Eine ... Braut ...?

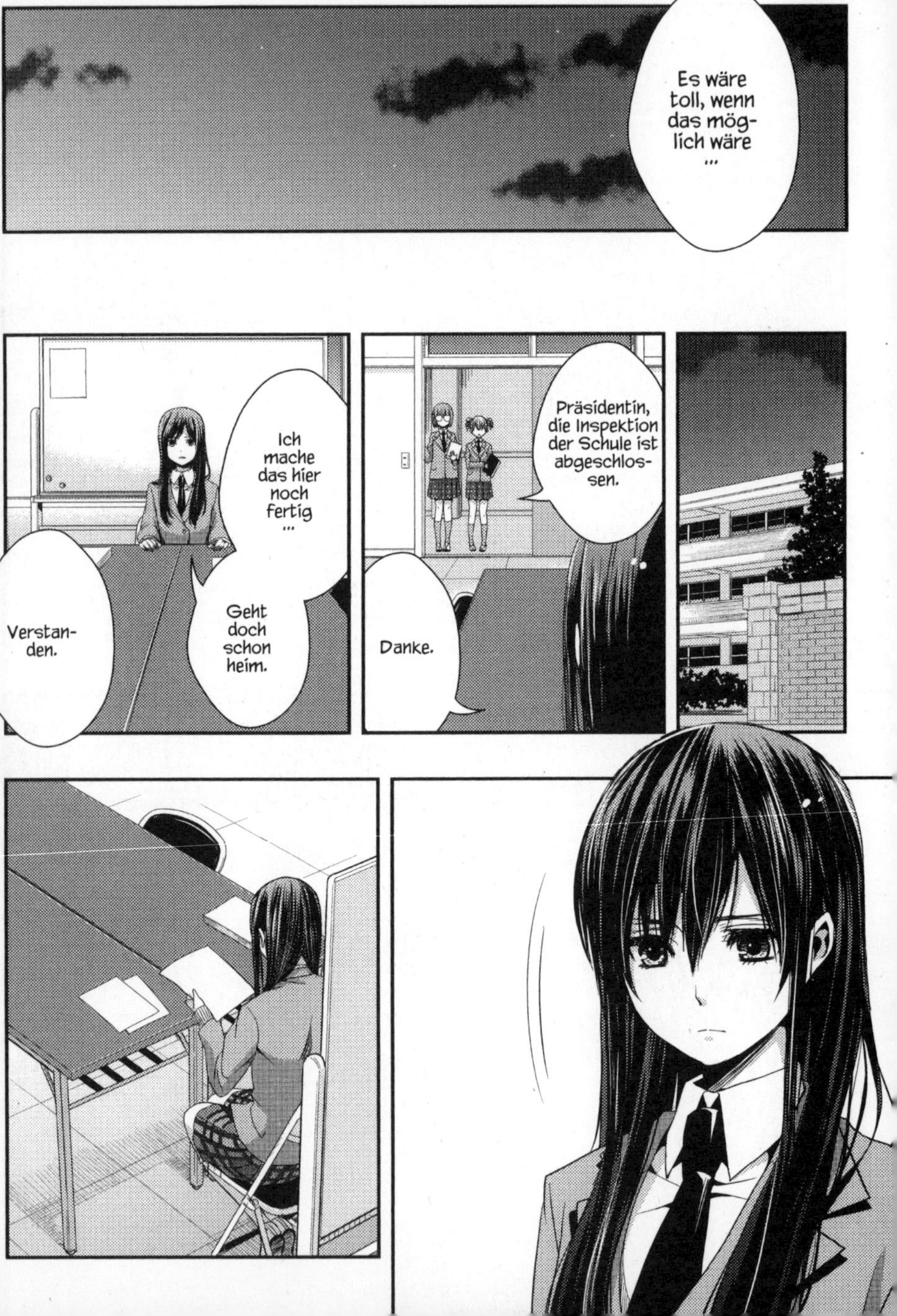

Es wäre toll, wenn das möglich wäre ...
Präsidentin, die Inspektion der Schule ist abgeschlossen.
Danke.
Ich mache das hier noch fertig ...
Geht doch schon heim.
Verstanden.

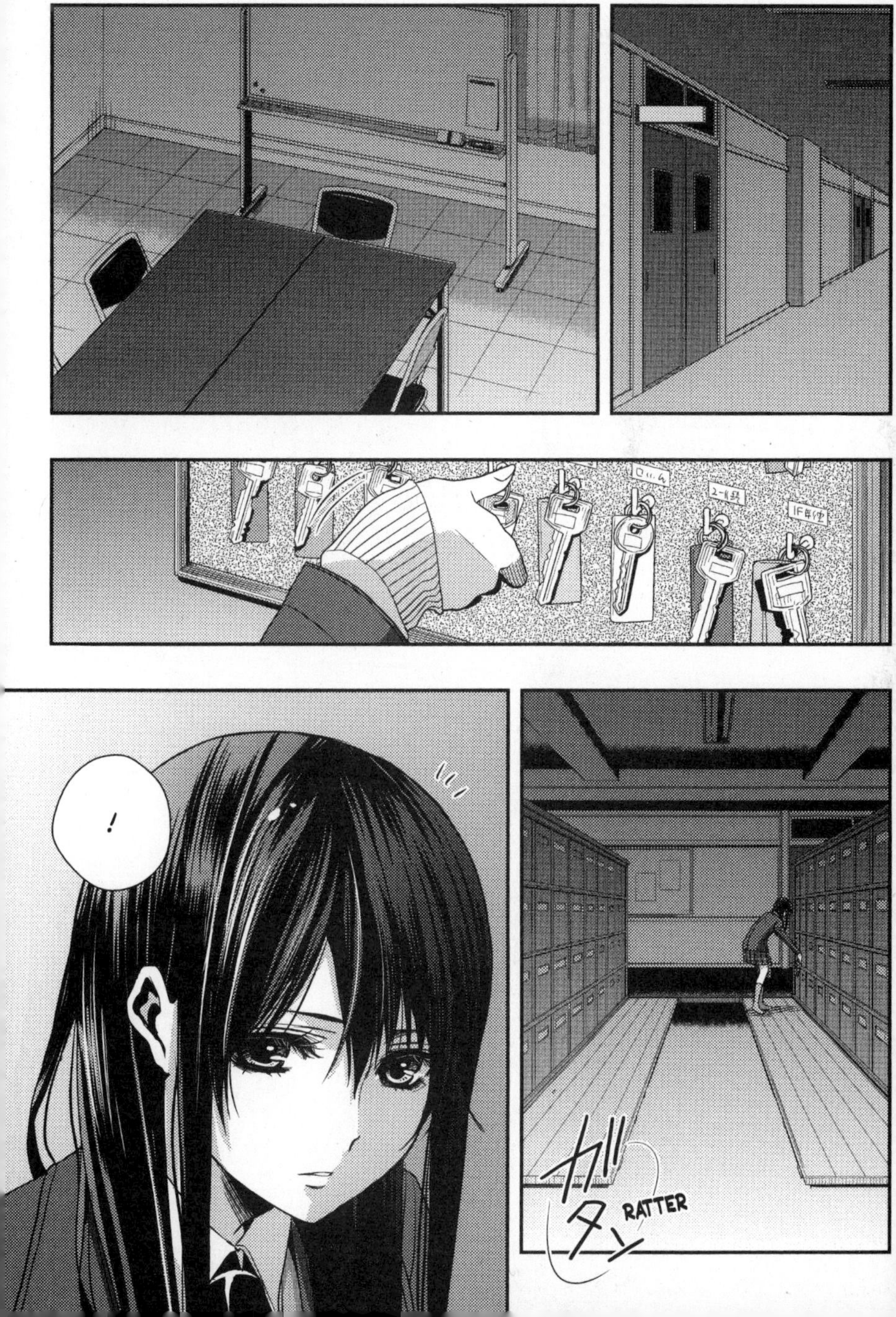
ガタン
RATTER
!

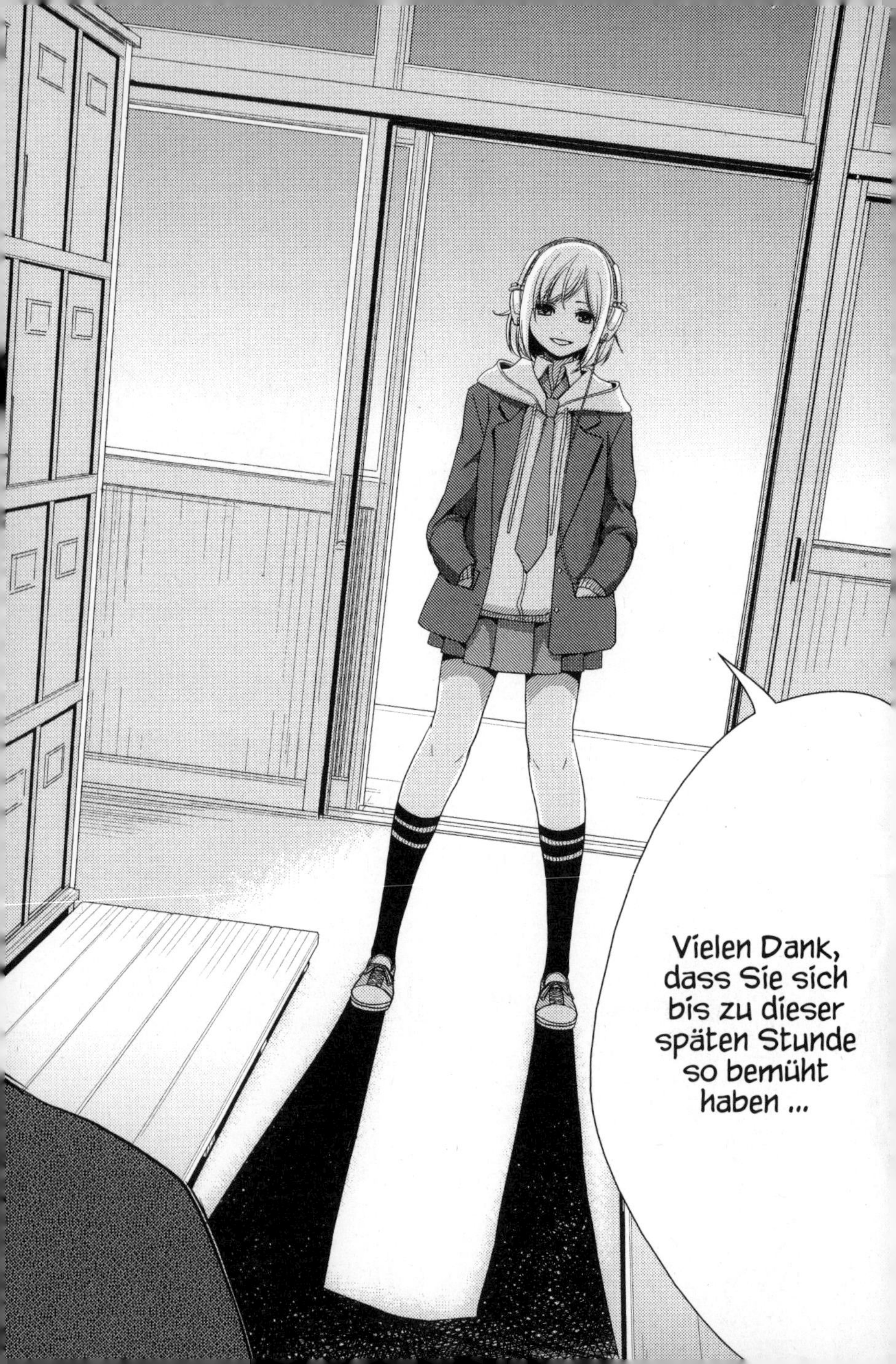
Vielen Dank, dass Sie sich bis zu dieser späten Stunde so bemüht haben ...

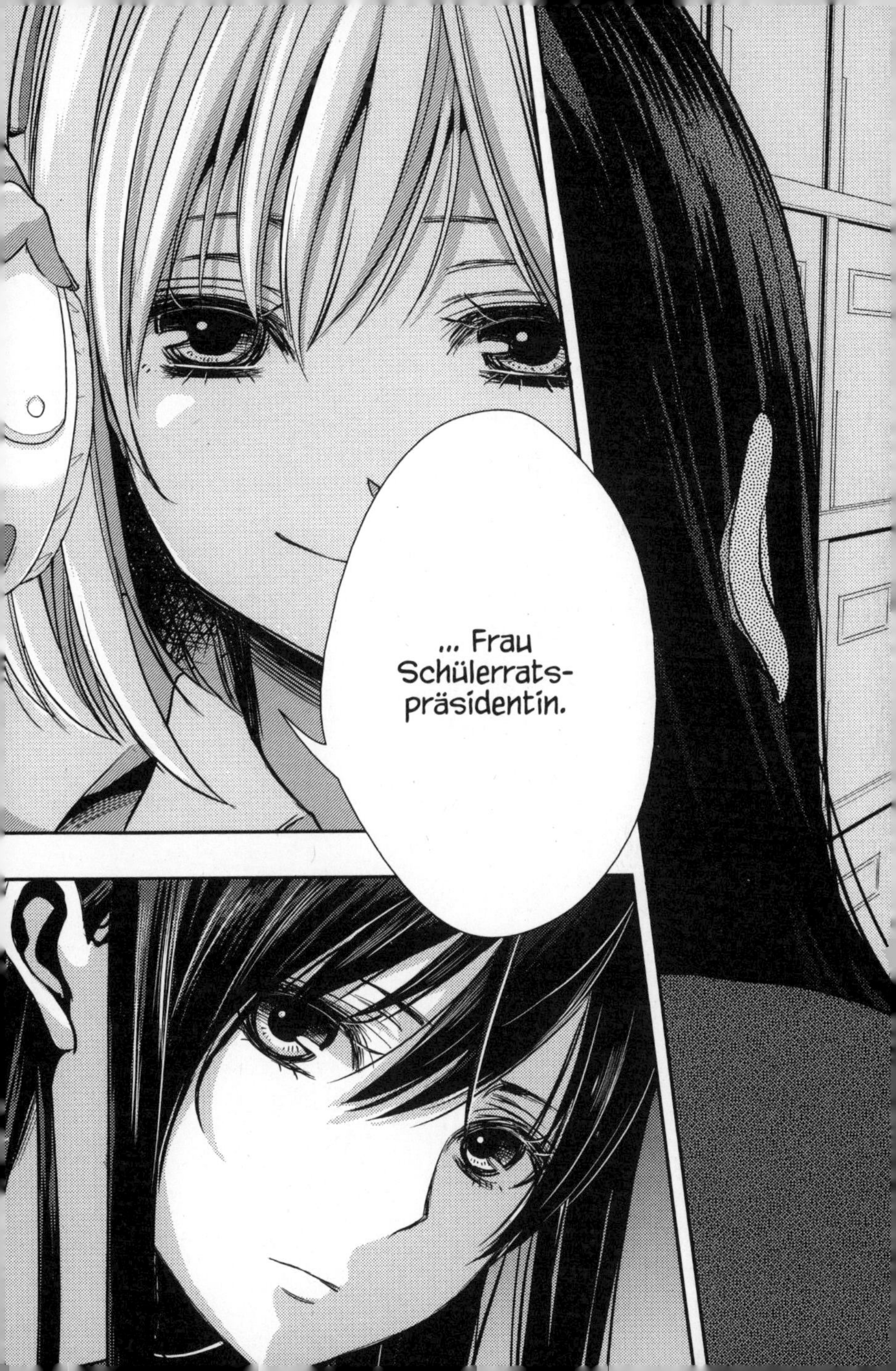
... Frau Schülerrats-präsidentin.

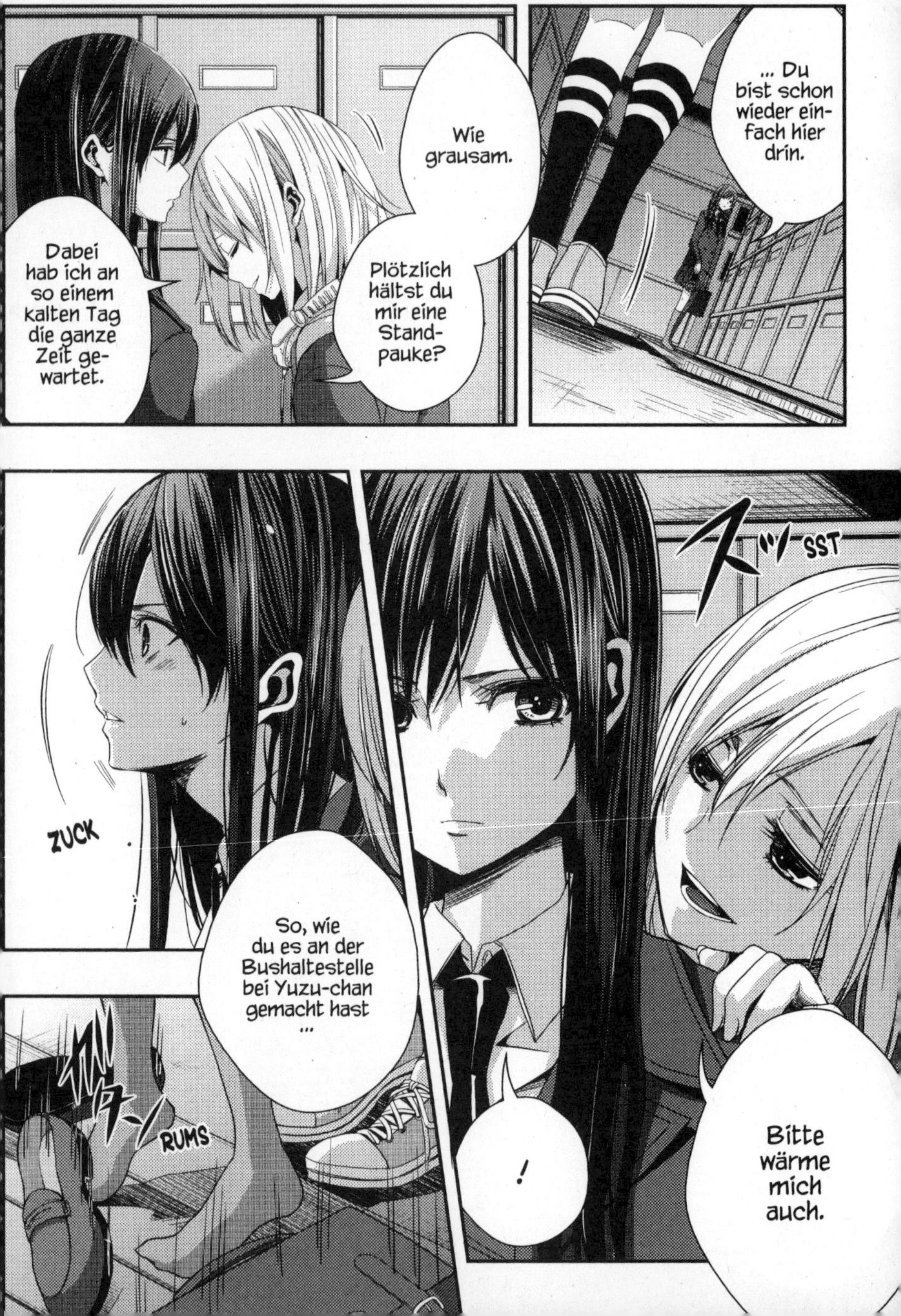
... Du bist schon wieder einfach hier drin.
Wie grausam.
Plötzlich hältst du mir eine Standpauke?
Dabei hab ich an so einem kalten Tag die ganze Zeit gewartet.
SST
Bitte wärme mich auch.
!
So, wie du es an der Bushaltestelle bei Yuzu-chan gemacht hast ...
ZUCK
RUMS

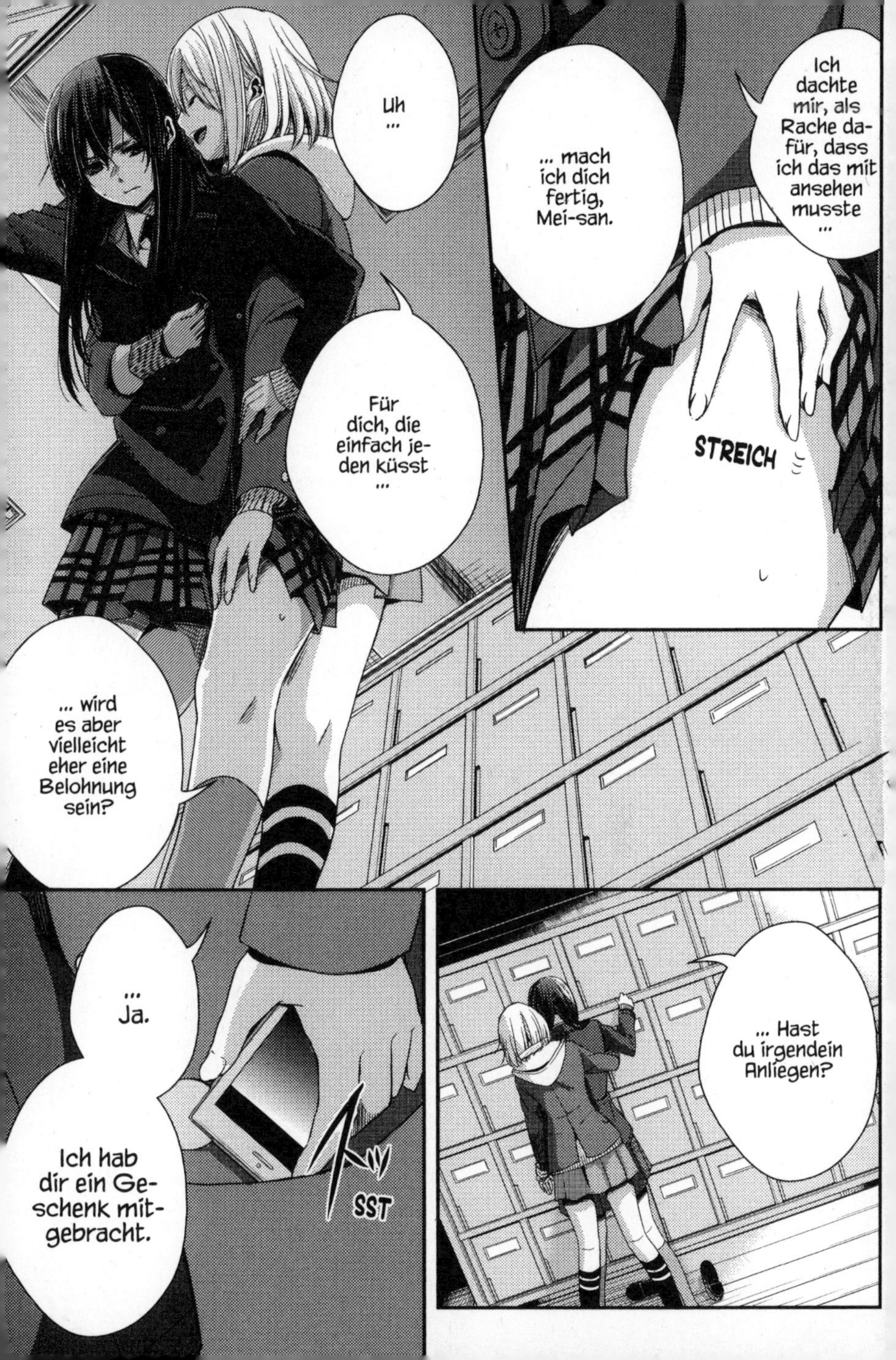
Ich dachte mir, als Rache dafür, dass ich das mit ansehen musste ...
... mach ich dich fertig, Mei-san.
STREICH
Uh ...
Für dich, die einfach jeden küsst ...
... wird es aber vielleicht eher eine Belohnung sein?
... Hast du irgendein Anliegen?
... Ja.
Ich hab dir ein Geschenk mitgebracht.
SST

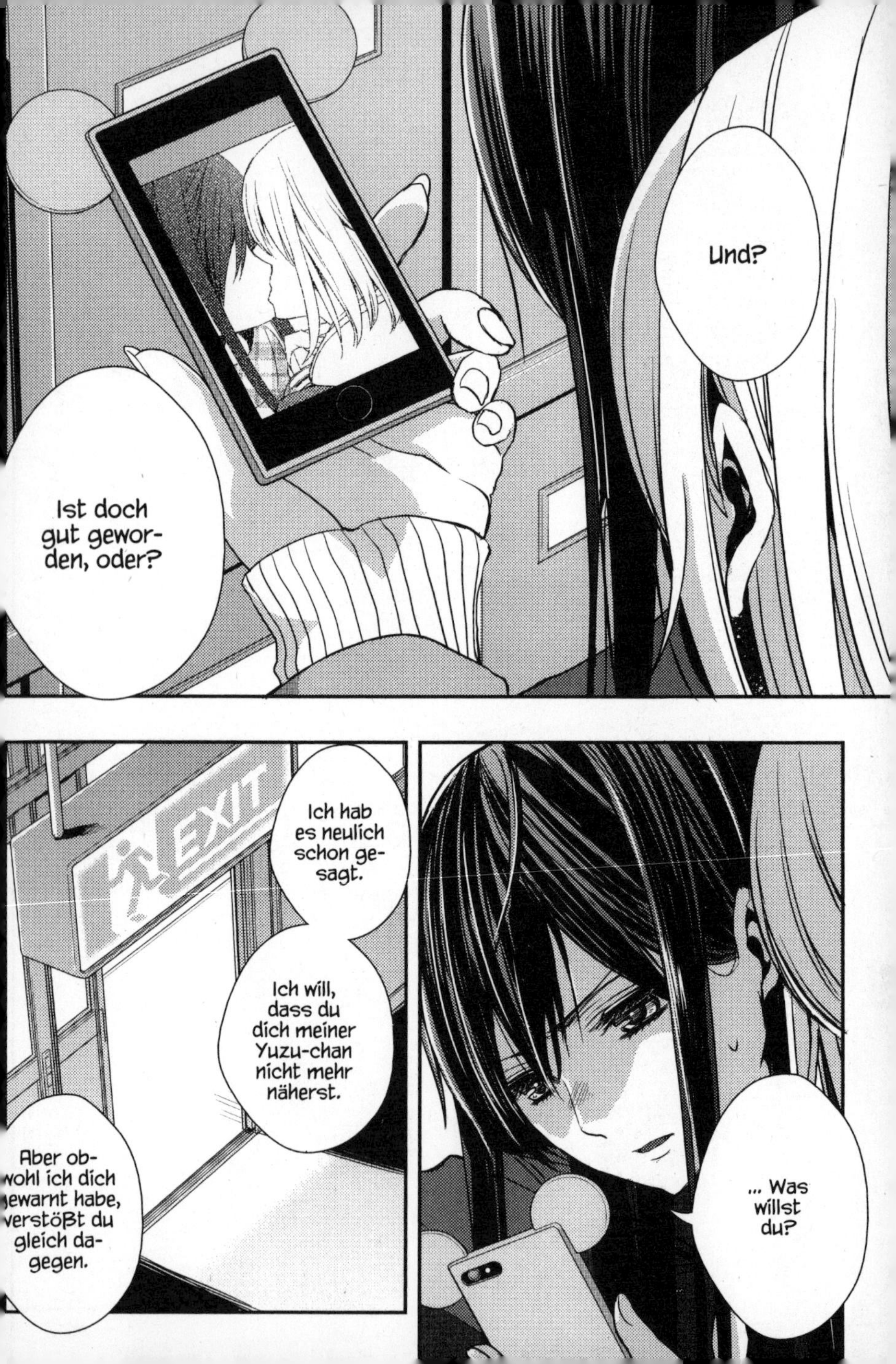
Und?
Ist doch gut geworden, oder?
... Was willst du?
Ich hab es neulich schon gesagt.
Ich will, dass du dich meiner Yuzu-chan nicht mehr näherst.
Aber obwohl ich dich gewarnt habe, verstößt du gleich dagegen.

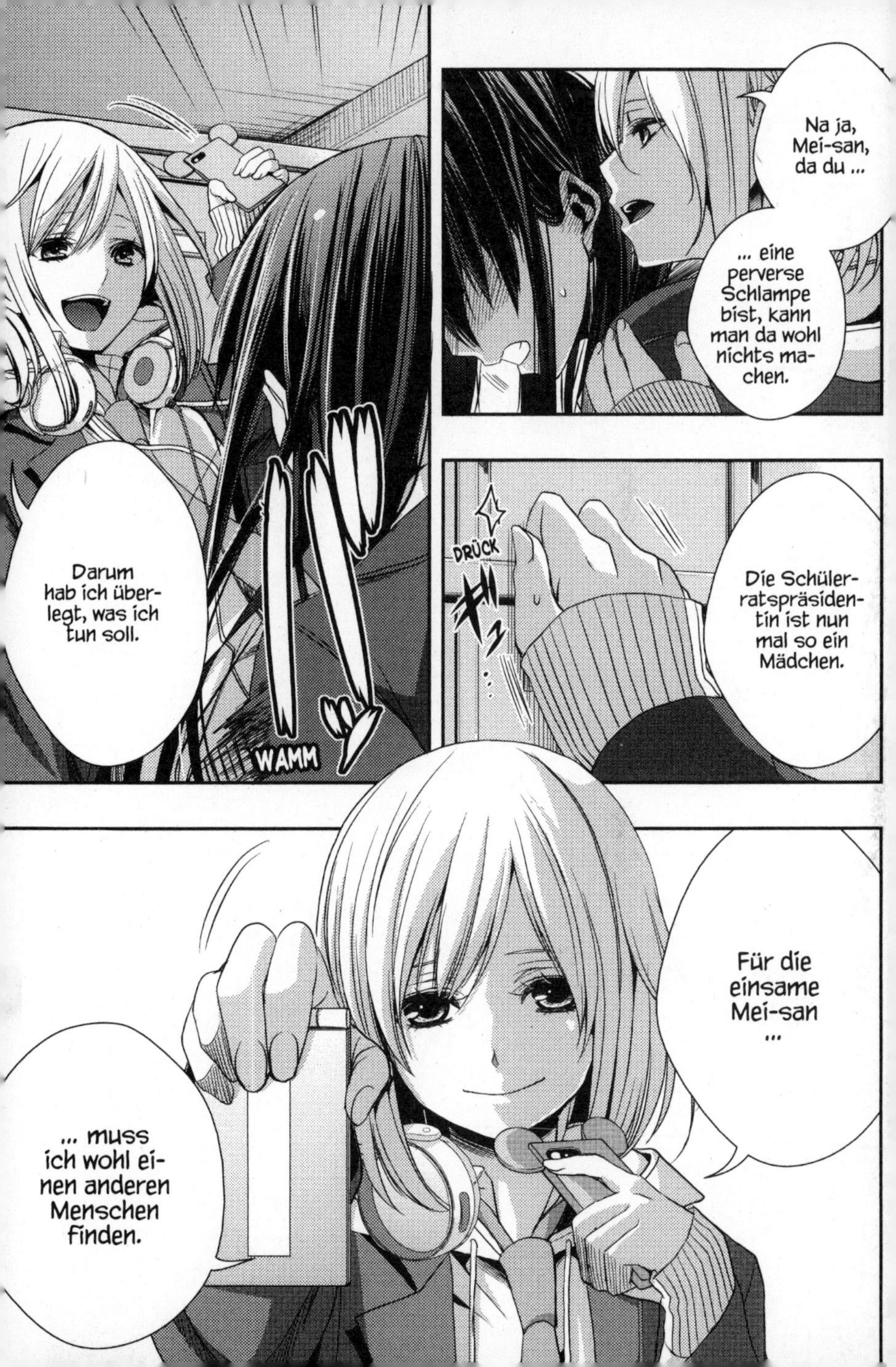
Na ja, Mei-san, da du ...
... eine perverse Schlampe bist, kann man da wohl nichts machen.
Darum hab ich überlegt, was ich tun soll.
WAMM
Die Schülerratspräsidentin ist nun mal so ein Mädchen.
DRÜCK
Für die einsame Mei-san ...
... muss ich wohl einen anderen Menschen finden.

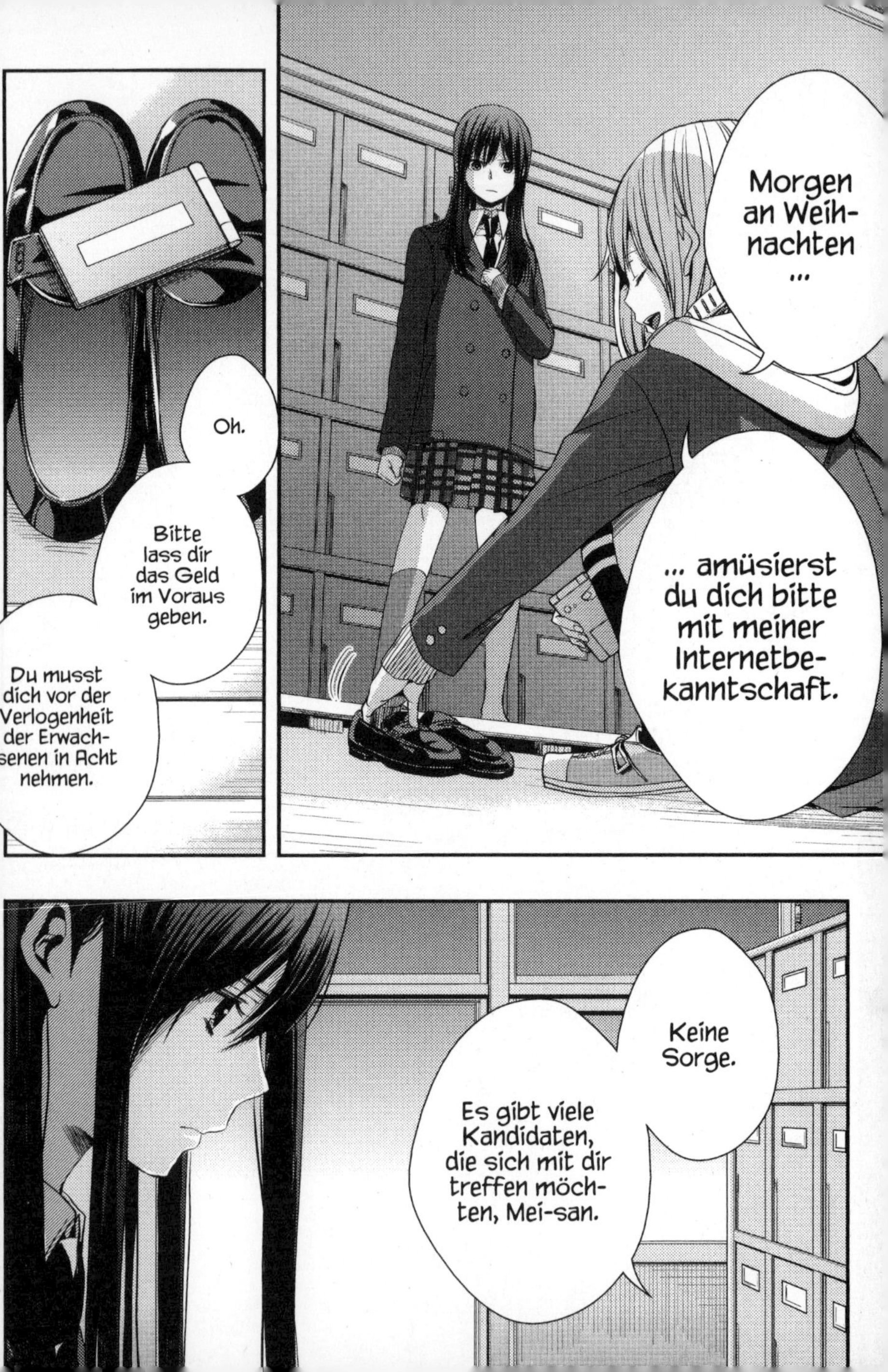
Morgen an Weihnachten ...
... amüsierst du dich bitte mit meiner Internetbekanntschaft.
Oh.
Bitte lass dir das Geld im Voraus geben.
Du musst dich vor der Verlogenheit der Erwachsenen in Acht nehmen.
Keine Sorge.
Es gibt viele Kandidaten, die sich mit dir treffen möchten, Mei-san.

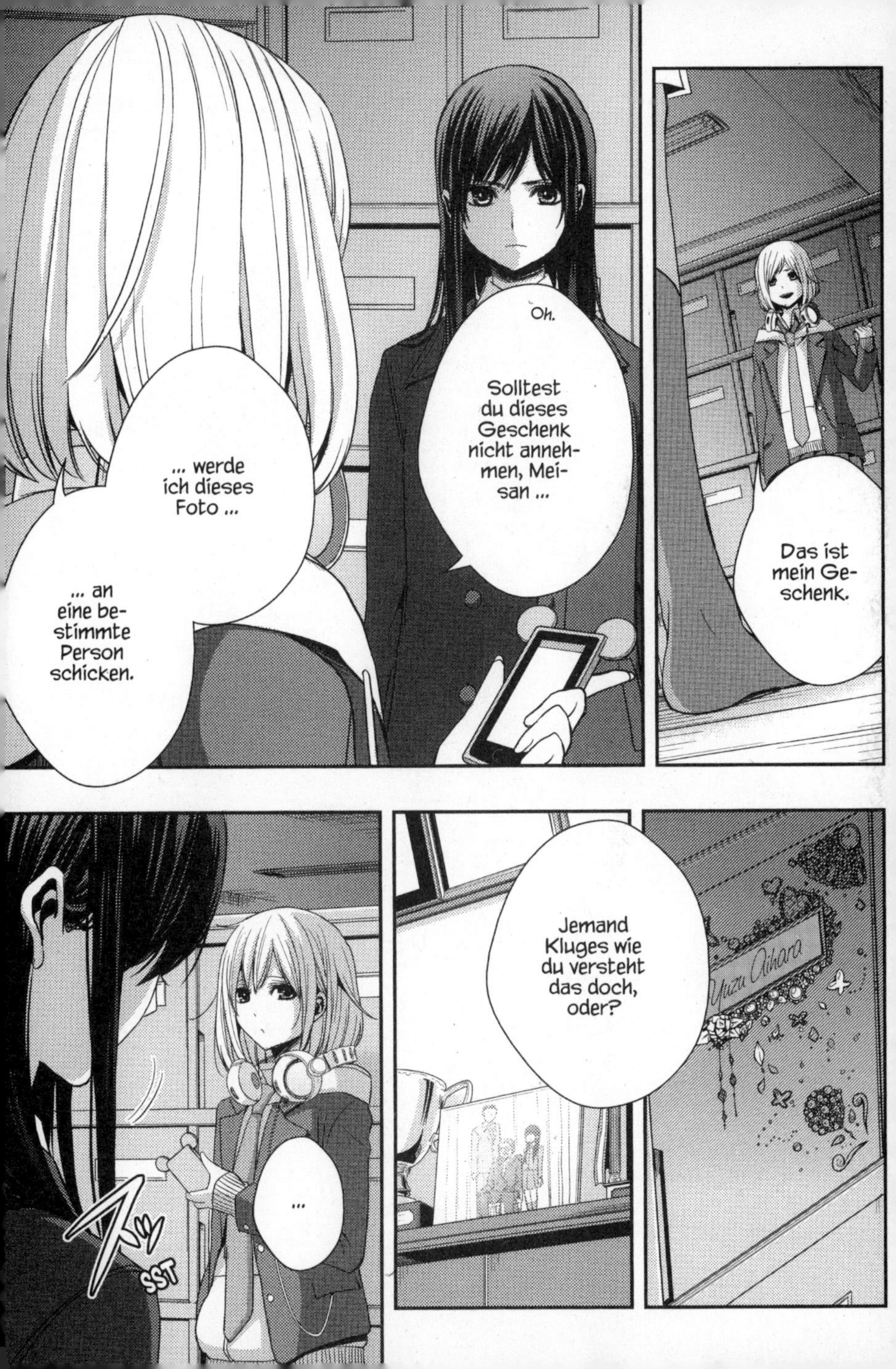

Das ist mein Geschenk.
Oh.
Solltest du dieses Geschenk nicht annehmen, Mei-san ...
... werde ich dieses Foto ...
... an eine bestimmte Person schicken.
Yuzu Aihara
Jemand Kluges wie du versteht das doch, oder?
...
SST

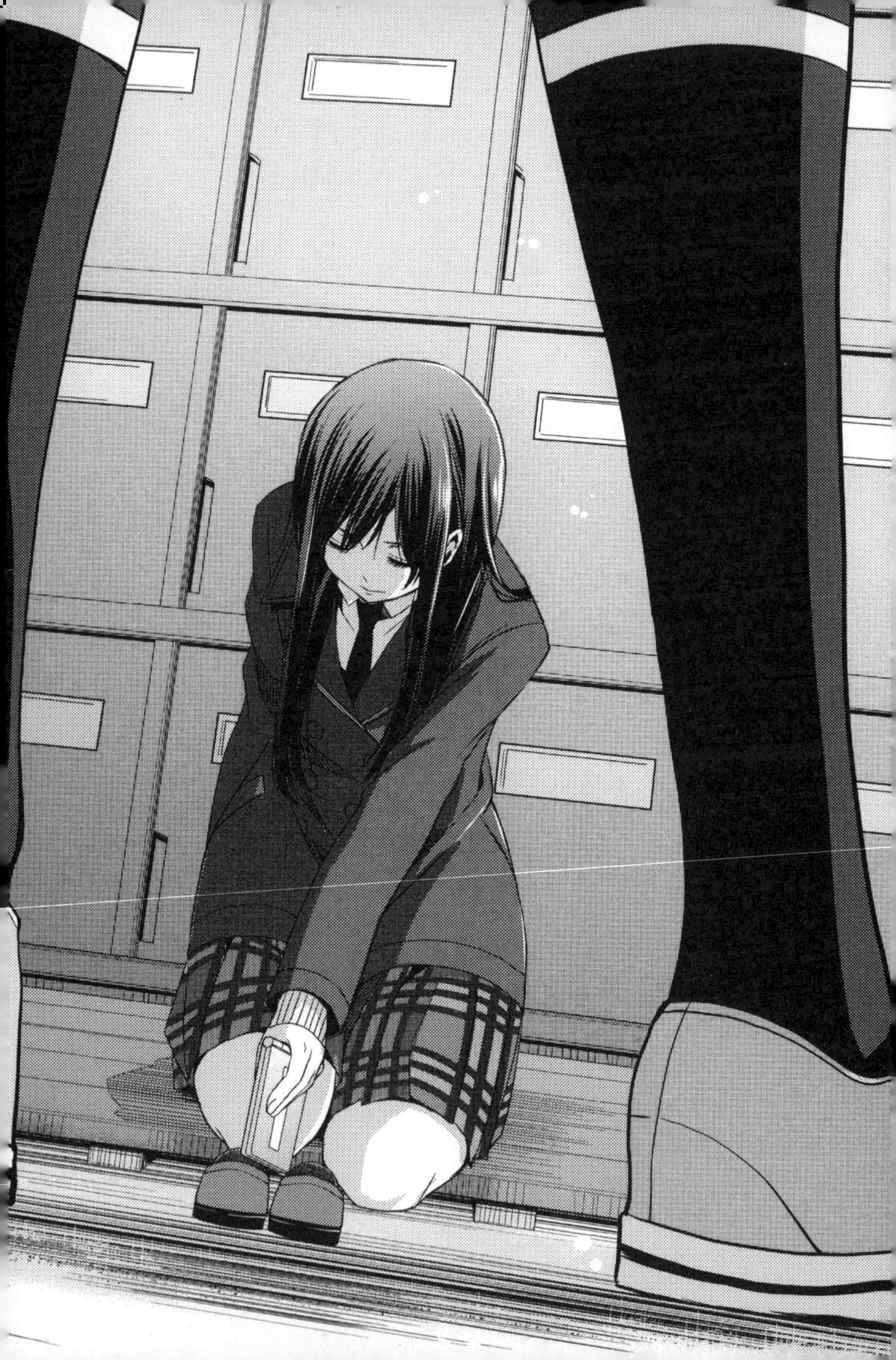

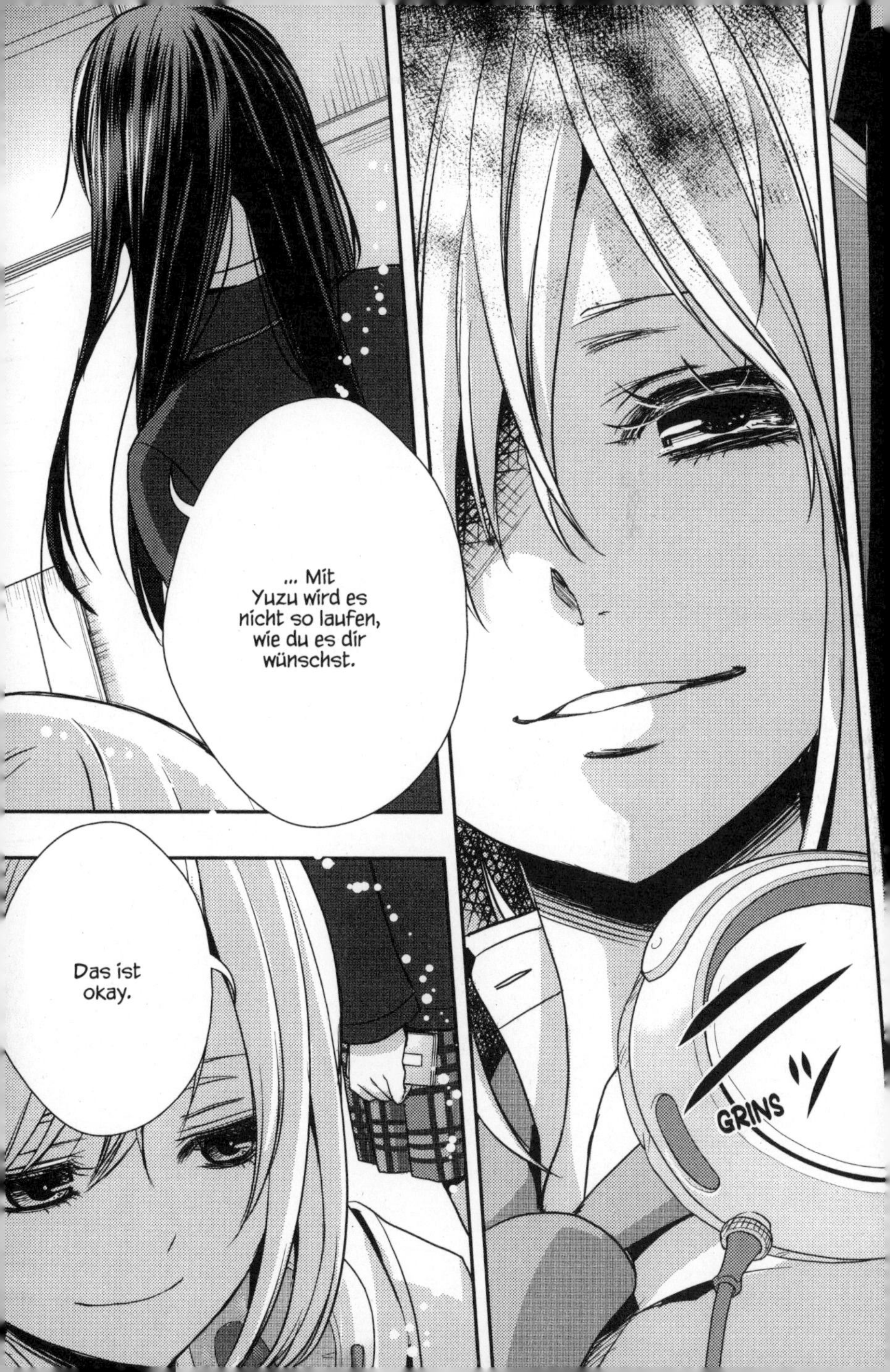
... Mit Yuzu wird es nicht so laufen, wie du es dir wünschst.
GRINS
Das ist okay.

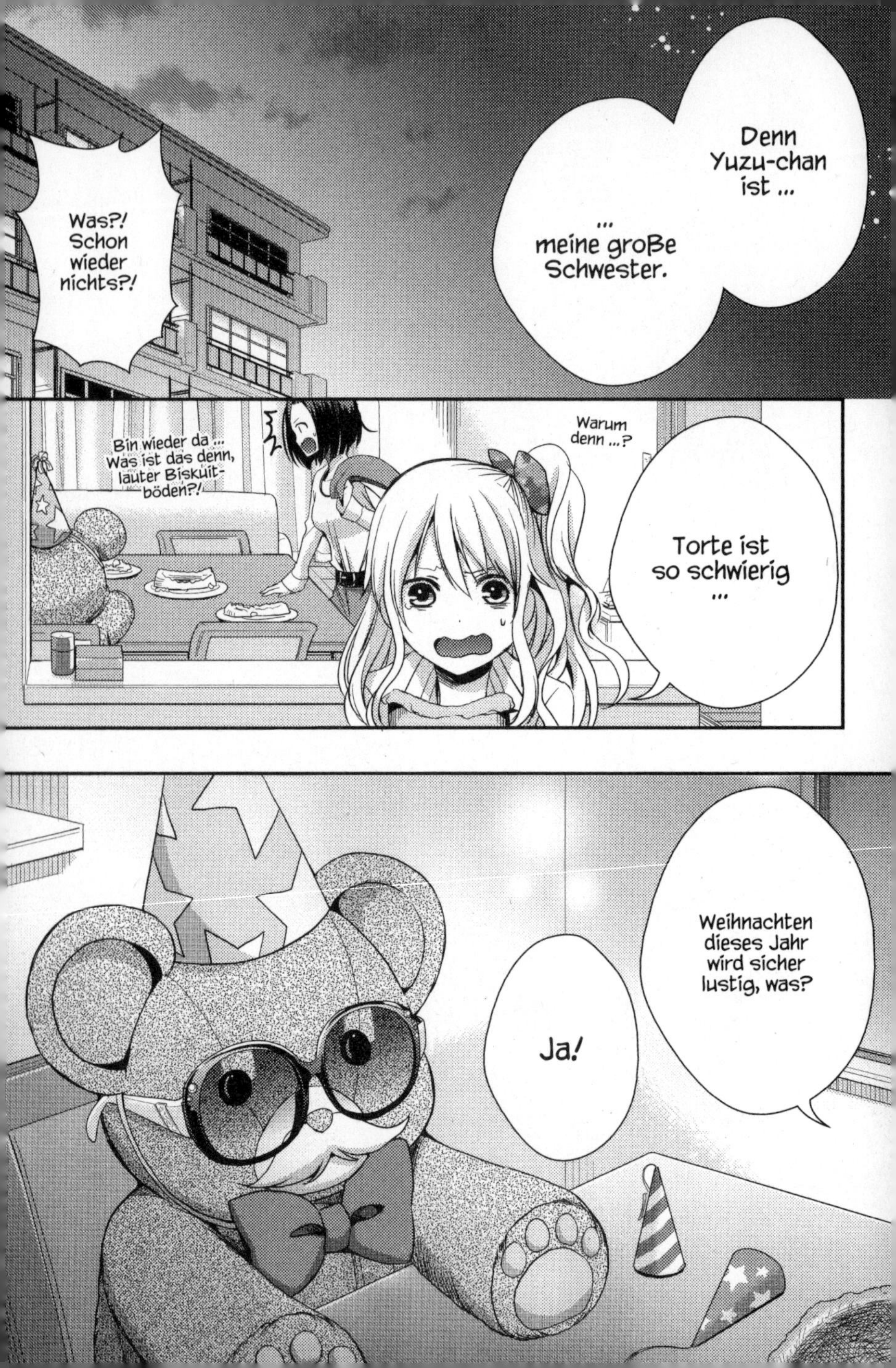
Denn Yuzu-chan ist ...
... meine große Schwester.
Was?! Schon wieder nichts?!
Torte ist so schwierig ...
Warum denn ...?
Bin wieder da ... Was ist das denn, lauter Biskuitböden?!
Weihnachten dieses Jahr wird sicher lustig, was?
Ja!

citrus

citrus

3

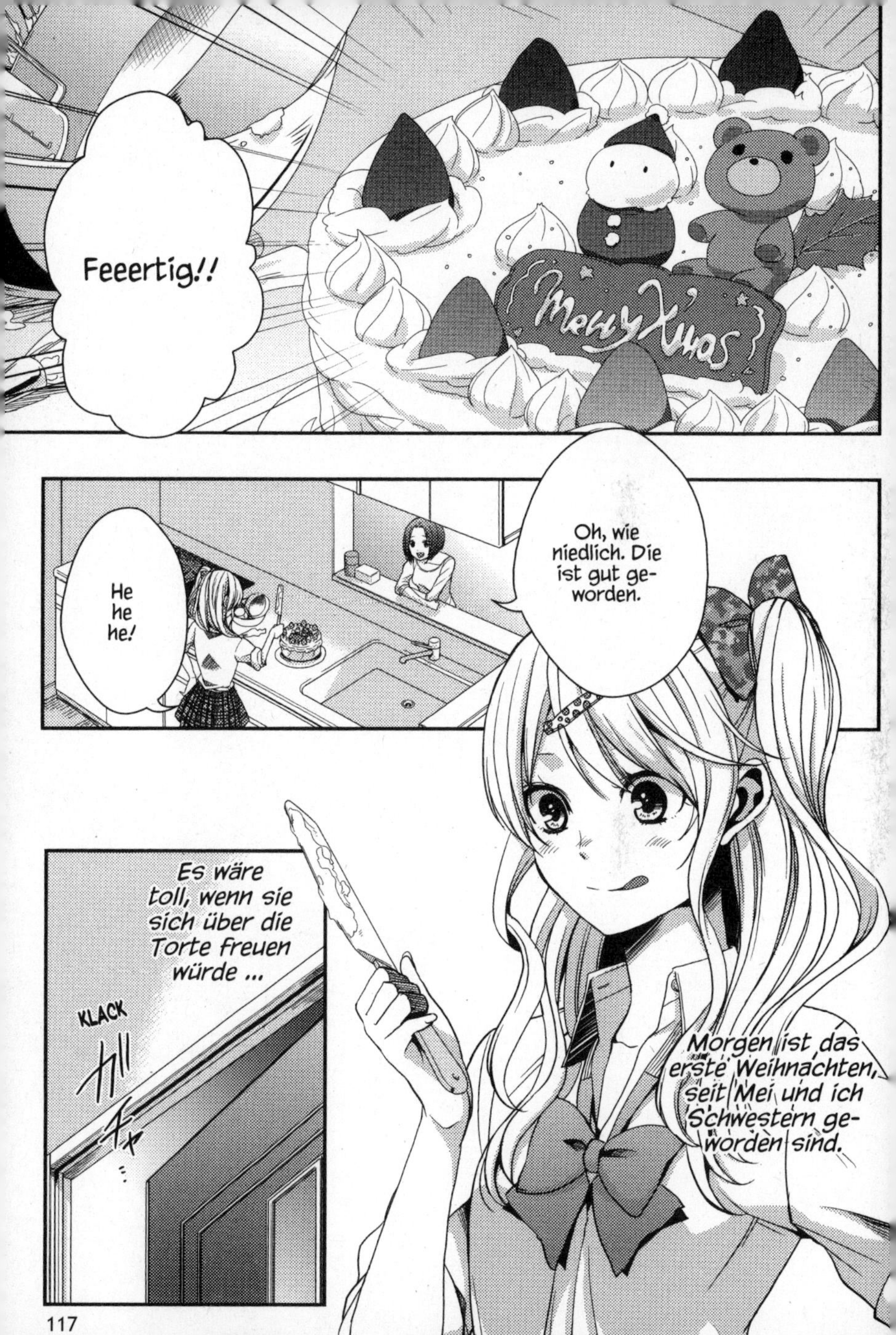

Feeertig!!
Oh, wie niedlich. Die ist gut geworden.
He he he!
Morgen ist das erste Weihnachten, seit Mei und ich Schwestern geworden sind.
Es wäre toll, wenn sie sich über die Torte freuen würde ...
KLACK

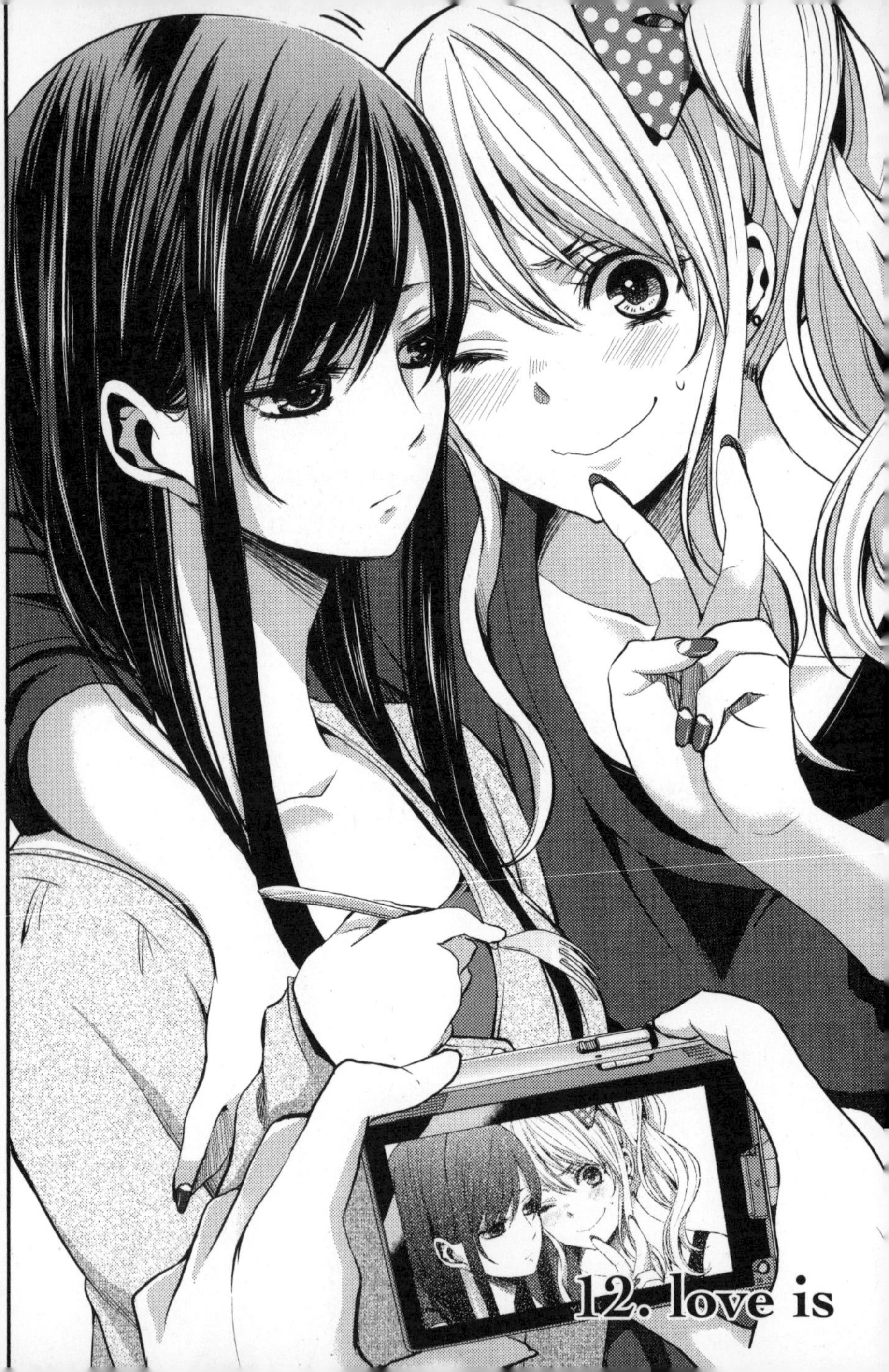
12. love is

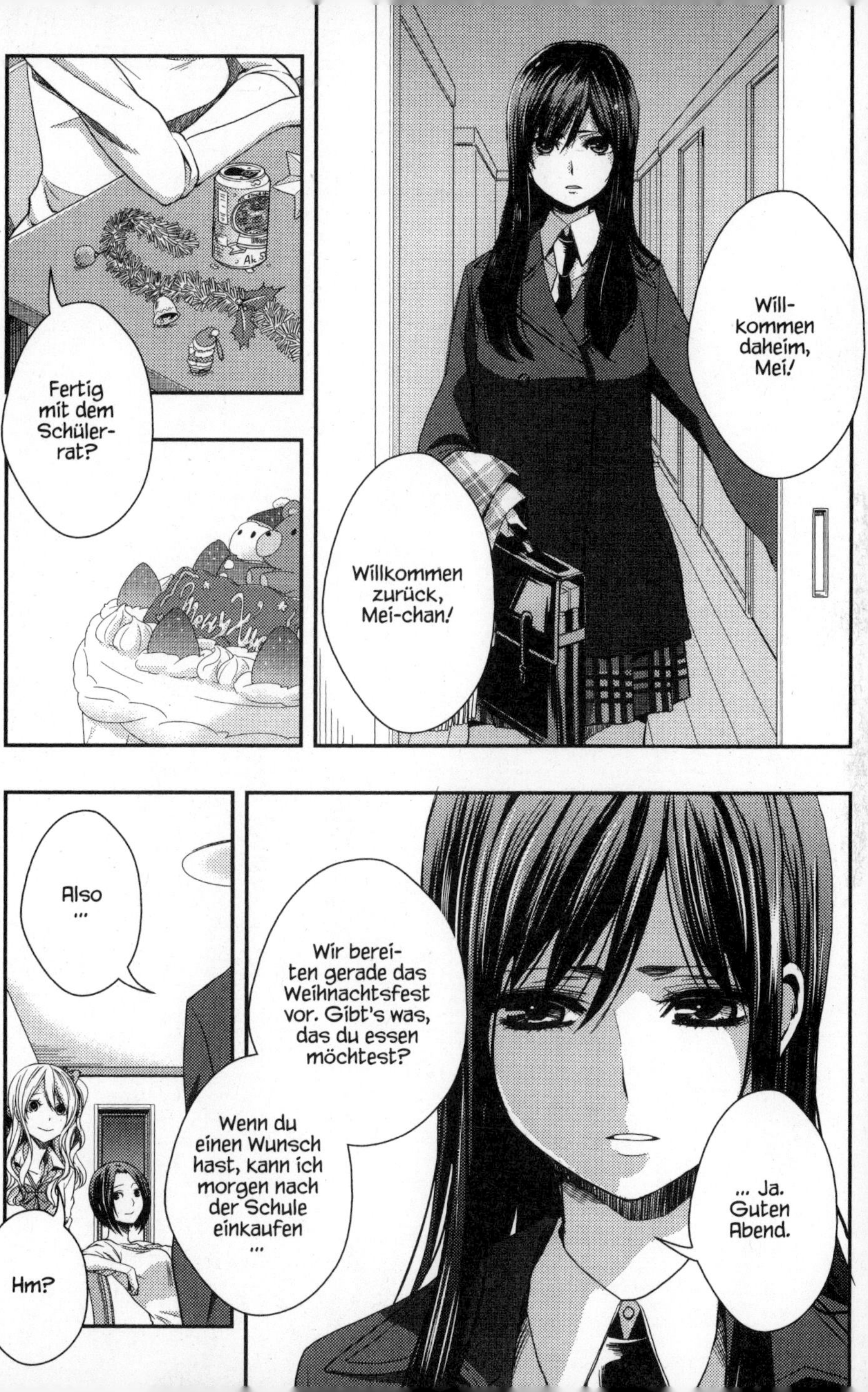
Willkommen daheim, Mei!
Willkommen zurück, Mei-chan!
Fertig mit dem Schülerrat?
... Ja. Guten Abend.
Wir bereiten gerade das Weihnachtsfest vor. Gibt's was, das du essen möchtest?
Wenn du einen Wunsch hast, kann ich morgen nach der Schule einkaufen ...
Also ...
Hm?

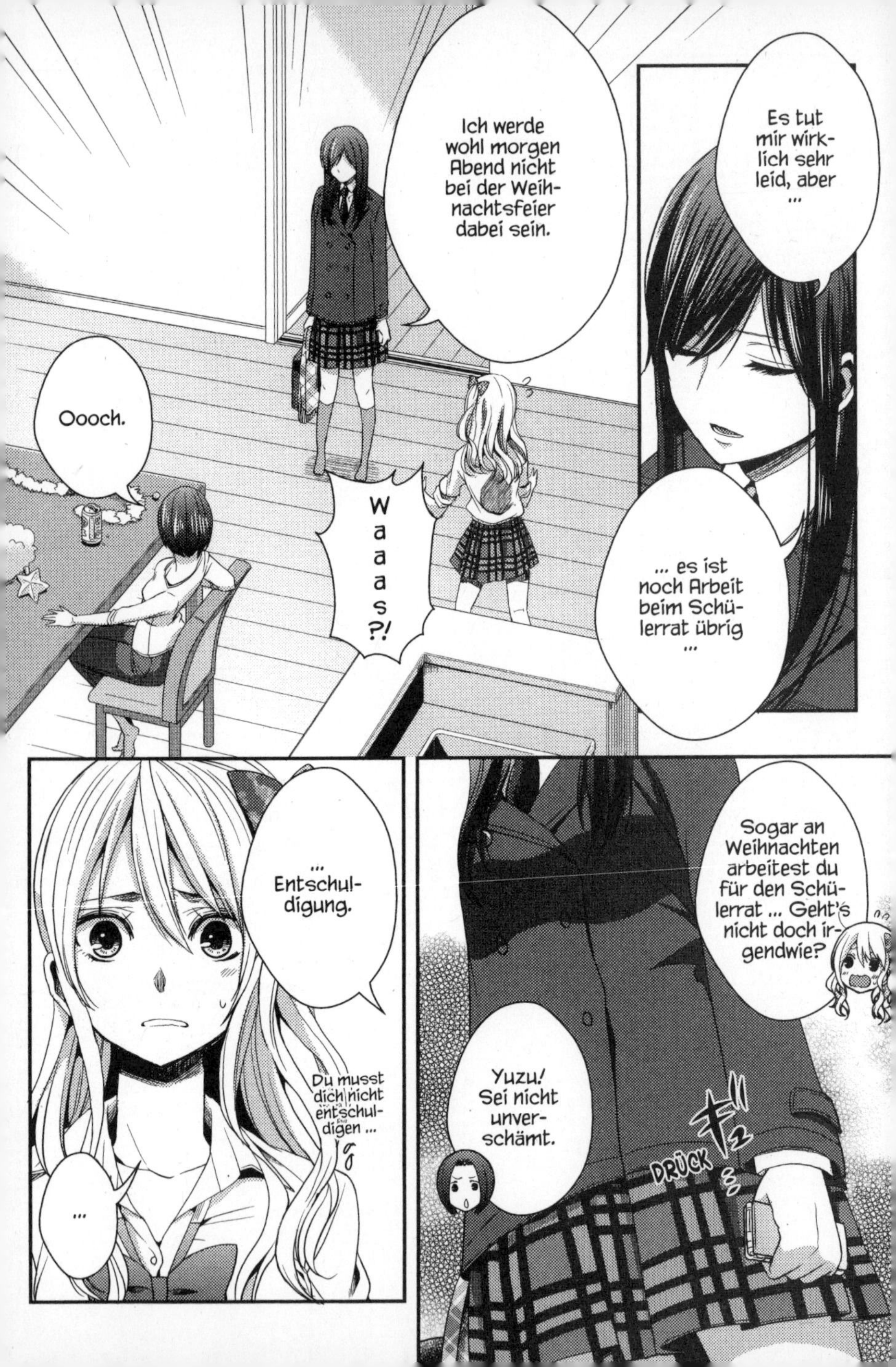
Es tut mir wirklich sehr leid, aber ...
... es ist noch Arbeit beim Schülerrat übrig ...
Ich werde wohl morgen Abend nicht bei der Weihnachtsfeier dabei sein.
Waaaas?!
Oooch.
Sogar an Weihnachten arbeitest du für den Schülerrat ... Geht's nicht doch irgendwie?
Yuzu! Sei nicht unverschämt.
DRÜCK
... Entschuldigung.
Du musst dich nicht entschuldigen ...
...

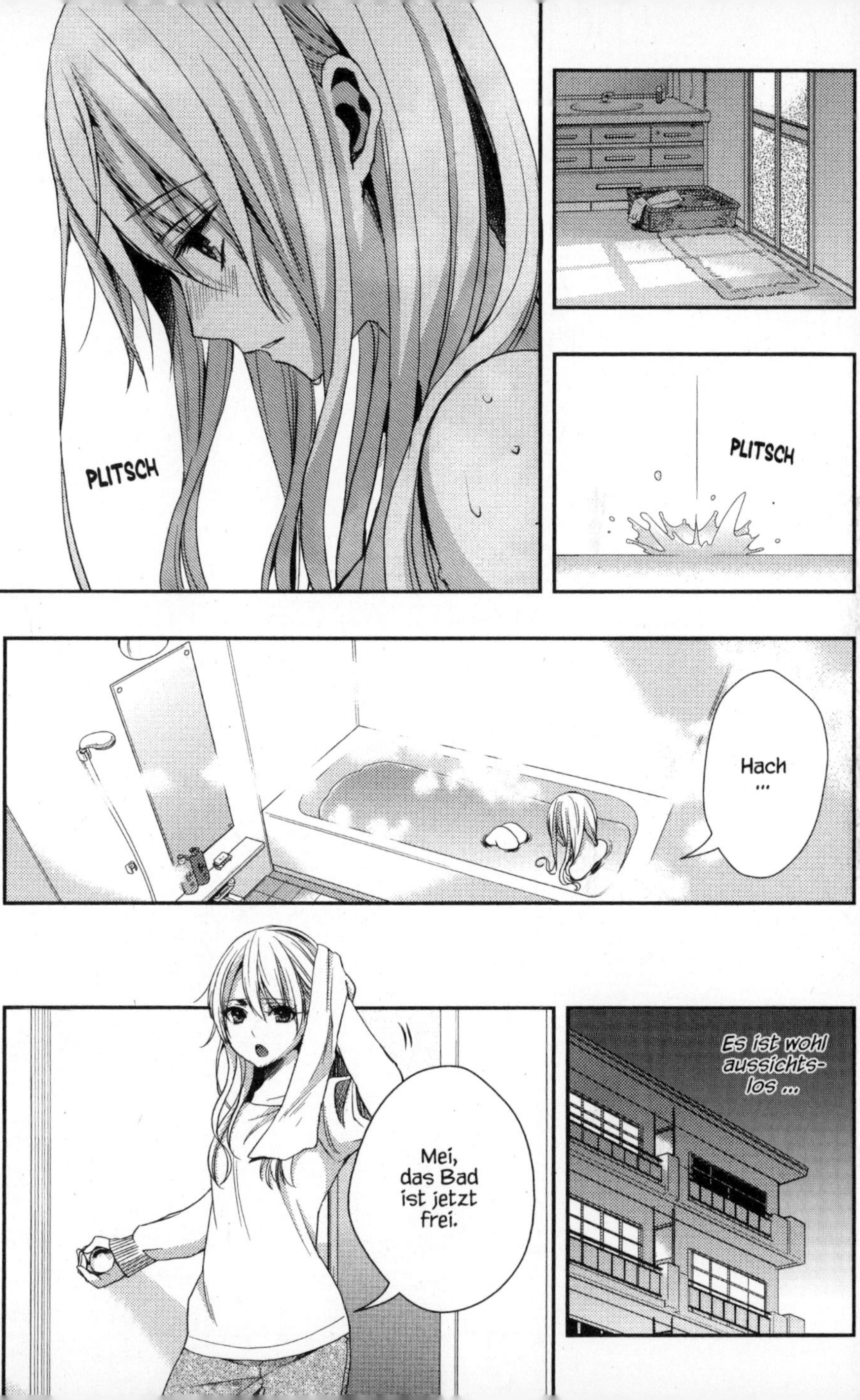
PLITSCH
PLITSCH
Hach ...
Es ist wohl aussichts-los ...
Mei, das Bad ist jetzt frei.

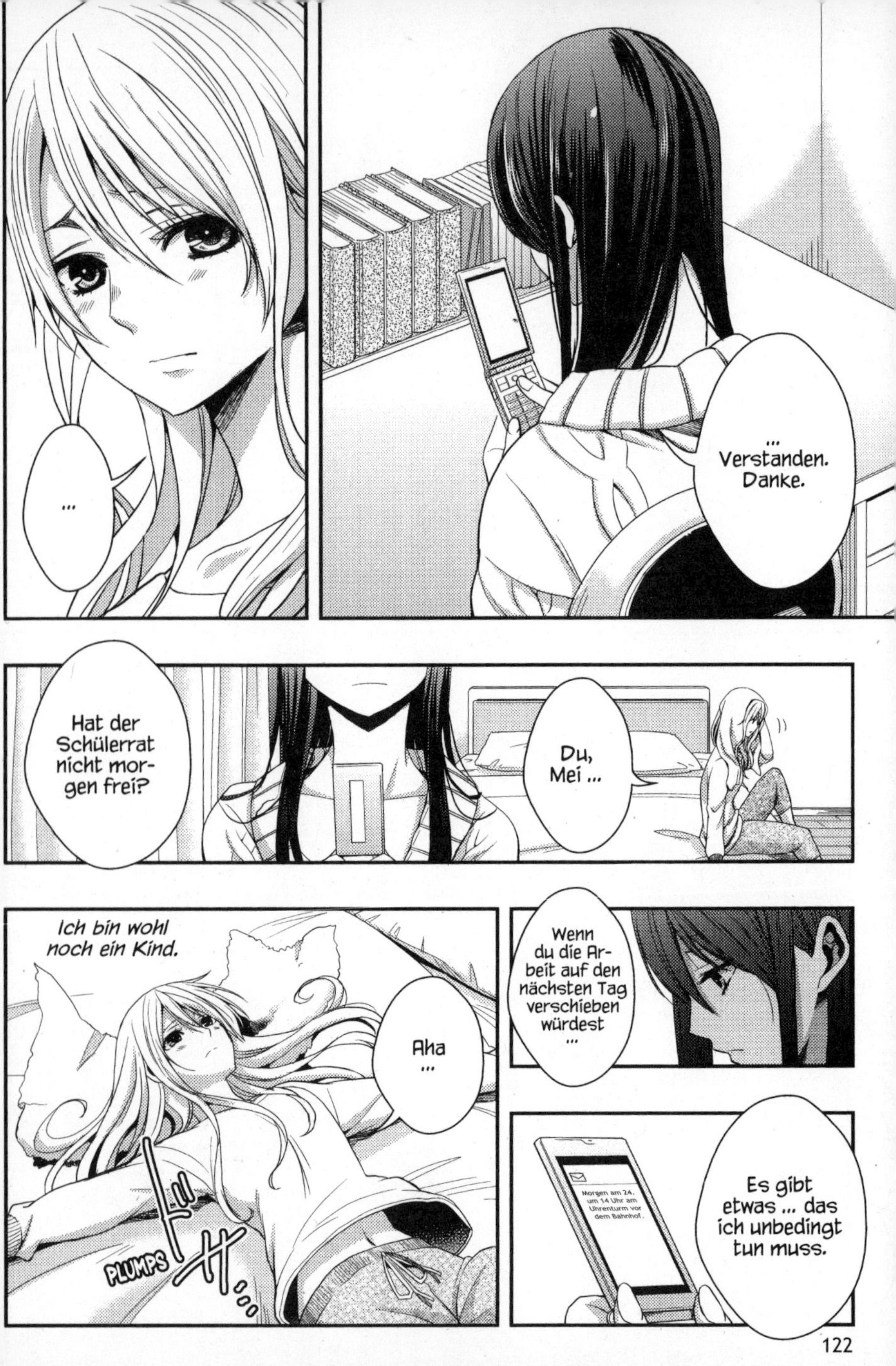

... Verstanden. Danke.
...
Du, Mei ...
Hat der Schülerrat nicht morgen frei?
Wenn du die Arbeit auf den nächsten Tag verschieben würdest ...
Aha ...
Ich bin wohl noch ein Kind.
PLUMPS
Morgen am 24. um 14 Uhr am Uhrenturm vor dem Bahnhof.
Es gibt etwas ... das ich unbedingt tun muss.

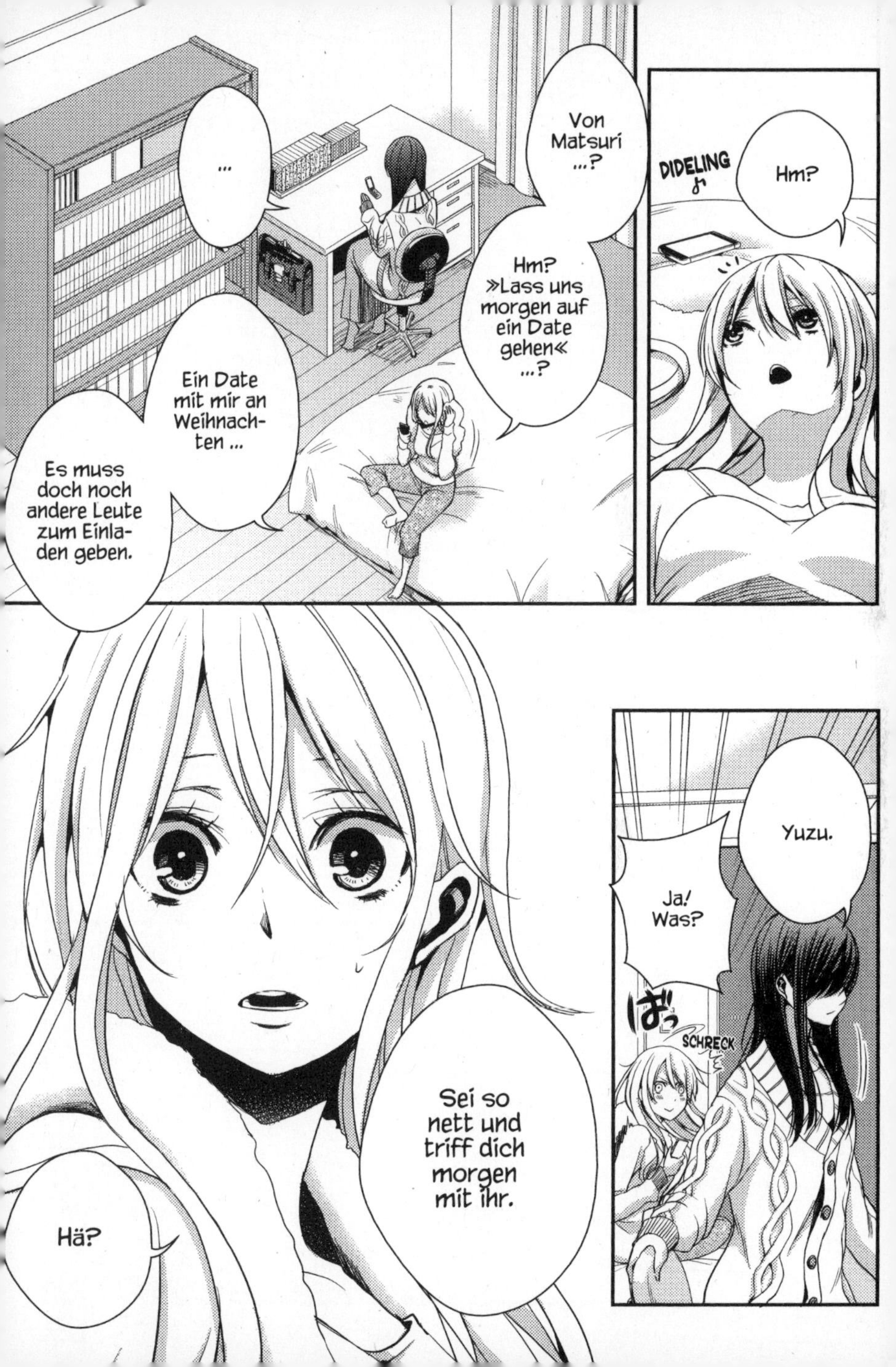
DIDELING
Hm?
Von Matsuri ...?
Hm? »Lass uns morgen auf ein Date gehen« ...?
...
Ein Date mit mir an Weihnachten ...
Es muss doch noch andere Leute zum Einladen geben.
Yuzu.
Ja! Was?
SCHRECK
Sei so nett und triff dich morgen mit ihr.
Hä?

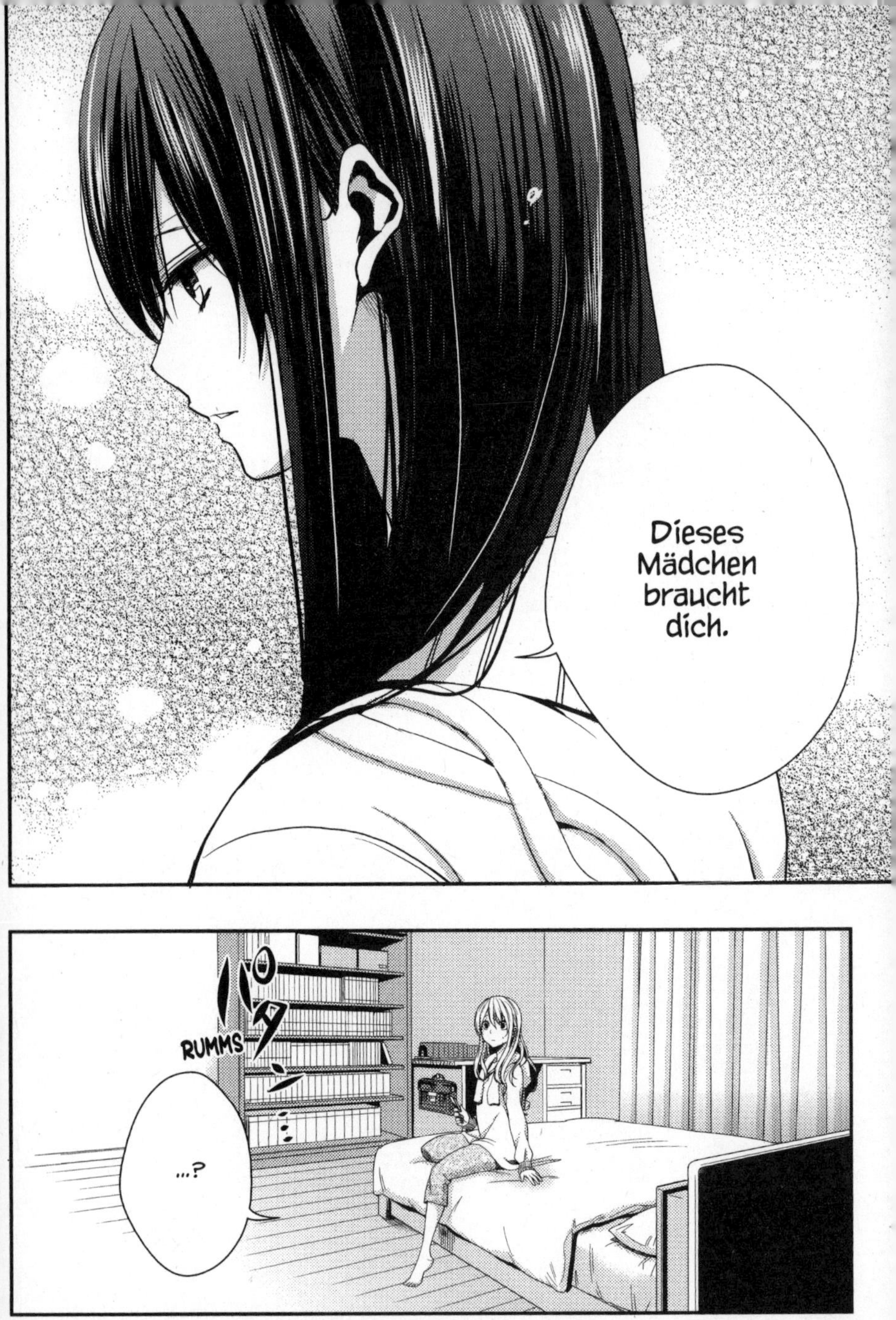
Dieses Mädchen braucht dich.
RUMMS
...?

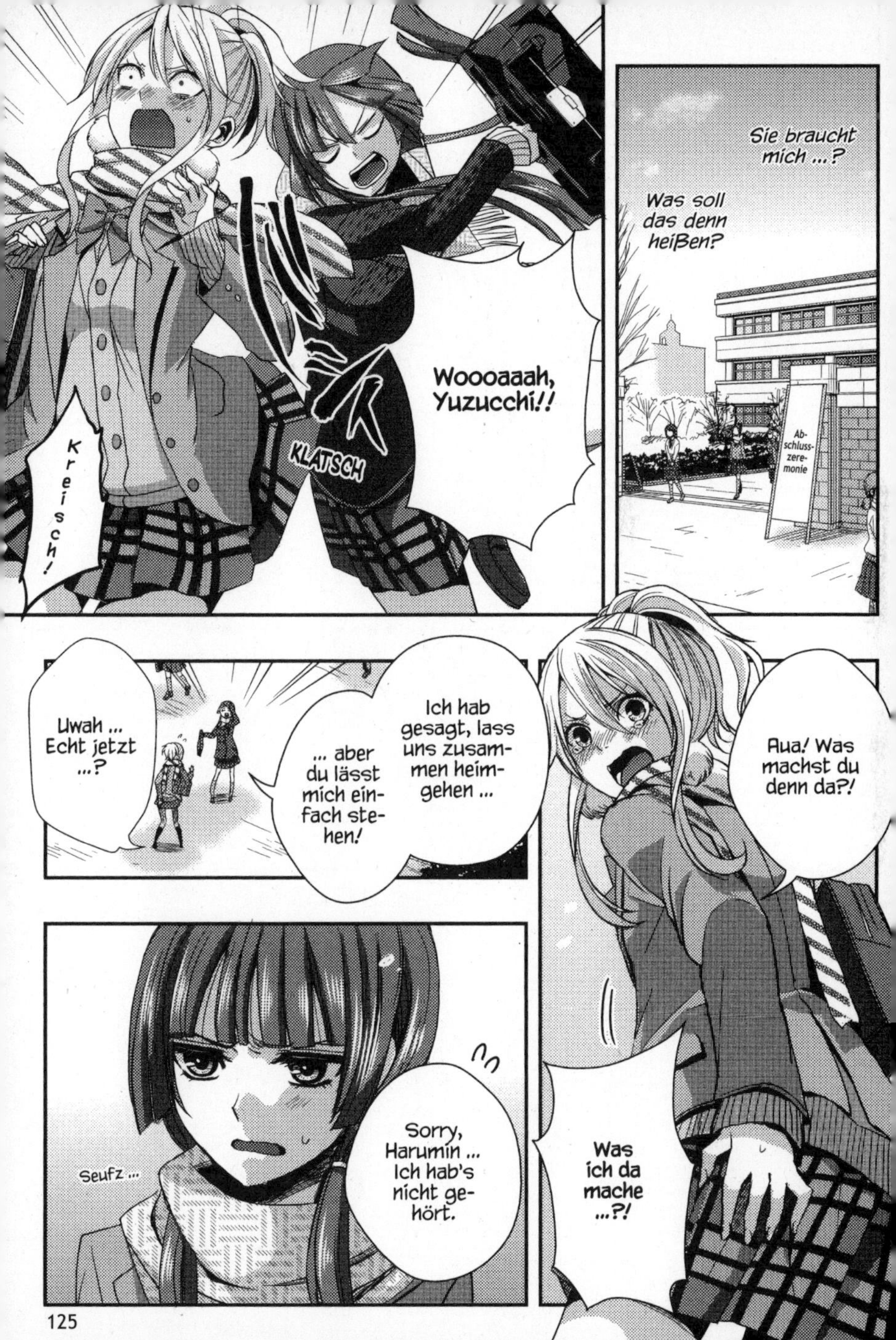
Sie braucht mich ...?
Was soll das denn heißen?
Abschlusszeremonie
Wooooaaah, Yuzucchi!!
KLATSCH
Kreisch!
Aua! Was machst du denn da?!
Ich hab gesagt, lass uns zusammen heimgehen ...
... aber du lässt mich einfach stehen!
Uwah ... Echt jetzt ...?
Was ich da mache ...?!
Sorry, Harumin ... Ich hab's nicht gehört.
Seufz ...

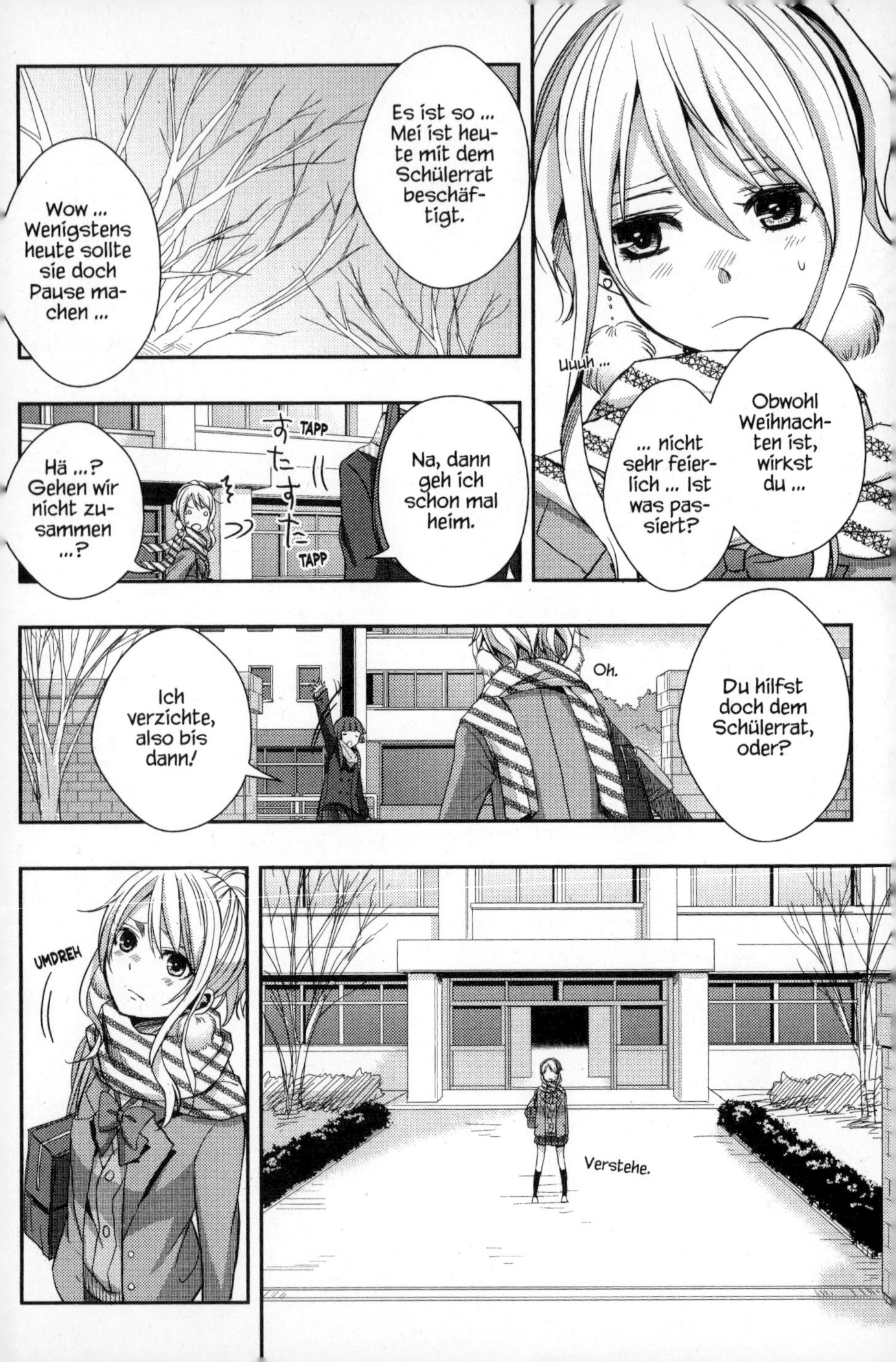

Obwohl Weihnachten ist, wirkst du ...
... nicht sehr feierlich ... Ist was passiert?
Uuuh ...
Es ist so ... Mei ist heute mit dem Schülerrat beschäftigt.
Wow ... Wenigstens heute sollte sie doch Pause machen ...
Na, dann geh ich schon mal heim.
TAPP
TAPP
Hä ...? Gehen wir nicht zusammen ...?
Du hilfst doch dem Schülerrat, oder?
Oh.
Ich verzichte, also bis dann!
Verstehe.
UMDREH

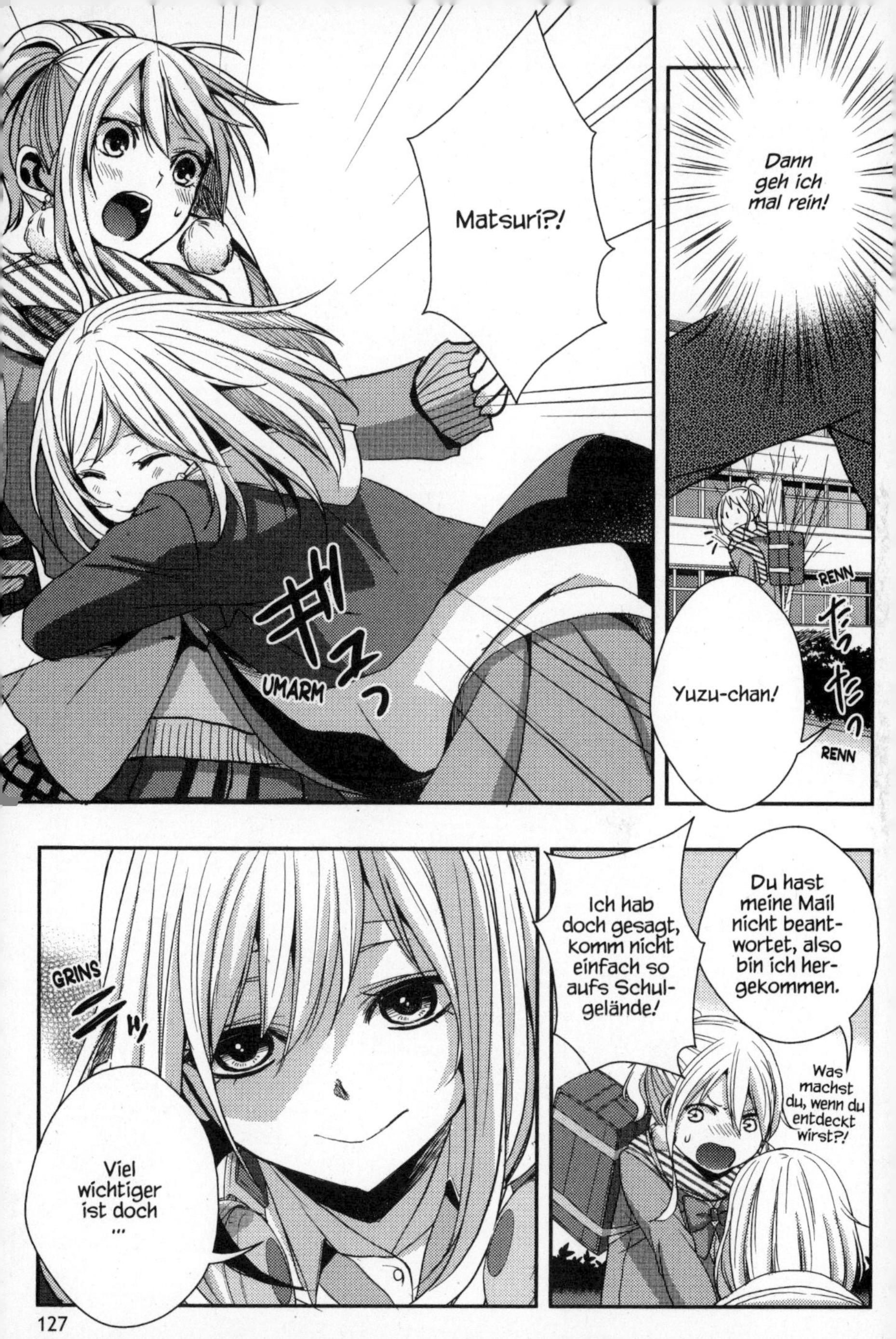
Dann geh ich mal rein!
RENN
Yuzu-chan!
RENN
Matsuri?!
UMARM
Du hast meine Mail nicht beantwortet, also bin ich hergekommen.
Ich hab doch gesagt, komm nicht einfach so aufs Schulgelände!
Was machst du, wenn du entdeckt wirst?!
GRINS
Viel wichtiger ist doch ...

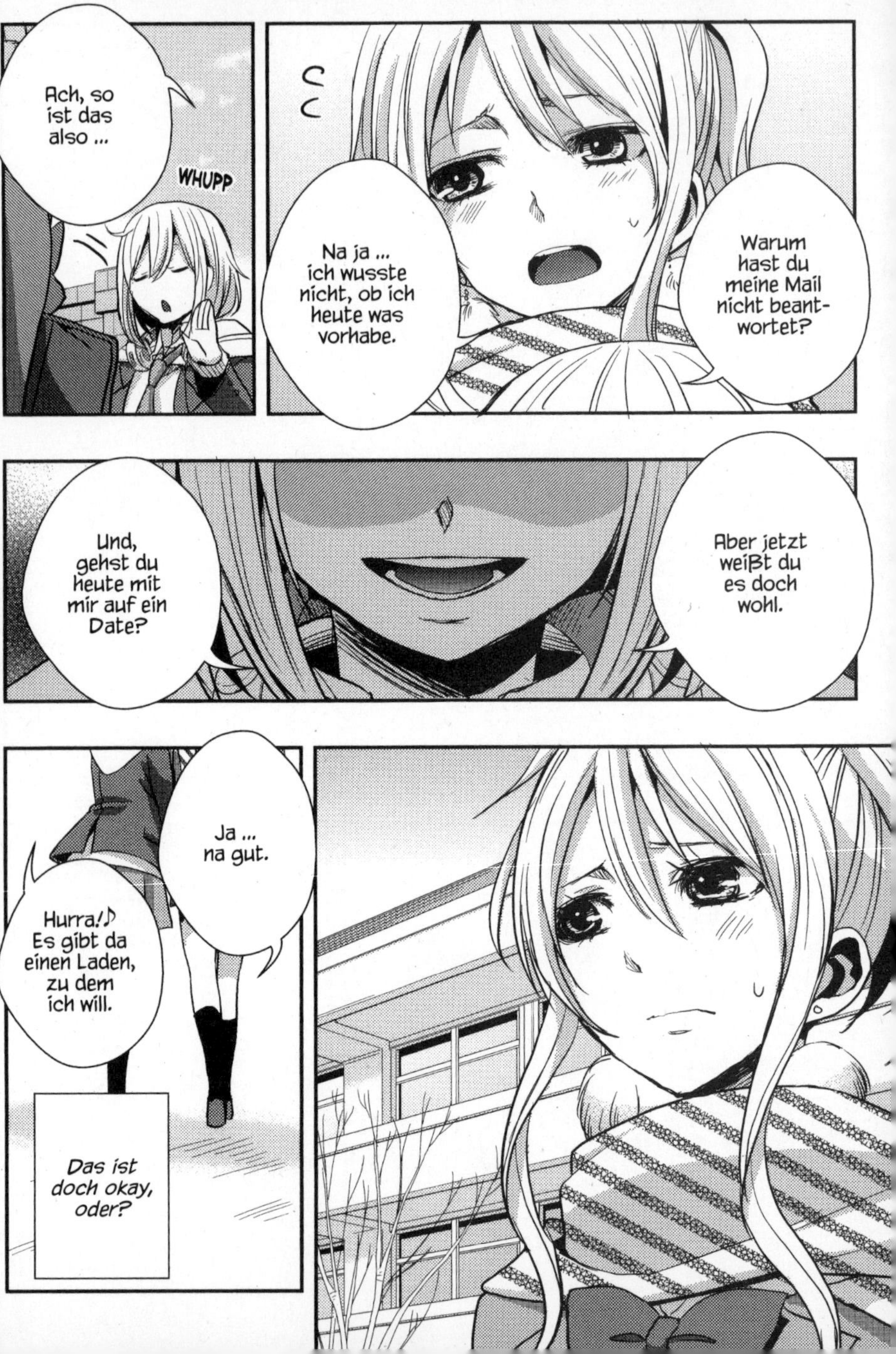
Warum hast du meine Mail nicht beantwortet?
Na ja ... ich wusste nicht, ob ich heute was vorhabe.
Ach, so ist das also ...
WHUPP
Aber jetzt weißt du es doch wohl.
Und, gehst du heute mit mir auf ein Date?
Ja ... na gut.
Hurra!♪ Es gibt da einen Laden, zu dem ich will.
Das ist doch okay, oder?

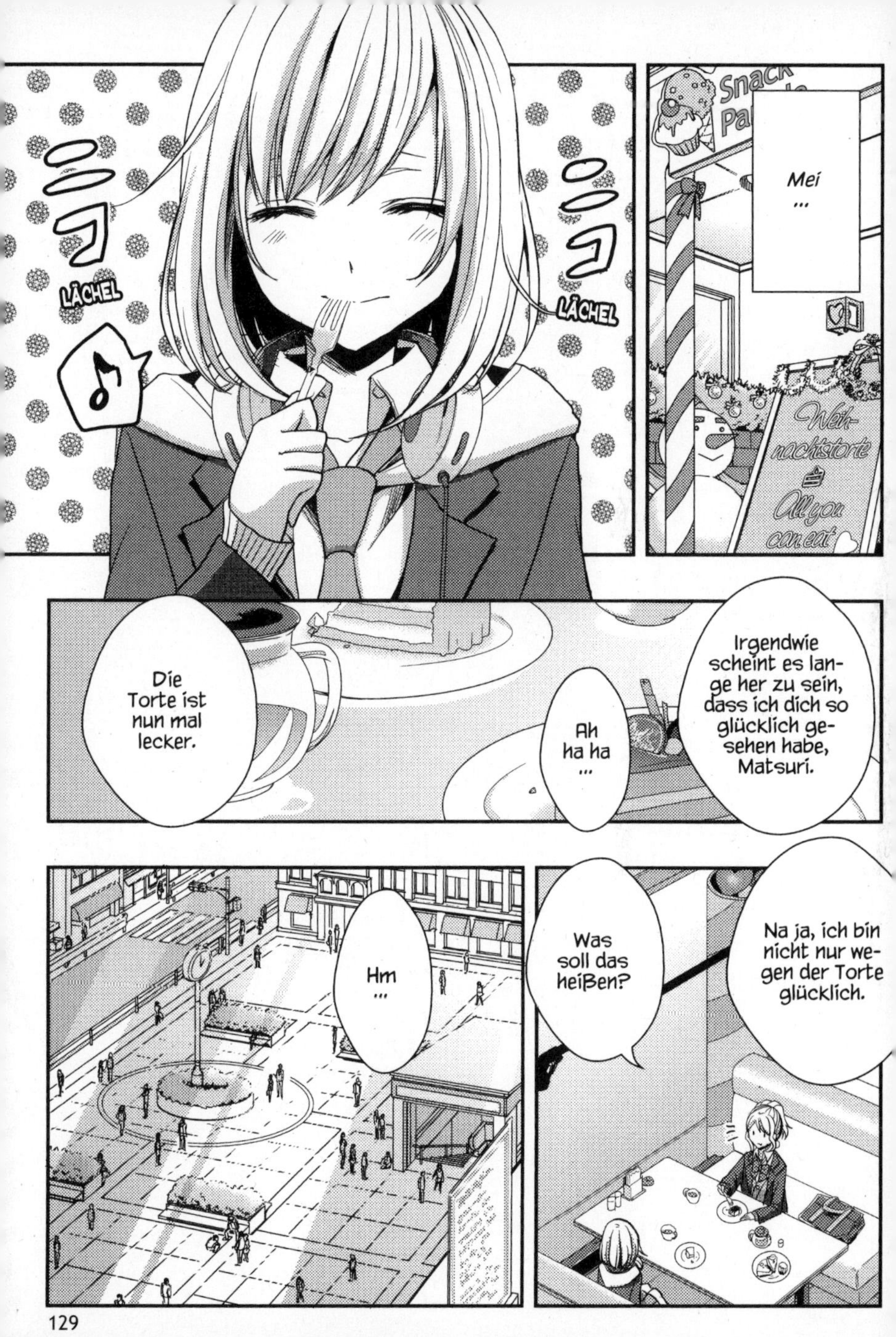
Mei …
Snack
Weihnachtstorte
All you can eat
LÄCHEL
LÄCHEL
♪
Irgendwie scheint es lange her zu sein, dass ich dich so glücklich gesehen habe, Matsuri.
Ah ha ha …
Die Torte ist nun mal lecker.
Na ja, ich bin nicht nur wegen der Torte glücklich.
Was soll das heißen?
Hm …

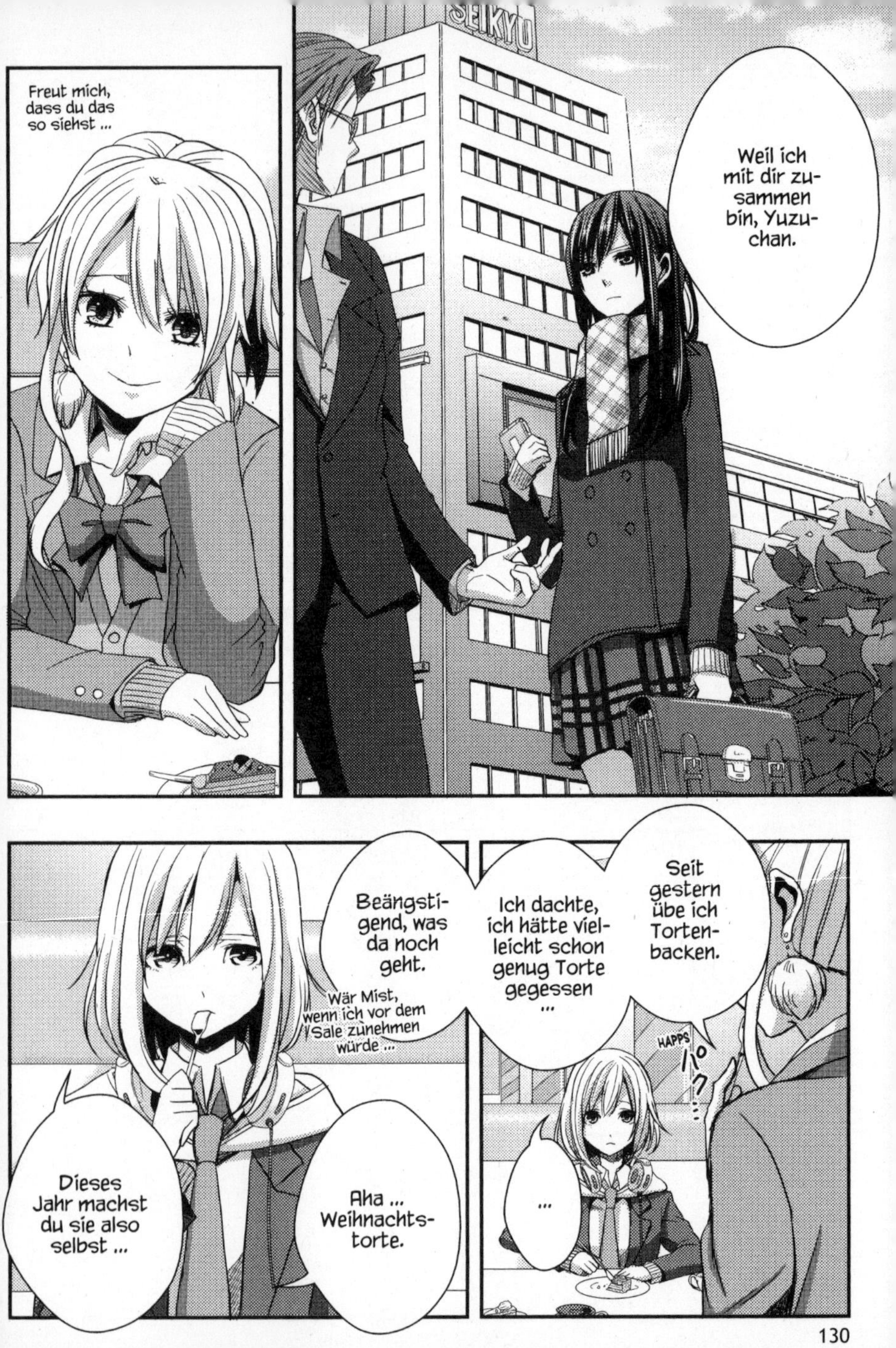
SEIKYU
Weil ich mit dir zusammen bin, Yuzuchan.
Freut mich, dass du das so siehst ...
Seit gestern übe ich Tortenbacken.
Ich dachte, ich hätte vielleicht schon genug Torte gegessen ...
HAPPS
...
Beängstigend, was da noch geht.
Wär Mist, wenn ich vor dem Sale zunehmen würde ...
Aha ... Weihnachtstorte.
Dieses Jahr machst du sie also selbst ...

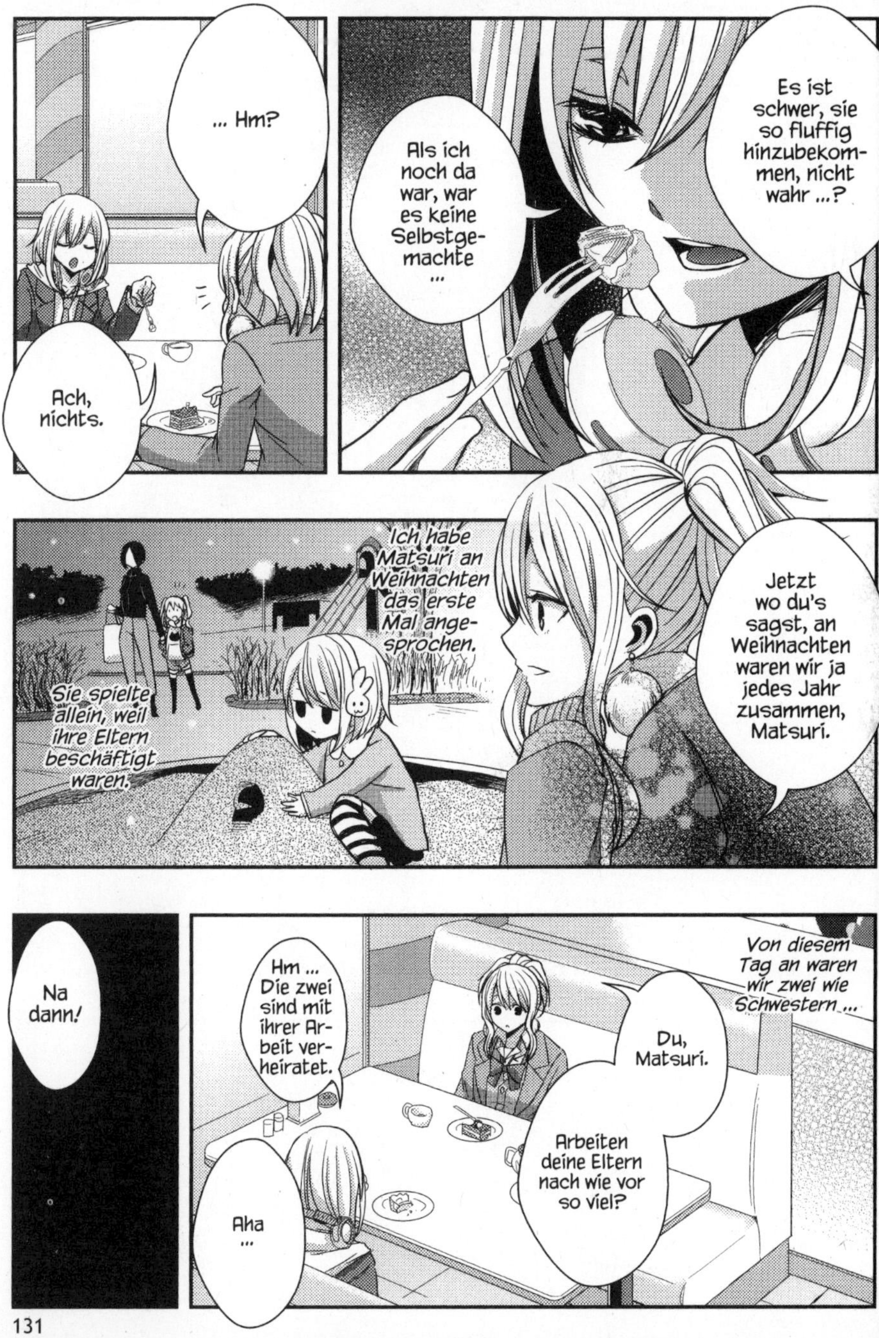

Es ist schwer, sie so fluffig hinzubekommen, nicht wahr ...?
Als ich noch da war, war es keine Selbstgemachte ...
... Hm?
Ach, nichts.
Jetzt wo du's sagst, an Weihnachten waren wir ja jedes Jahr zusammen, Matsuri.
Ich habe Matsuri an Weihnachten das erste Mal angesprochen.
Sie spielte allein, weil ihre Eltern beschäftigt waren.
Von diesem Tag an waren wir zwei wie Schwestern ...
Du, Matsuri.
Arbeiten deine Eltern nach wie vor so viel?
Hm ... Die zwei sind mit ihrer Arbeit verheiratet.
Aha ...
Na dann!

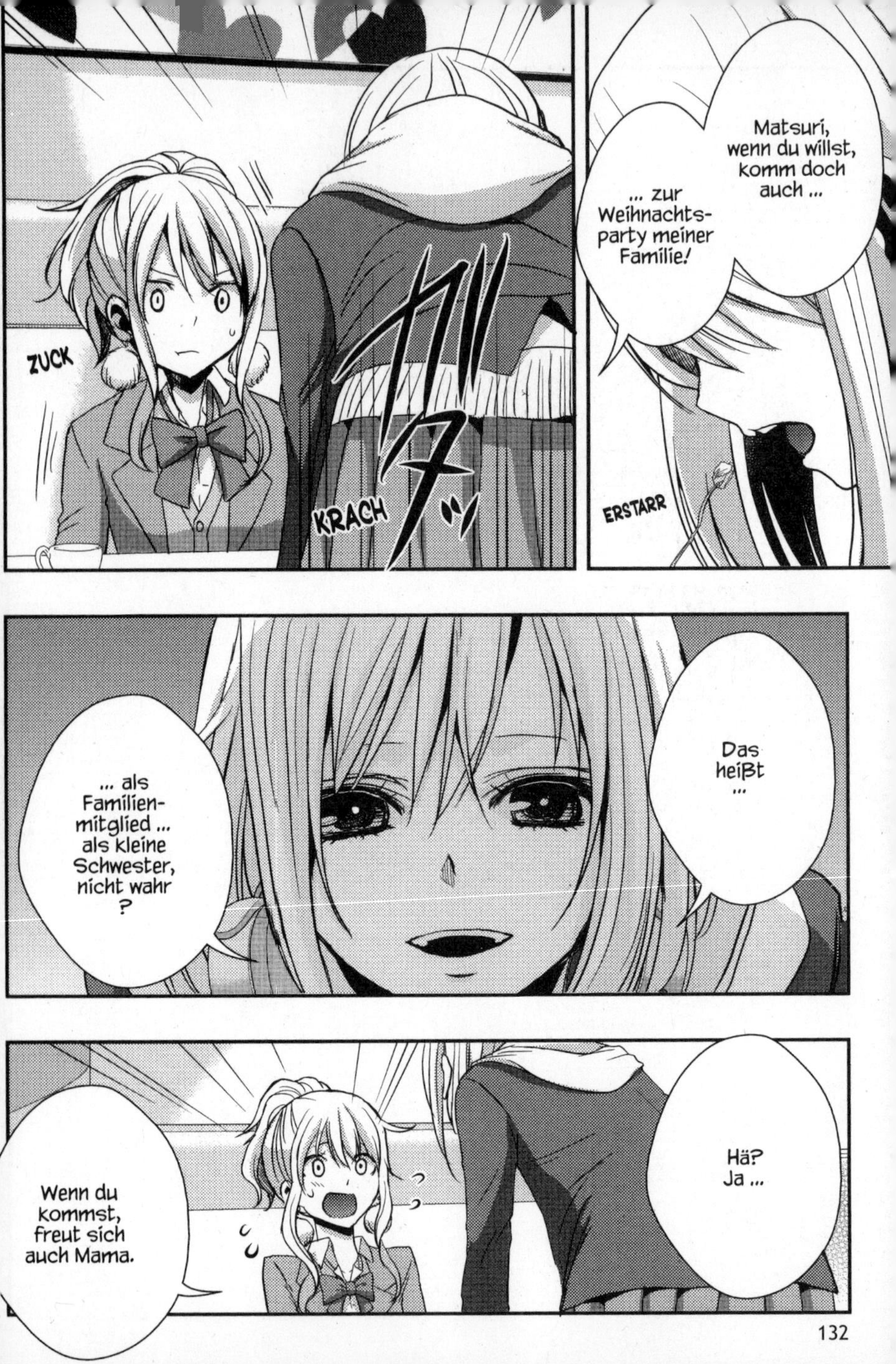
Matsuri, wenn du willst, komm doch auch ...
... zur Weihnachts-party meiner Familie!
ERSTARR
KRACH
ガタッ
ZUCK
Das heißt ...
... als Familien-mitglied ... als kleine Schwester, nicht wahr ?
Hä? Ja ...
Wenn du kommst, freut sich auch Mama.

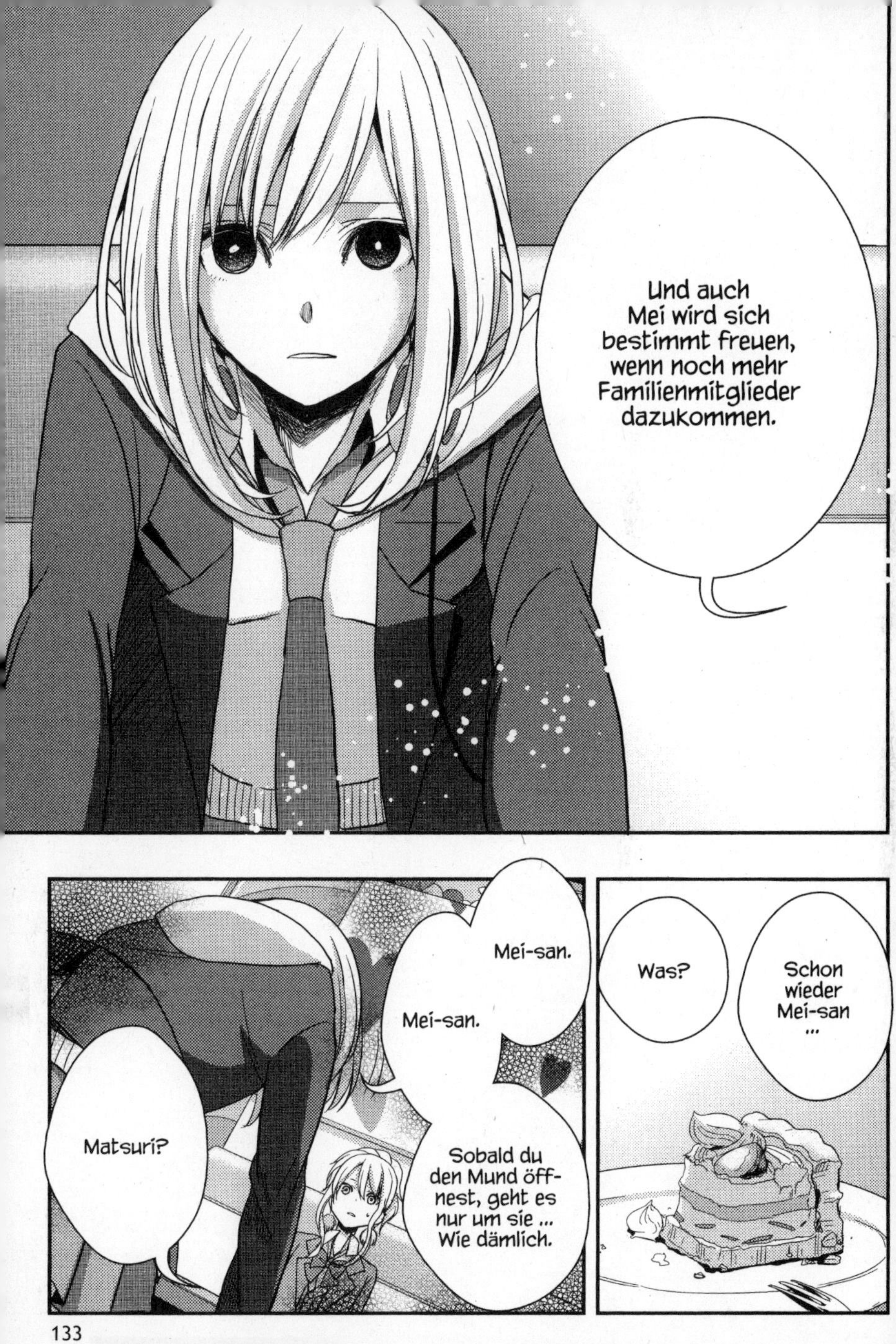
Und auch Mei wird sich bestimmt freuen, wenn noch mehr Familienmitglieder dazukommen.
Schon wieder Mei-san ...
Was?
Mei-san.
Mei-san.
Sobald du den Mund öff-nest, geht es nur um sie ... Wie dämlich.
Matsuri?

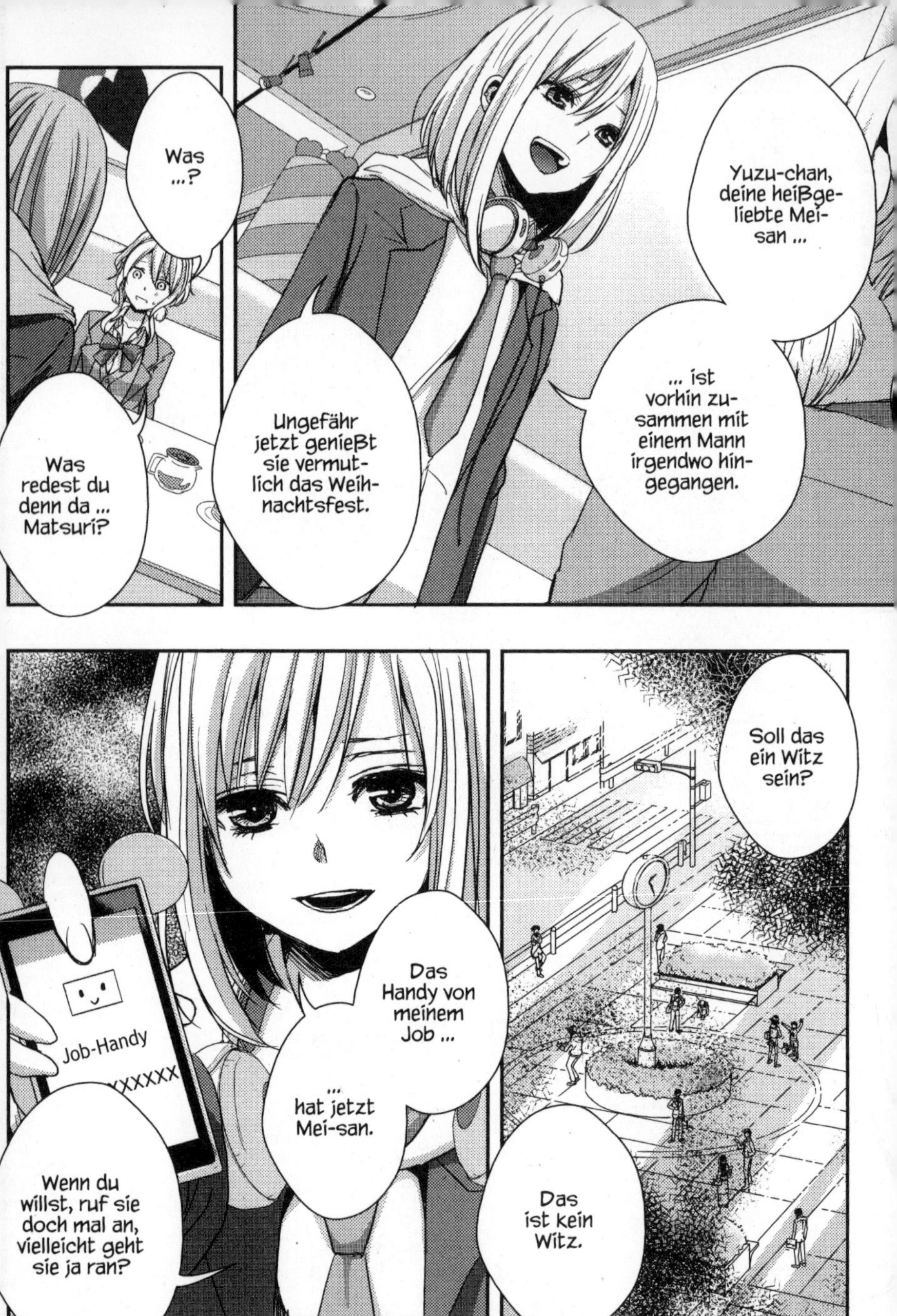

Yuzu-chan, deine heißgeliebte Mei-san ...
... ist vorhin zusammen mit einem Mann irgendwo hingegangen.
Ungefähr jetzt genießt sie vermutlich das Weihnachtsfest.
Was ...?
Was redest du denn da ... Matsuri?
Soll das ein Witz sein?
Das ist kein Witz.
Das Handy von meinem Job ...
... hat jetzt Mei-san.
Job-Handy
XXXXXX
Wenn du willst, ruf sie doch mal an, vielleicht geht sie ja ran?

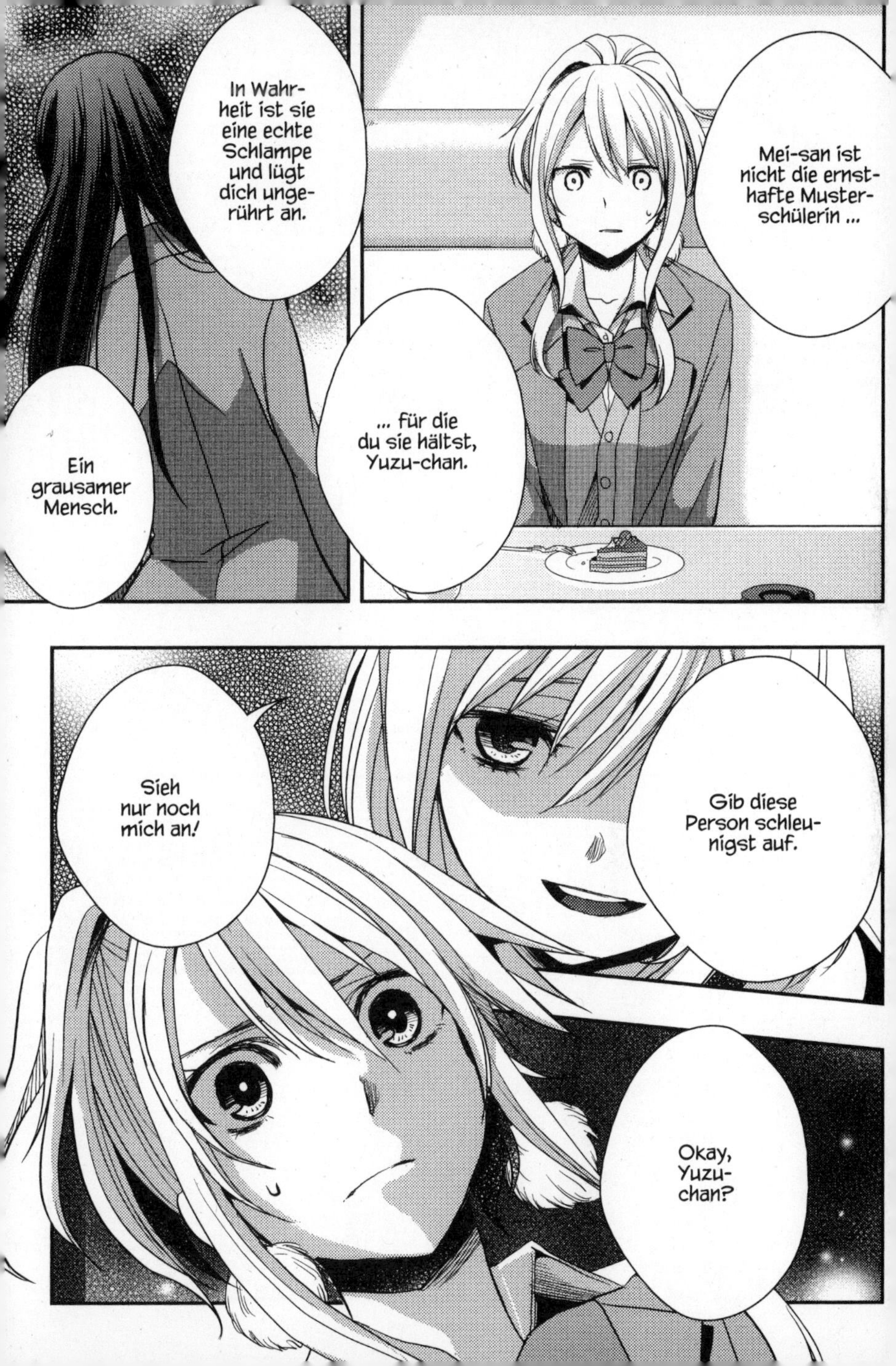
Mei-san ist nicht die ernsthafte Musterschülerin ...
... für die du sie hältst, Yuzu-chan.
In Wahrheit ist sie eine echte Schlampe und lügt dich ungerührt an.
Ein grausamer Mensch.
Gib diese Person schleunigst auf.
Sieh nur noch mich an!
Okay, Yuzu-chan?

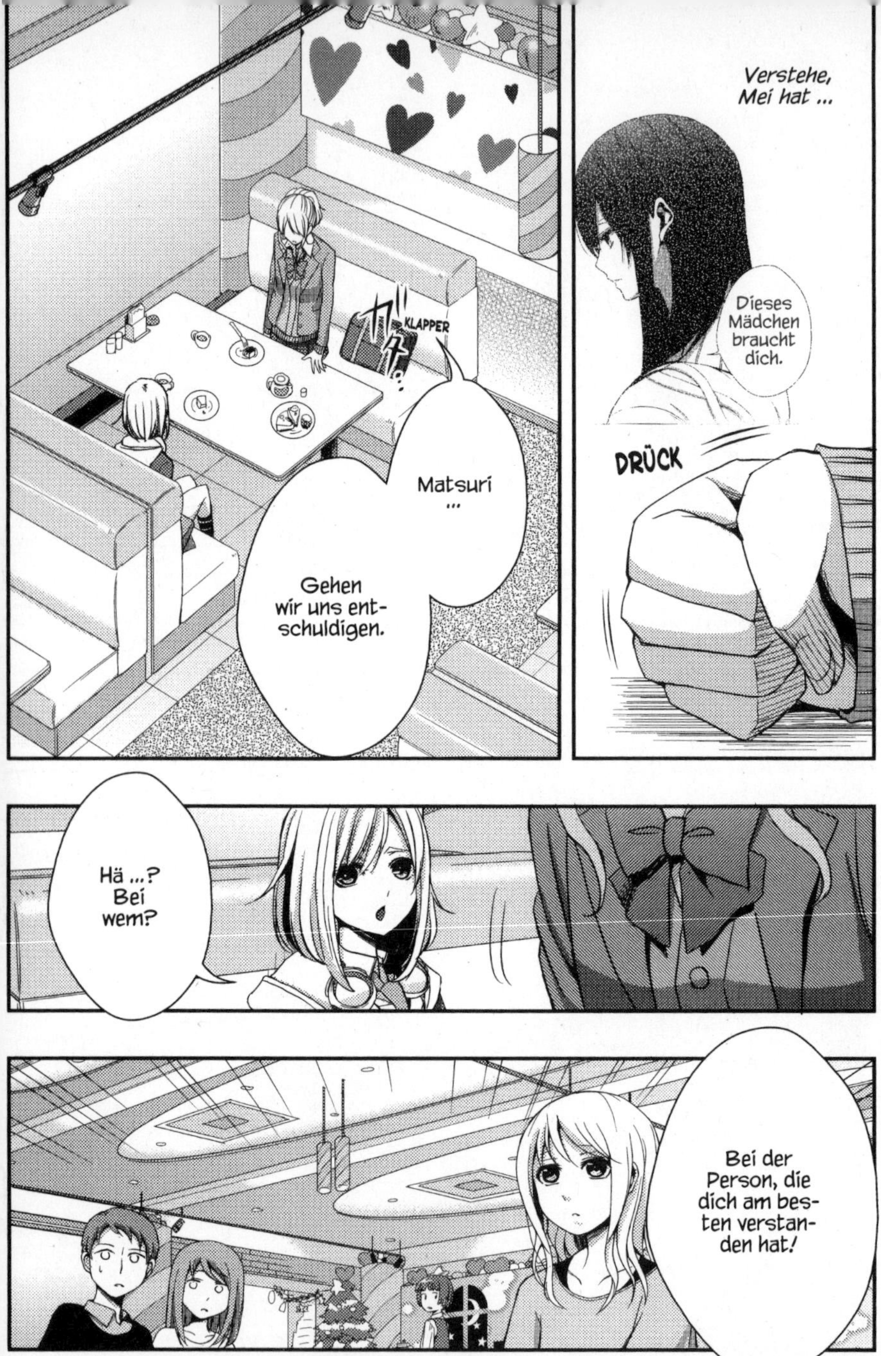
Verstehe, Mei hat ...
Dieses Mädchen braucht dich.
DRÜCK
KLAPPER
Matsuri ...
Gehen wir uns entschuldigen.
Hä ...? Bei wem?
Bei der Person, die dich am besten verstanden hat!

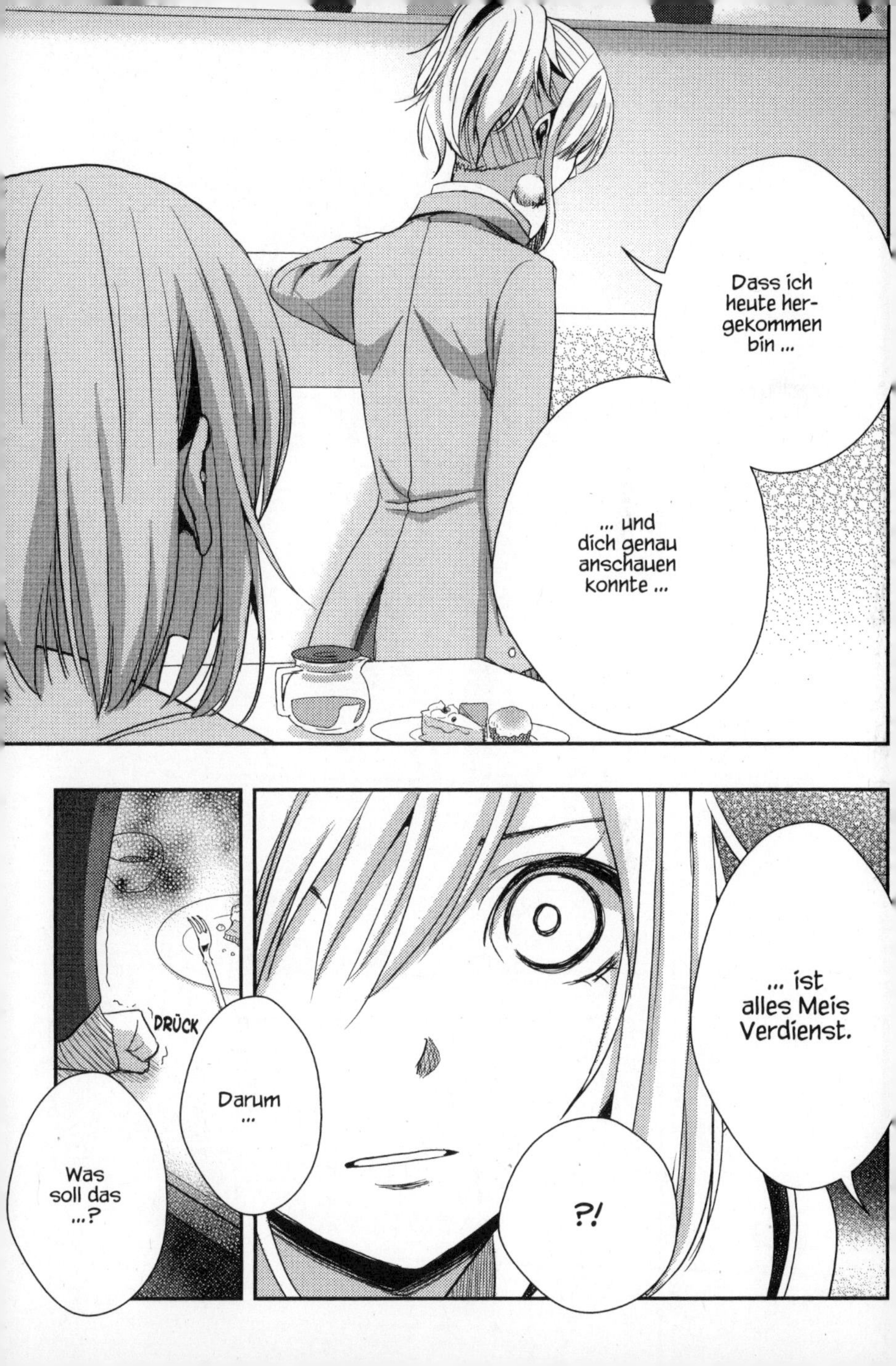
Dass ich heute hergekommen bin ...
... und dich genau anschauen konnte ...
... ist alles Meis Verdienst.
?!
DRÜCK
Darum ...
Was soll das ...?

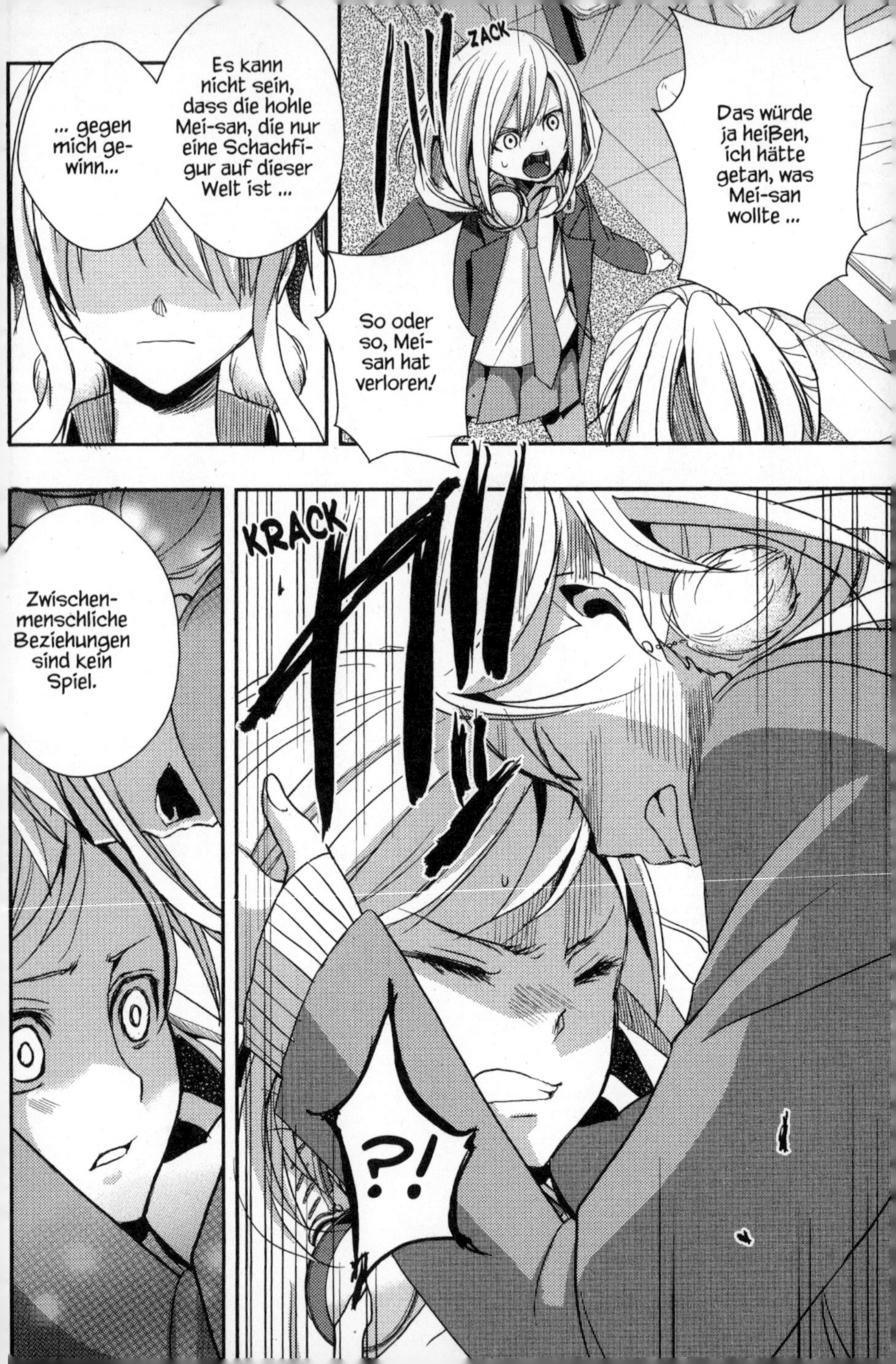

Das würde ja heißen, ich hätte getan, was Mei-san wollte ...
ZACK
Es kann nicht sein, dass die hohle Mei-san, die nur eine Schachfigur auf dieser Welt ist ...
... gegen mich gewinn...
So oder so, Mei-san hat verloren!
KRACK
?!
Zwischenmenschliche Beziehungen sind kein Spiel.

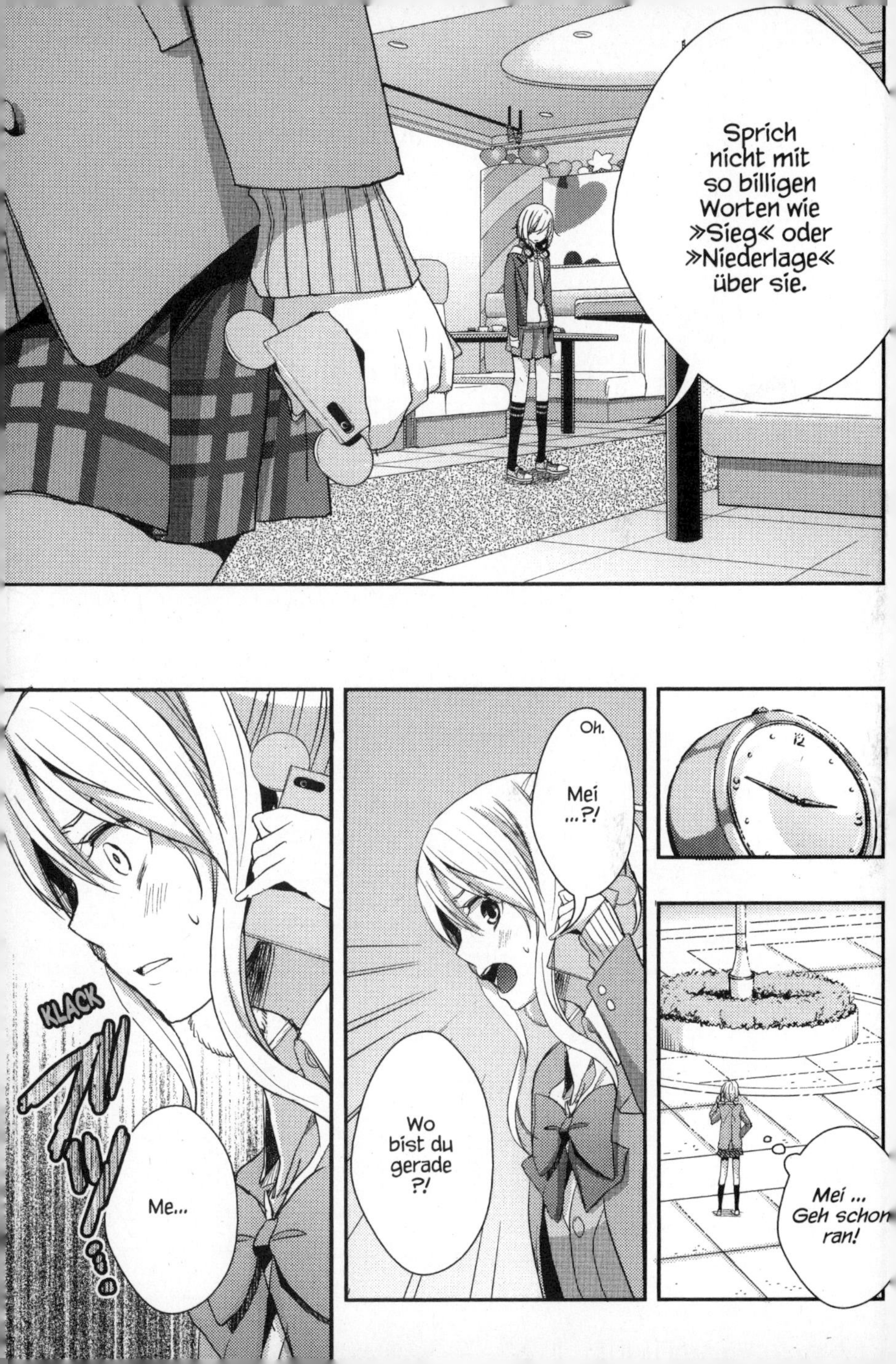
Sprich nicht mit so billigen Worten wie »Sieg« oder »Niederlage« über sie.
Mei ... Geh schon ran!
Oh.
Mei ...?!
Wo bist du gerade ?!
KLACK
Me...

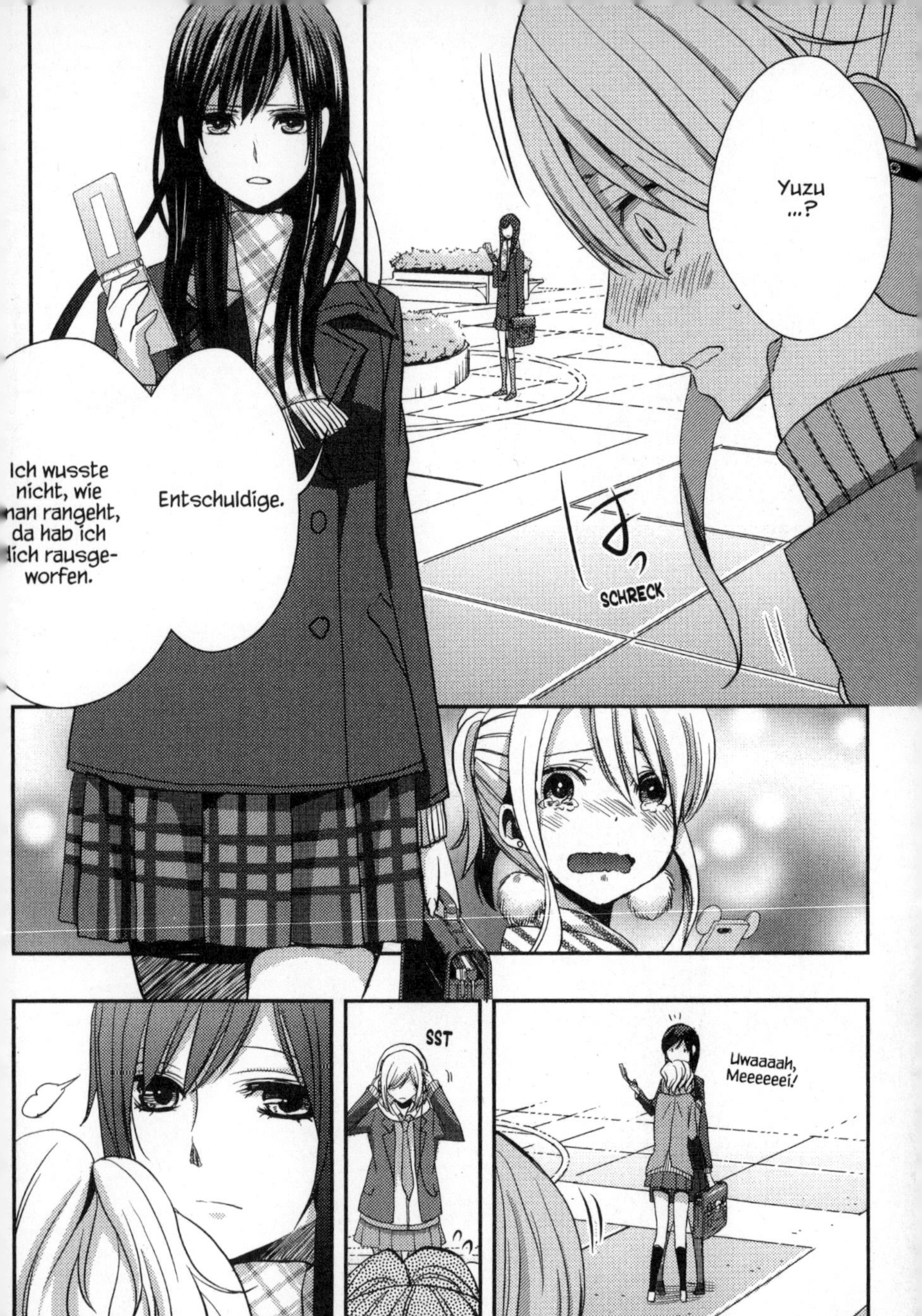
Yuzu ...?
はっ
SCHRECK
Entschuldige.
Ich wusste nicht, wie nan rangeht, da hab ich lich rausge-worfen.
Uwaaaah, Meeeeeei!
SST

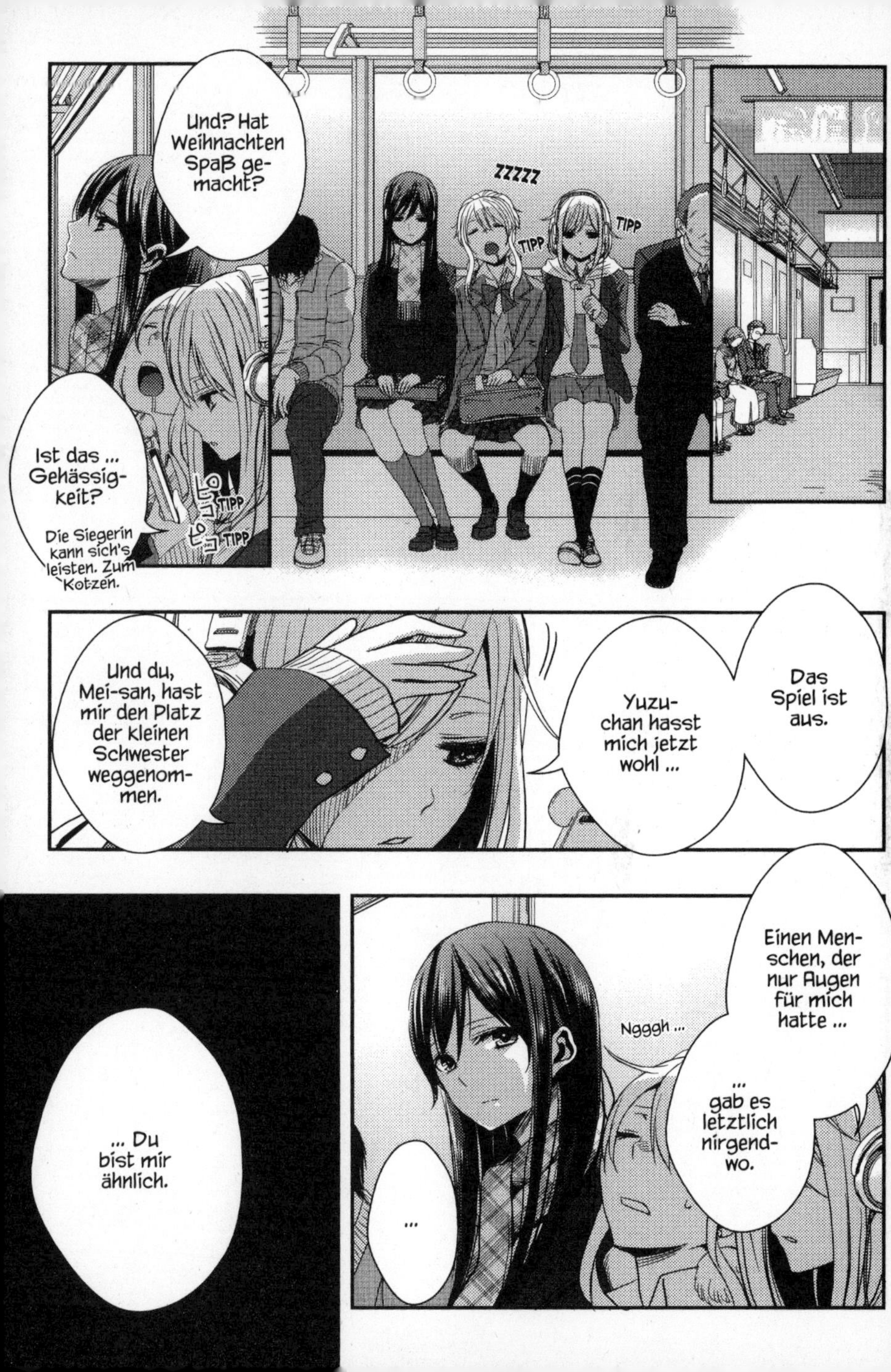
Und? Hat Weihnachten Spaß gemacht?
ZZZZZ
TIPP
TIPP
Ist das ... Gehässigkeit?
TIPP
TIPP
Die Siegerin kann sich's leisten. Zum Kotzen.
Das Spiel ist aus.
Yuzu-chan hasst mich jetzt wohl ...
Und du, Mei-san, hast mir den Platz der kleinen Schwester weggenommen.
Einen Menschen, der nur Augen für mich hatte ...
... gab es letztlich nirgendwo.
Ngggh ...
...
... Du bist mir ähnlich.

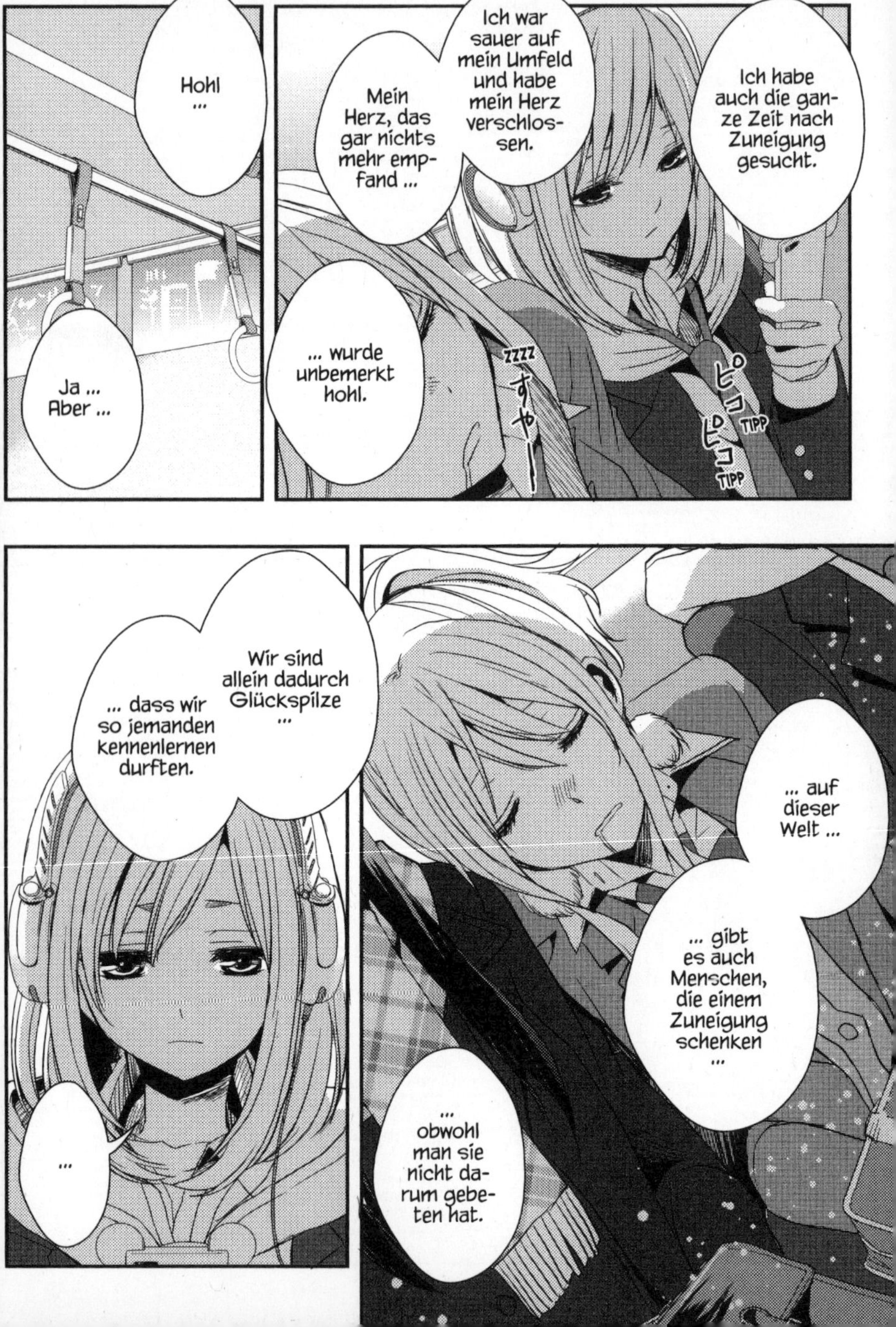
Ich habe auch die ganze Zeit nach Zuneigung gesucht.
Ich war sauer auf mein Umfeld und habe mein Herz verschlossen.
Mein Herz, das gar nichts mehr empfand ...
... wurde unbemerkt hohl.
ZZZZ
TIPP
TIPP
Hohl ...
Ja ... Aber ...
... auf dieser Welt ...
... gibt es auch Menschen, die einem Zuneigung schenken ...
... obwohl man sie nicht darum gebeten hat.
Wir sind allein dadurch Glückspilze ...
... dass wir so jemanden kennenlernen durften.
...

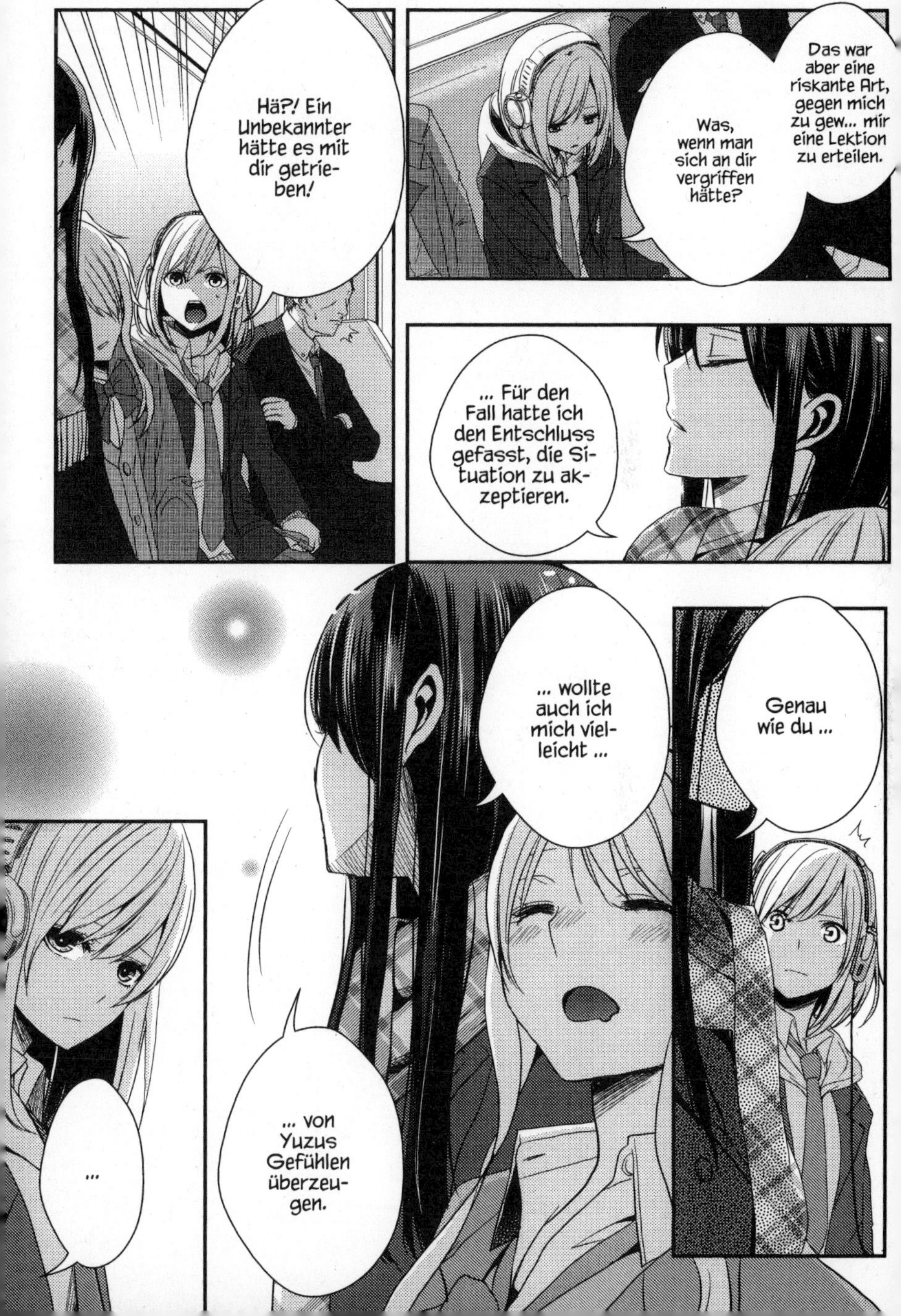
Das war aber eine riskante Art, gegen mich zu gew... mir eine Lektion zu erteilen.
Was, wenn man sich an dir vergriffen hätte?
Hä?! Ein Unbekannter hätte es mit dir getrieben!
... Für den Fall hatte ich den Entschluss gefasst, die Situation zu akzeptieren.
Genau wie du ...
... wollte auch ich mich vielleicht ...
... von Yuzus Gefühlen überzeugen.
...

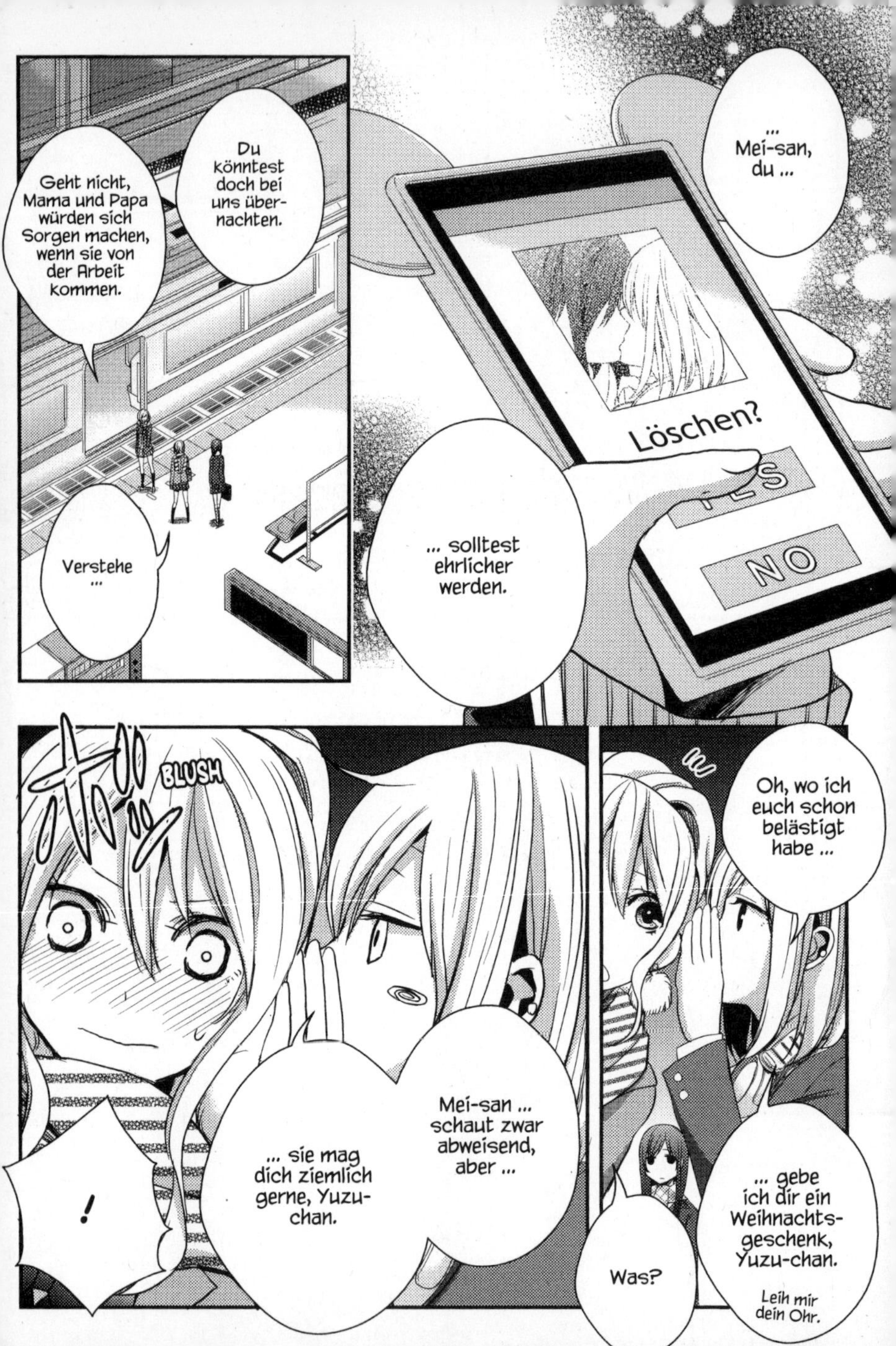
... Mei-san, du ...
Löschen?
NO
... solltest ehrlicher werden.
Du könntest doch bei uns übernachten.
Geht nicht, Mama und Papa würden sich Sorgen machen, wenn sie von der Arbeit kommen.
Verstehe ...
Oh, wo ich euch schon belästigt habe ...
... gebe ich dir ein Weihnachtsgeschenk, Yuzu-chan.
Leih mir dein Ohr.
Was?
Mei-san ... schaut zwar abweisend, aber ...
... sie mag dich ziemlich gerne, Yuzu-chan.
BLUSH
!

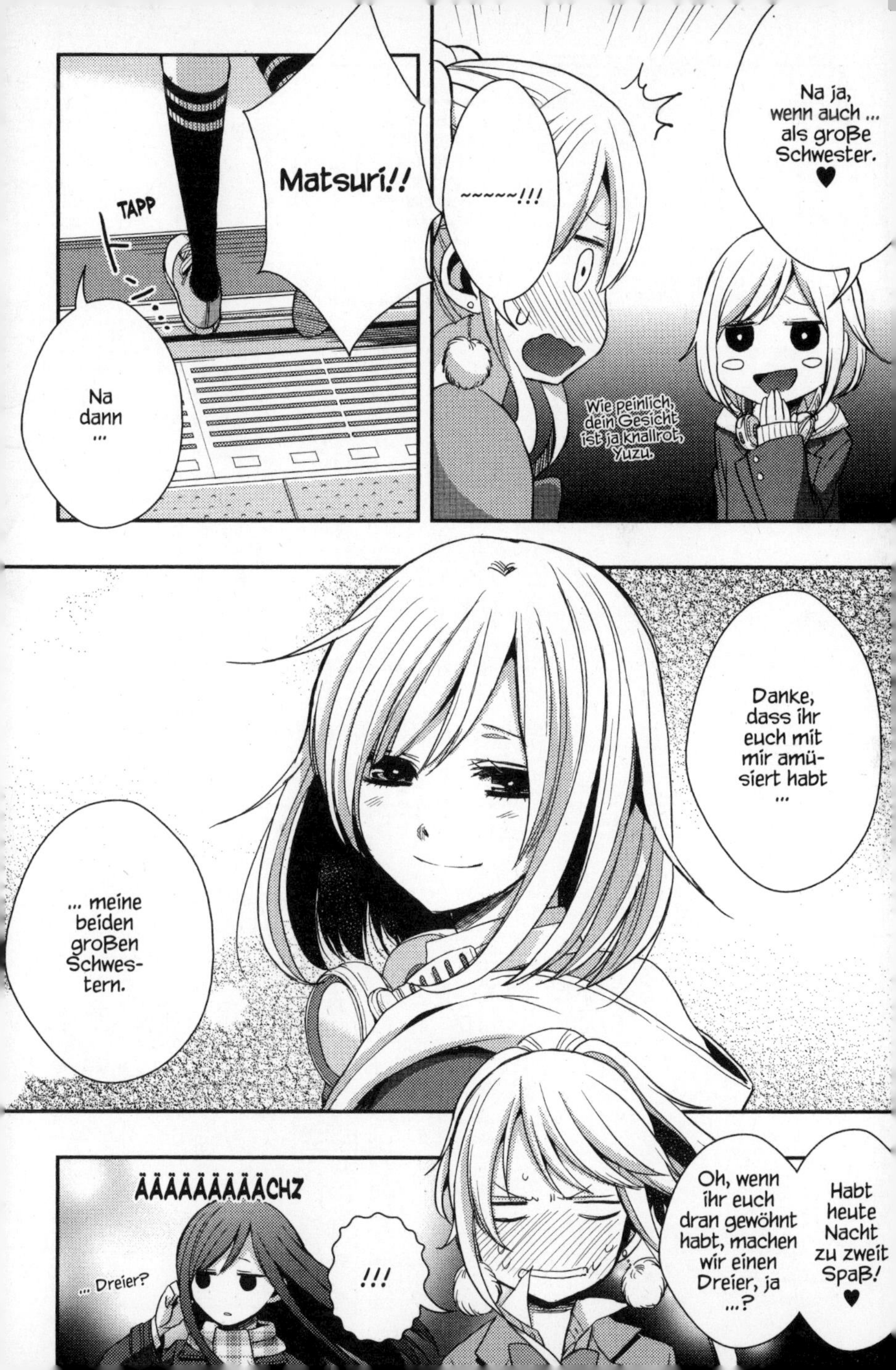
Na ja, wenn auch ... als große Schwester. ♥
~~~~~!!!
Wie peinlich, dein Gesicht ist ja knallrot, Yuzu.
Matsuri!!
TAPP
Na dann ...
Danke, dass ihr euch mit mir amüsiert habt ...
... meine beiden großen Schwestern.
Habt heute Nacht zu zweit Spaß! ♥
Oh, wenn ihr euch dran gewöhnt habt, machen wir einen Dreier, ja ...?
!!!
ÄÄÄÄÄÄÄÄÄCHZ
... Dreier?
~~~~~

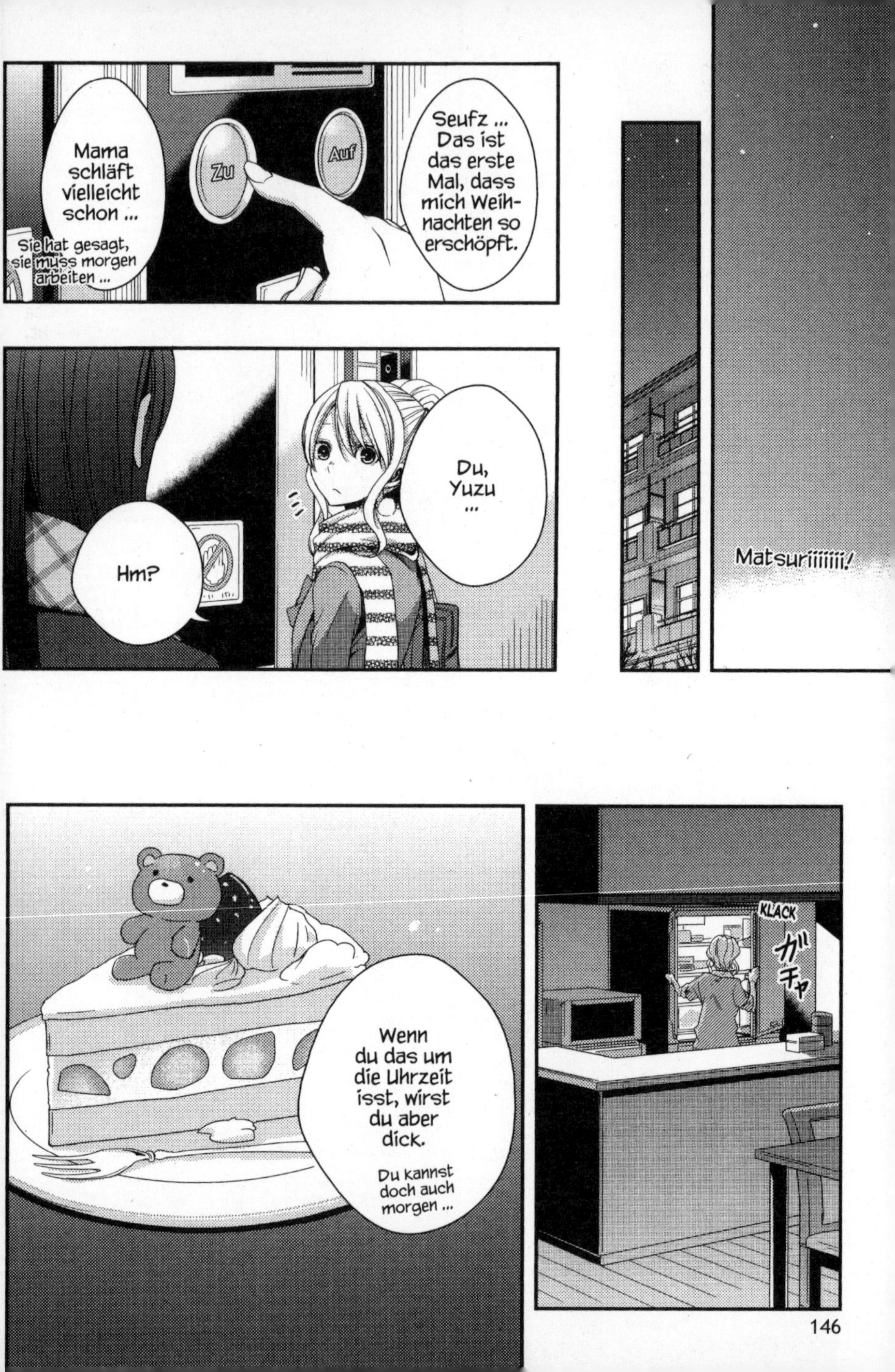
Matsuriiiiii!
Seufz ... Das ist das erste Mal, dass mich Weihnachten so erschöpft.
Zu
Auf
Mama schläft vielleicht schon ...
Sie hat gesagt, sie muss morgen arbeiten ...
Du, Yuzu ...
Hm?
KLACK
ガチャ
Wenn du das um die Uhrzeit isst, wirst du aber dick.
Du kannst doch auch morgen ...

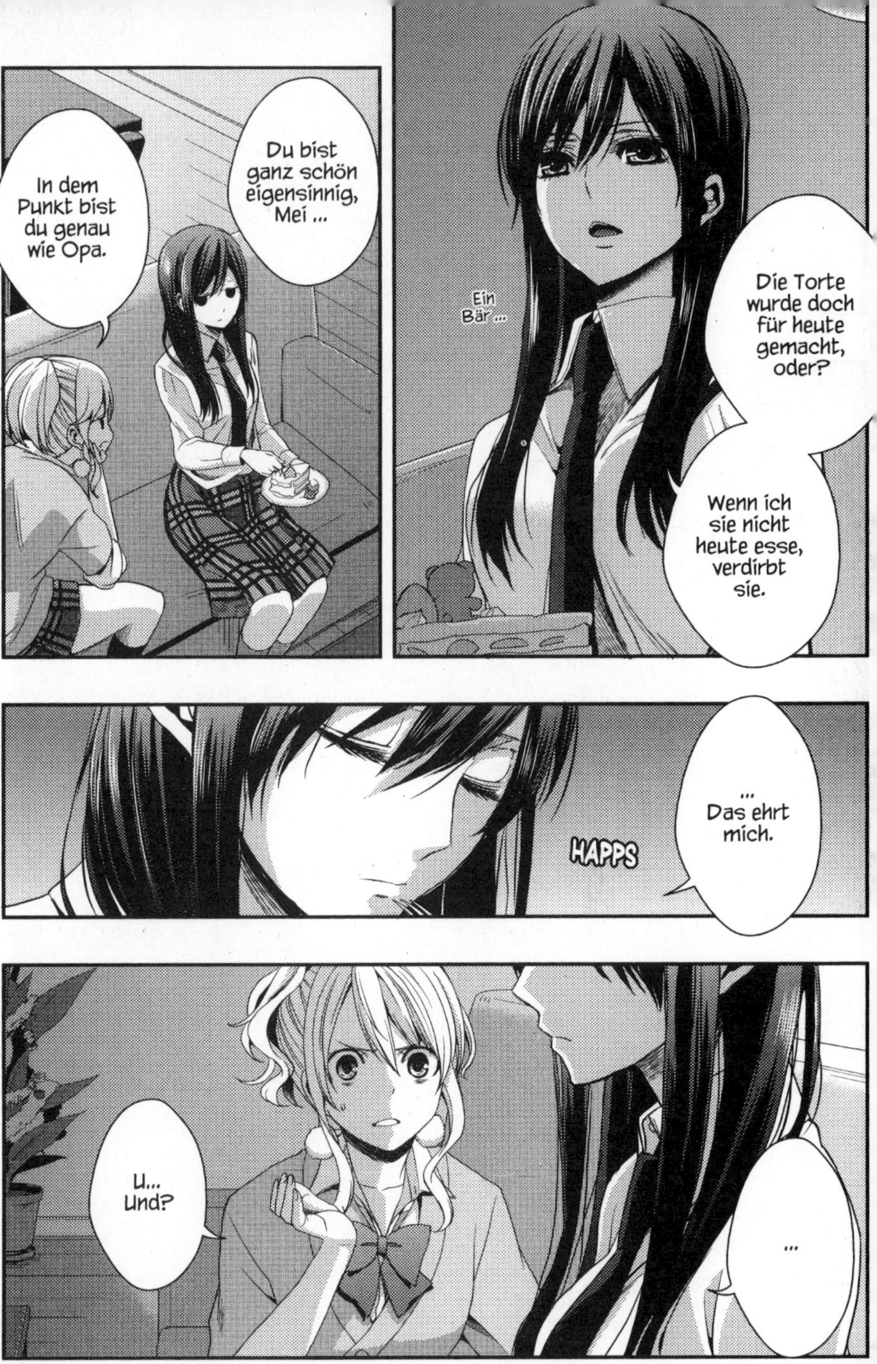
Die Torte wurde doch für heute gemacht, oder?
Ein Bär ...
Wenn ich sie nicht heute esse, verdirbt sie.
Du bist ganz schön eigensinnig, Mei ...
In dem Punkt bist du genau wie Opa.
... Das ehrt mich.
HAPPS
...
U... Und?

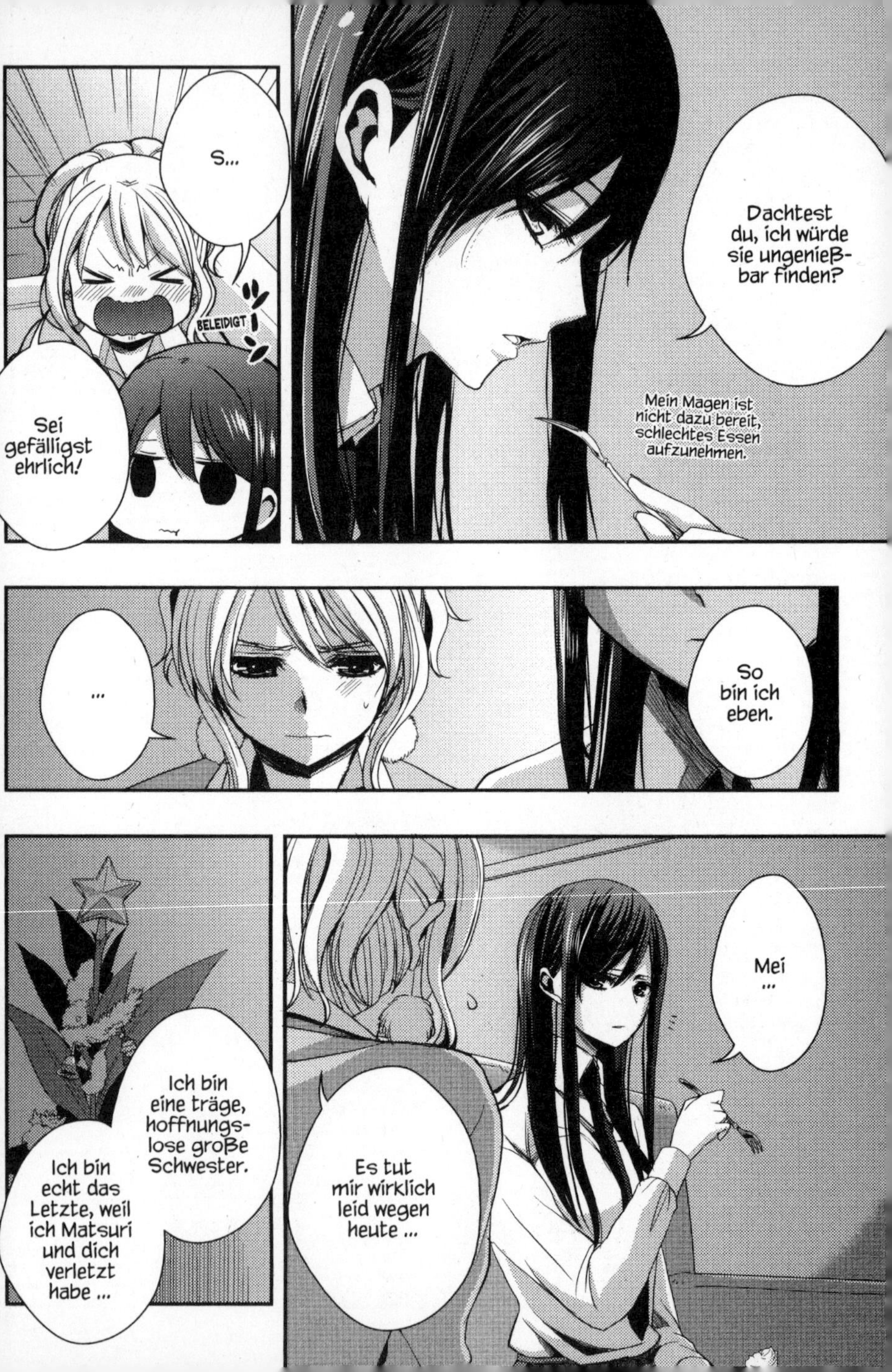
Dachtest du, ich würde sie ungenieß-bar finden?
Mein Magen ist nicht dazu bereit, schlechtes Essen aufzunehmen.
S...
BELEIDIGT
Sei gefälligst ehrlich!
So bin ich eben.
...
Mei ...
Es tut mir wirklich leid wegen heute ...
Ich bin eine träge, hoffnungs-lose große Schwester.
Ich bin echt das Letzte, weil ich Matsuri und dich verletzt habe ...

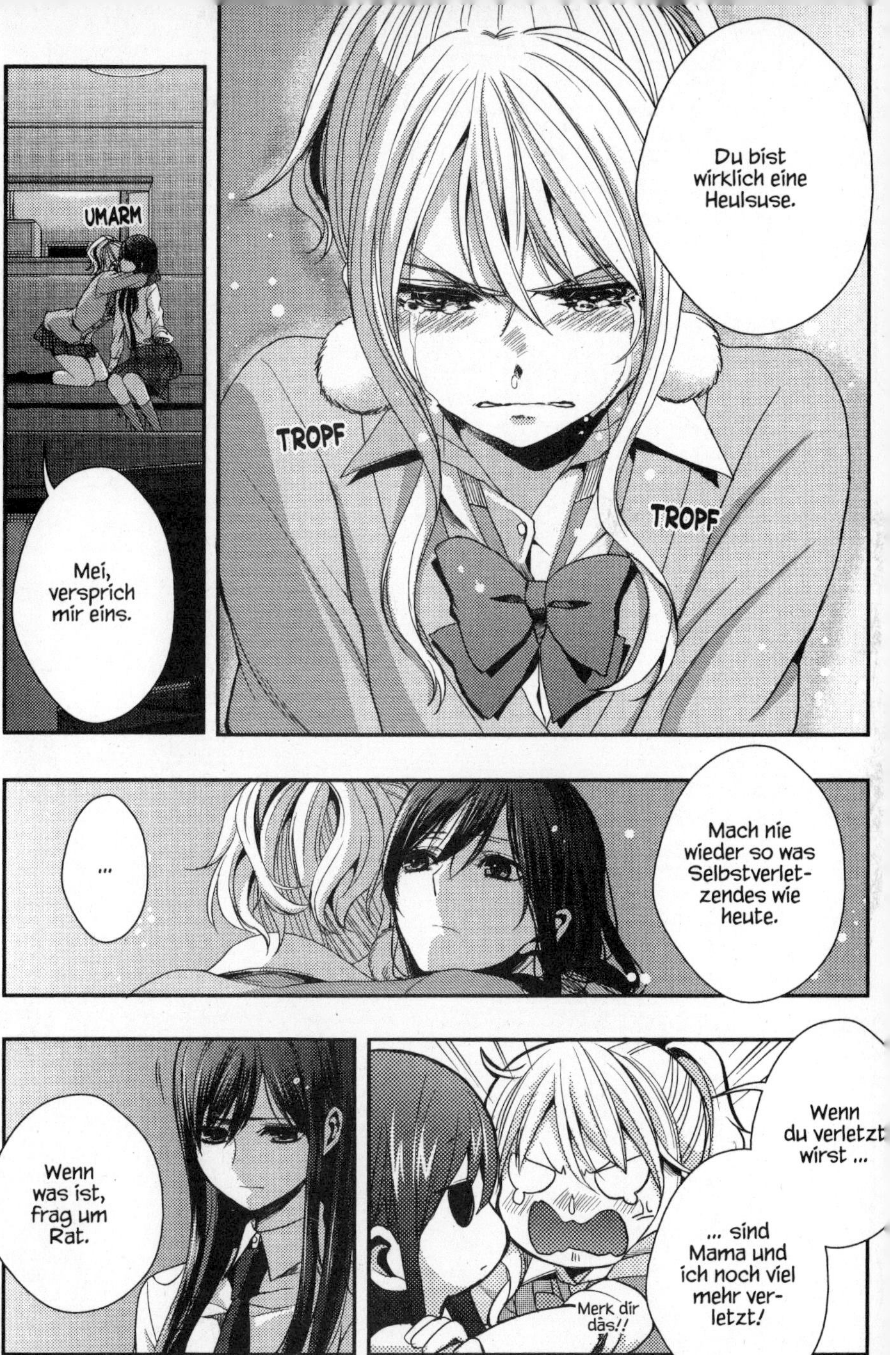
Du bist wirklich eine Heulsuse.
TROPF
TROPF
UMARM
Mei, versprich mir eins.
Mach nie wieder so was Selbstverletzendes wie heute.
...
Wenn du verletzt wirst ...
... sind Mama und ich noch viel mehr verletzt!
Merk dir das!!
Wenn was ist, frag um Rat.

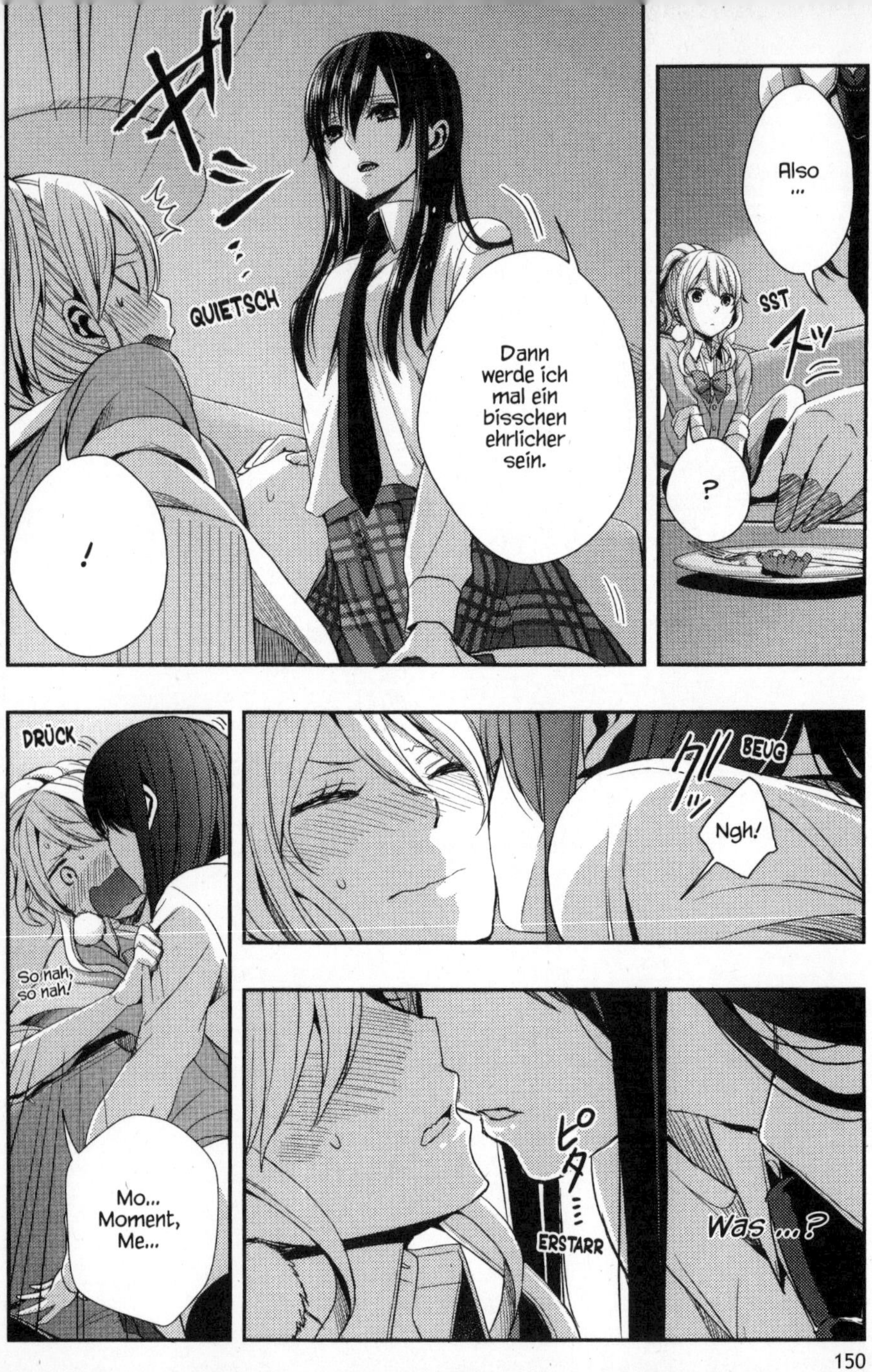
Also ...
SST
?
QUIETSCH
Dann werde ich mal ein bisschen ehrlicher sein.
!
BEUG
Ngh!
DRÜCK
So nah, so nah!
Mo... Moment, Me...
Was ...?
ERSTARR
Mo... Moment, Me...

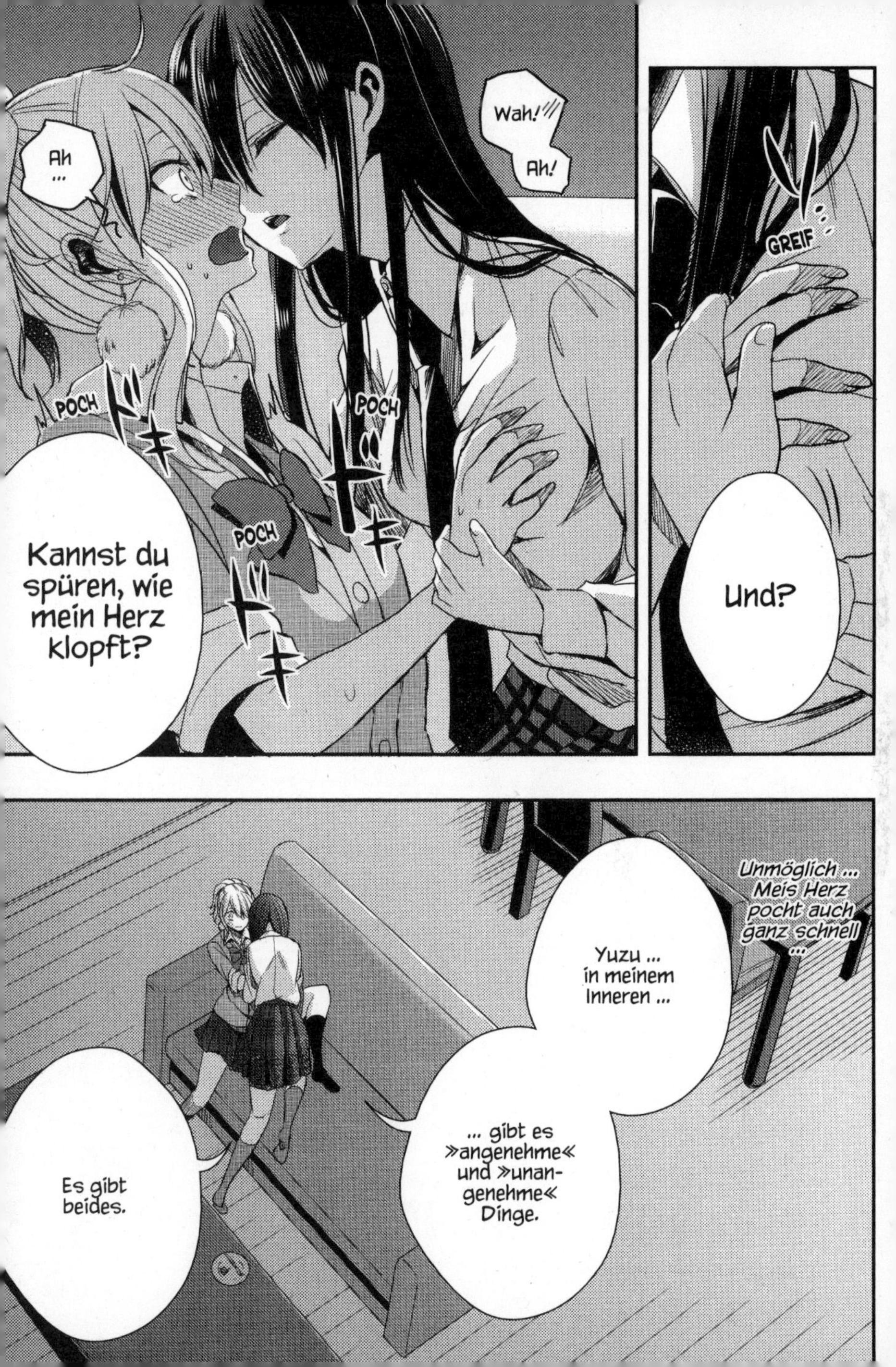

Wah!
Ah!
Ah ...
POCH
POCH
POCH
Kannst du spüren, wie mein Herz klopft?
GREIF
Und?
Unmöglich ... Meis Herz pocht auch ganz schnell ...
Yuzu ... in meinem Inneren ...
... gibt es »angenehme« und »unangenehme« Dinge.
Es gibt beides.

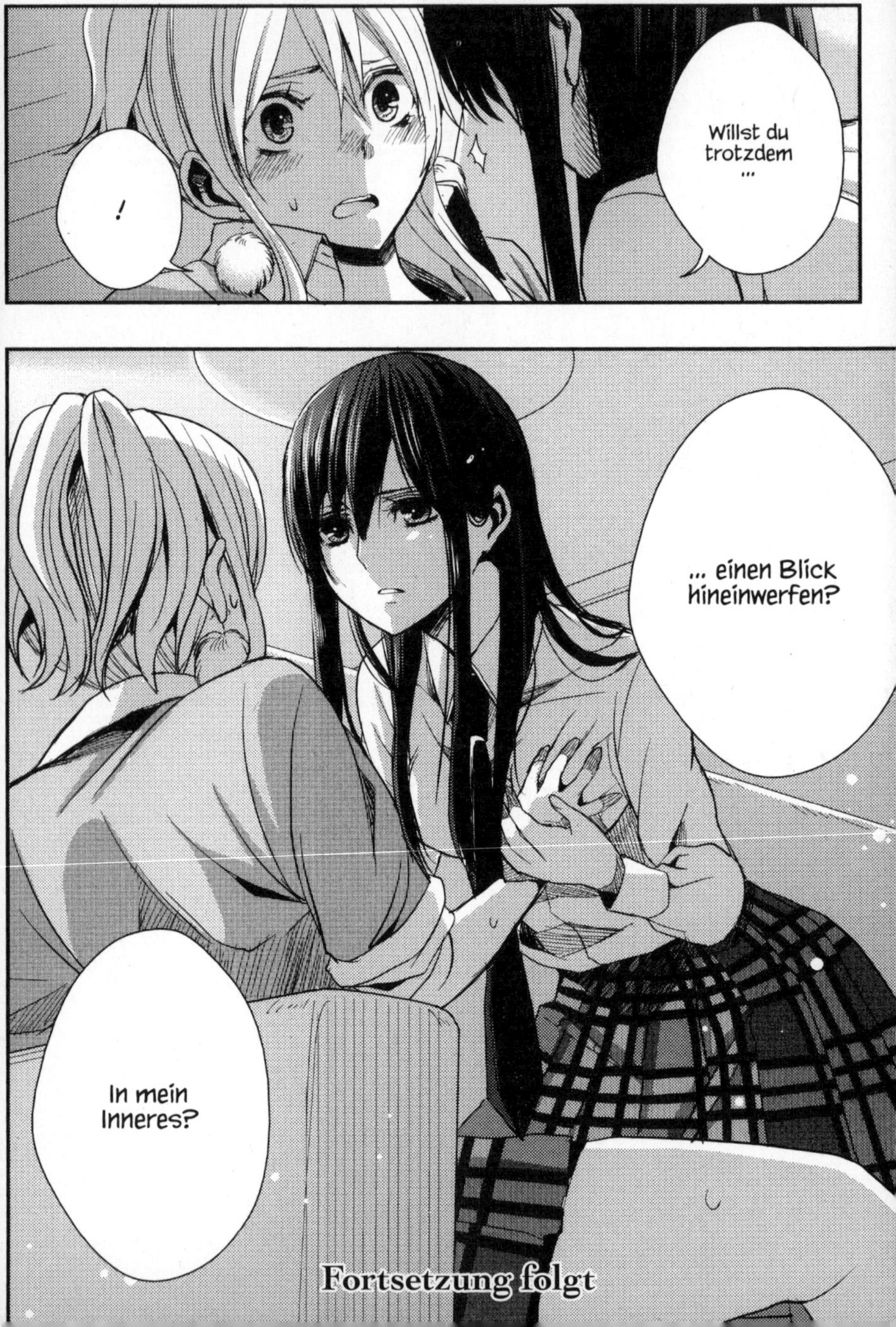
Willst du trotzdem ...
!
... einen Blick hineinwerfen?
In mein Inneres?
Fortsetzung folgt

citrus

citrus

3

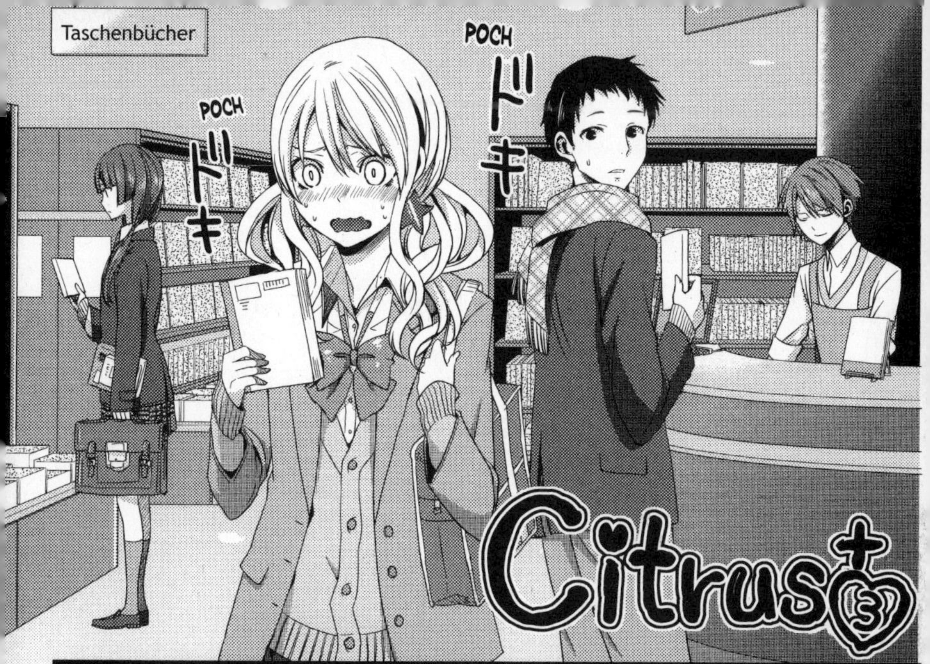

Auch wenn die große Schwester es versteckt, fliegt sie sofort auf

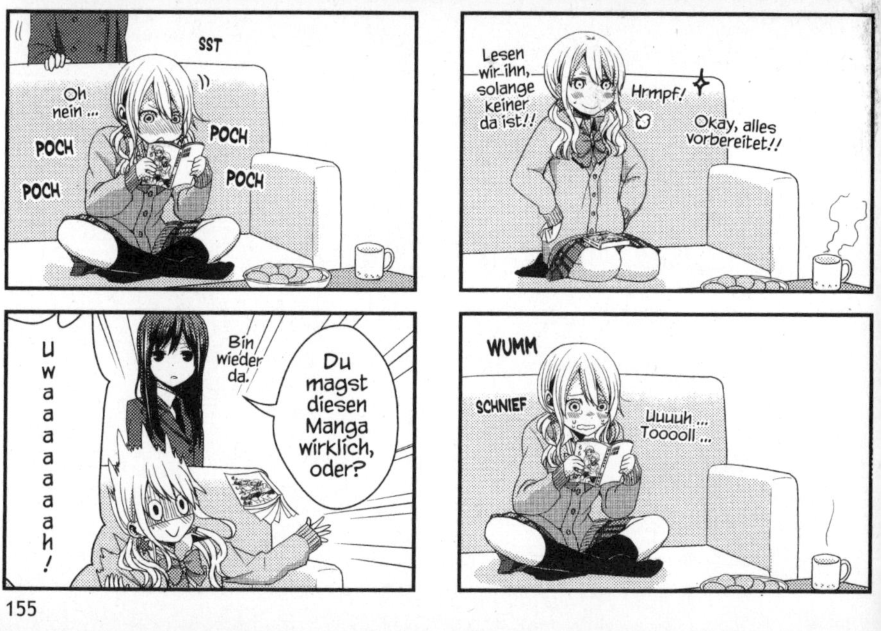

Die große Schwester wird immer geärgert

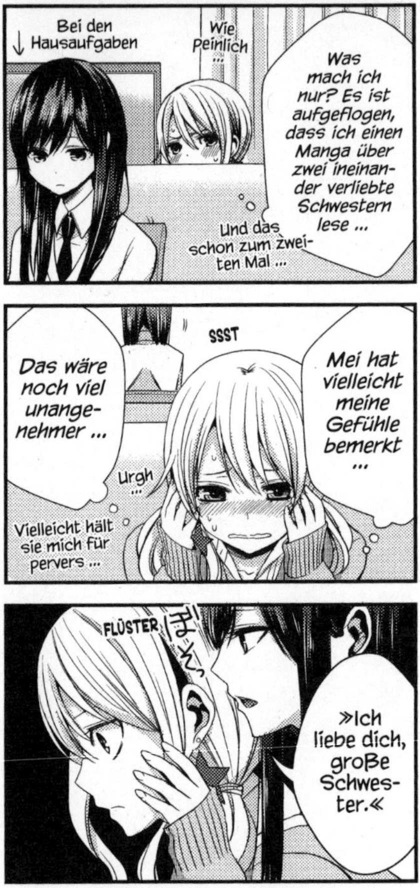

Es beeinflusst die große Schwester

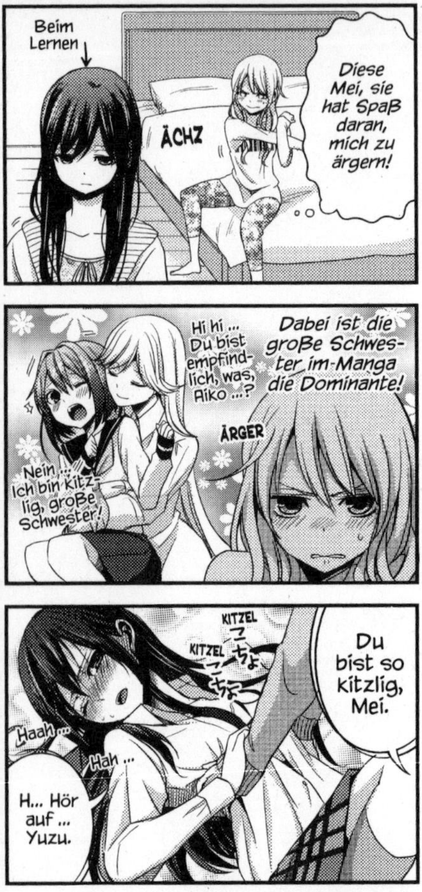

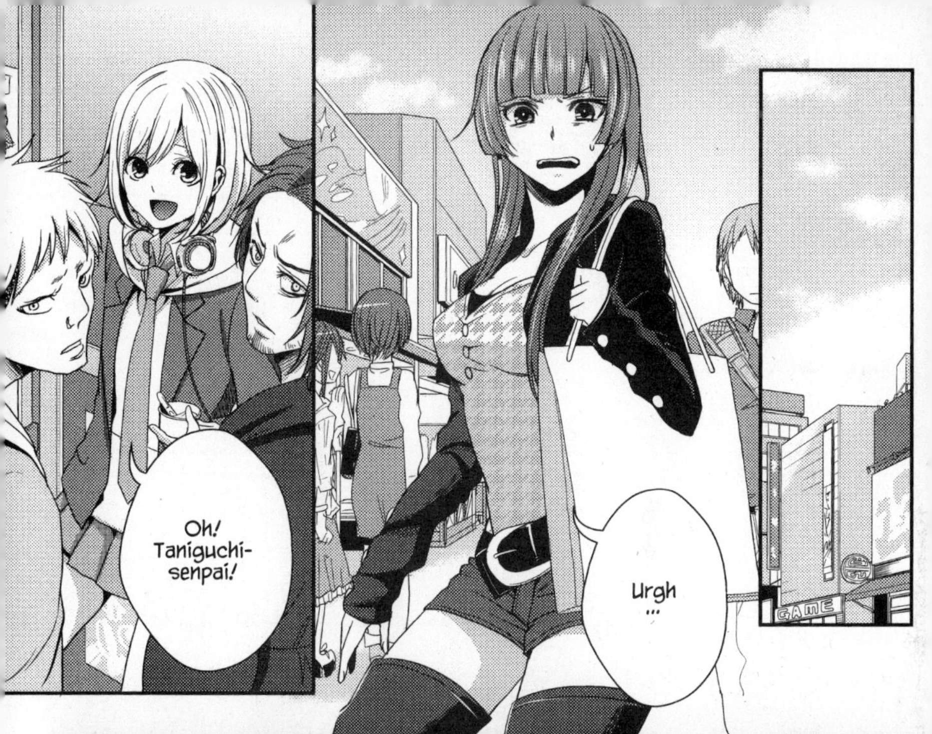

Matsuri und Harumin

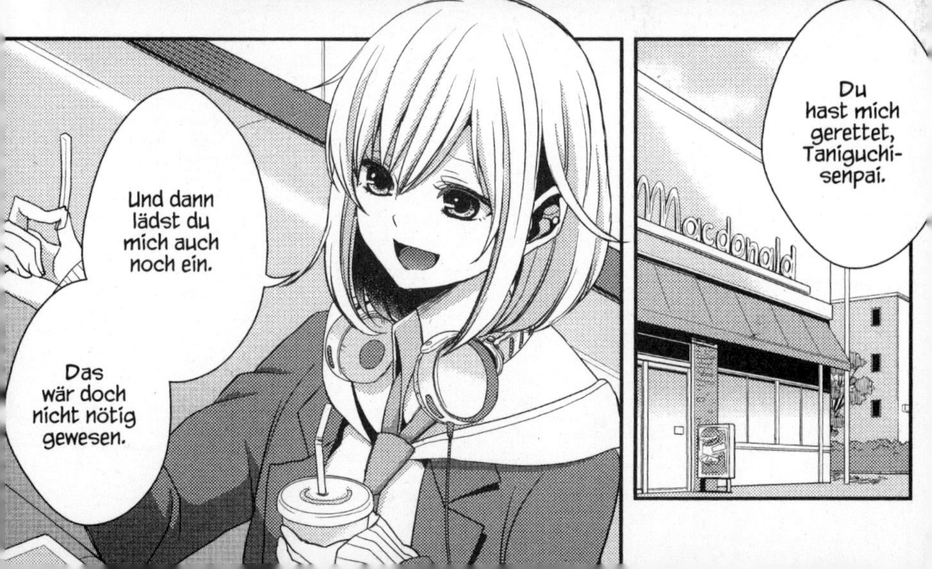

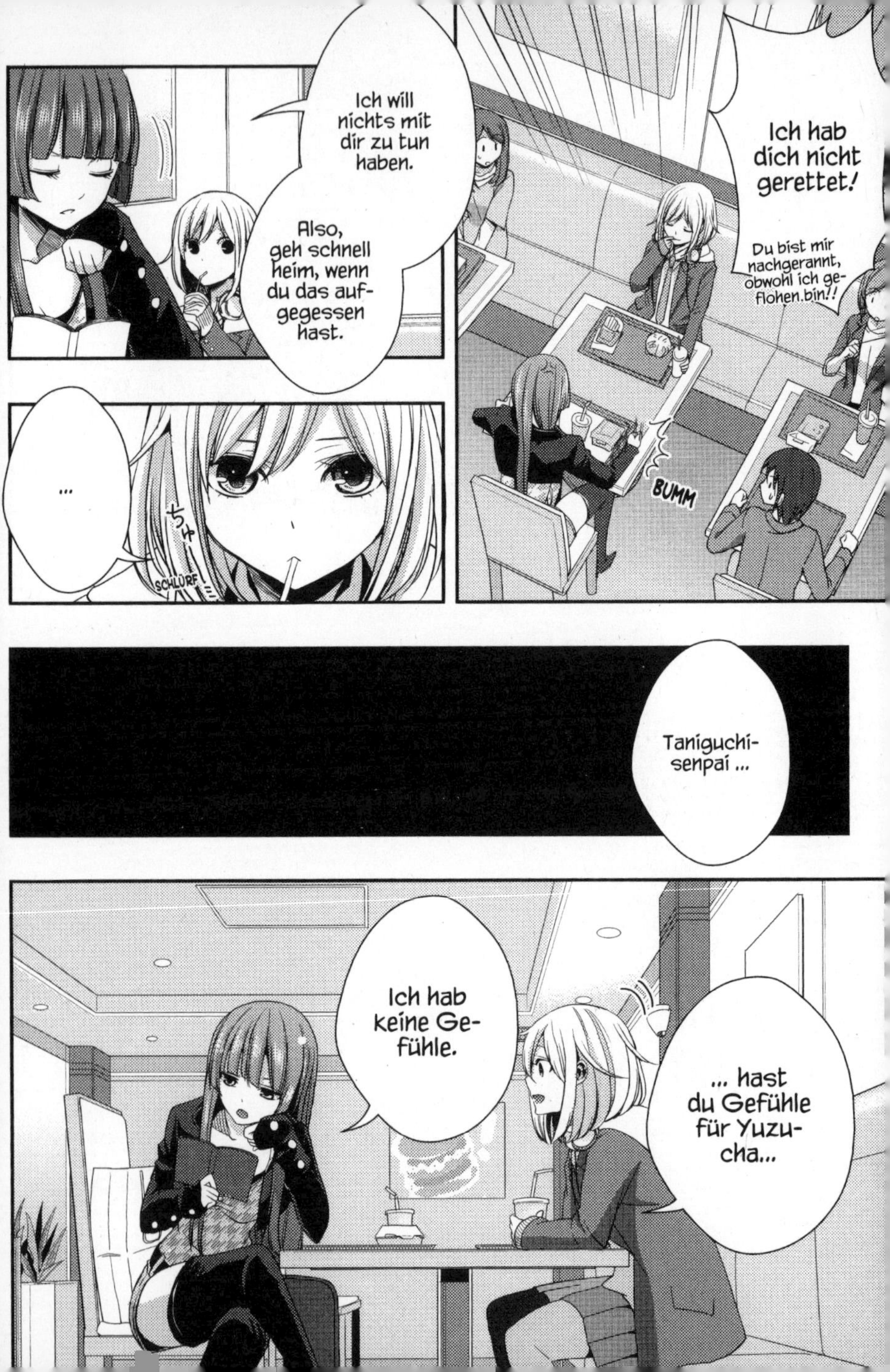
Ich hab dich nicht gerettet!
Du bist mir nachgerannt, obwohl ich geflohen bin!!
BUMM
Ich will nichts mit dir zu tun haben.
Also, geh schnell heim, wenn du das aufgegessen hast.
...
ちゅ
SCHLÜRF
Taniguchi-senpai ...
... hast du Gefühle für Yuzucha...
Ich hab keine Gefühle.

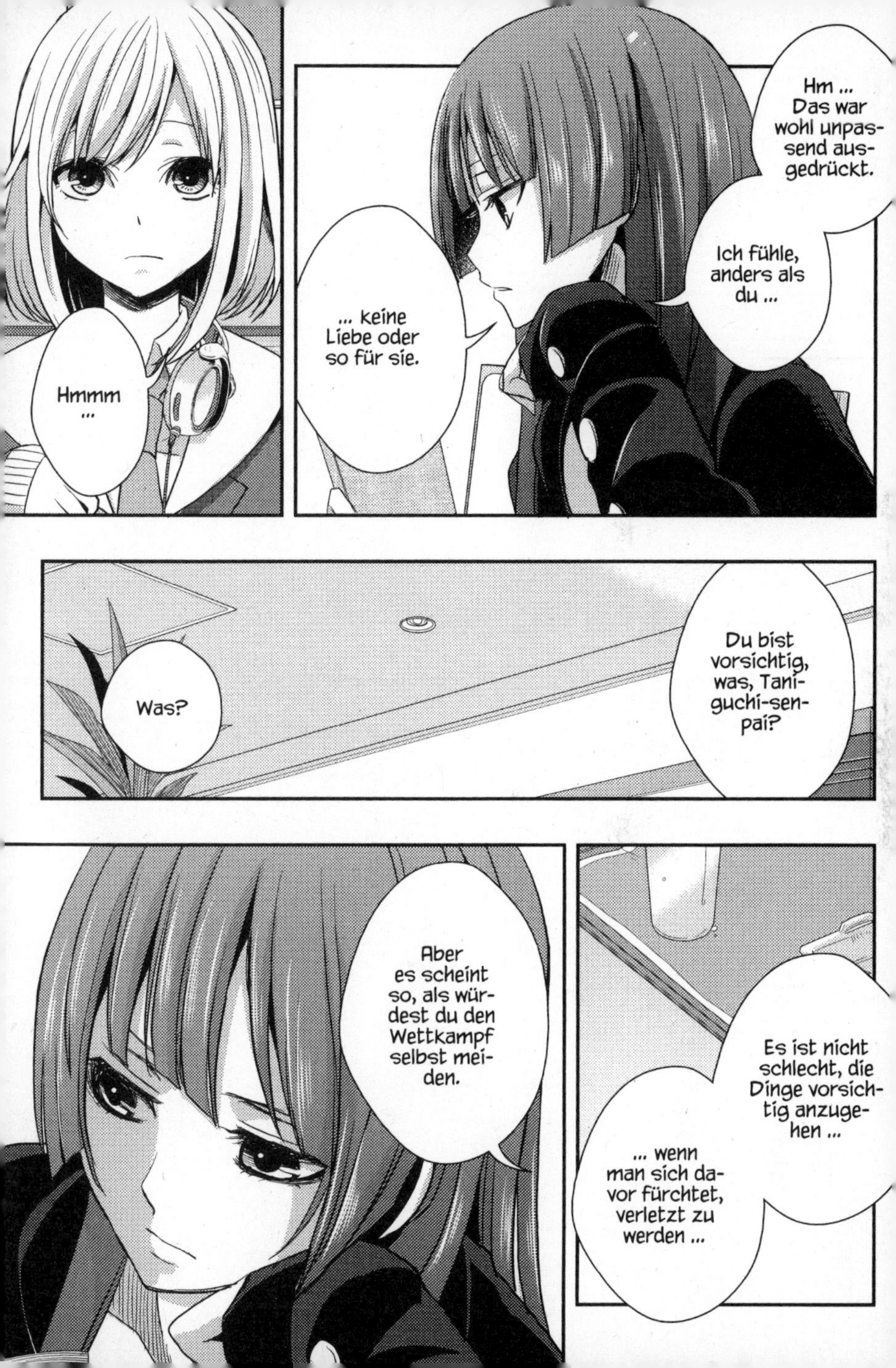
Hm ... Das war wohl unpassend ausgedrückt.
Ich fühle, anders als du ...
... keine Liebe oder so für sie.
Hmmm ...
Du bist vorsichtig, was, Taniguchi-senpai?
Was?
Es ist nicht schlecht, die Dinge vorsichtig anzugehen ...
... wenn man sich davor fürchtet, verletzt zu werden ...
Aber es scheint so, als würdest du den Wettkampf selbst meiden.

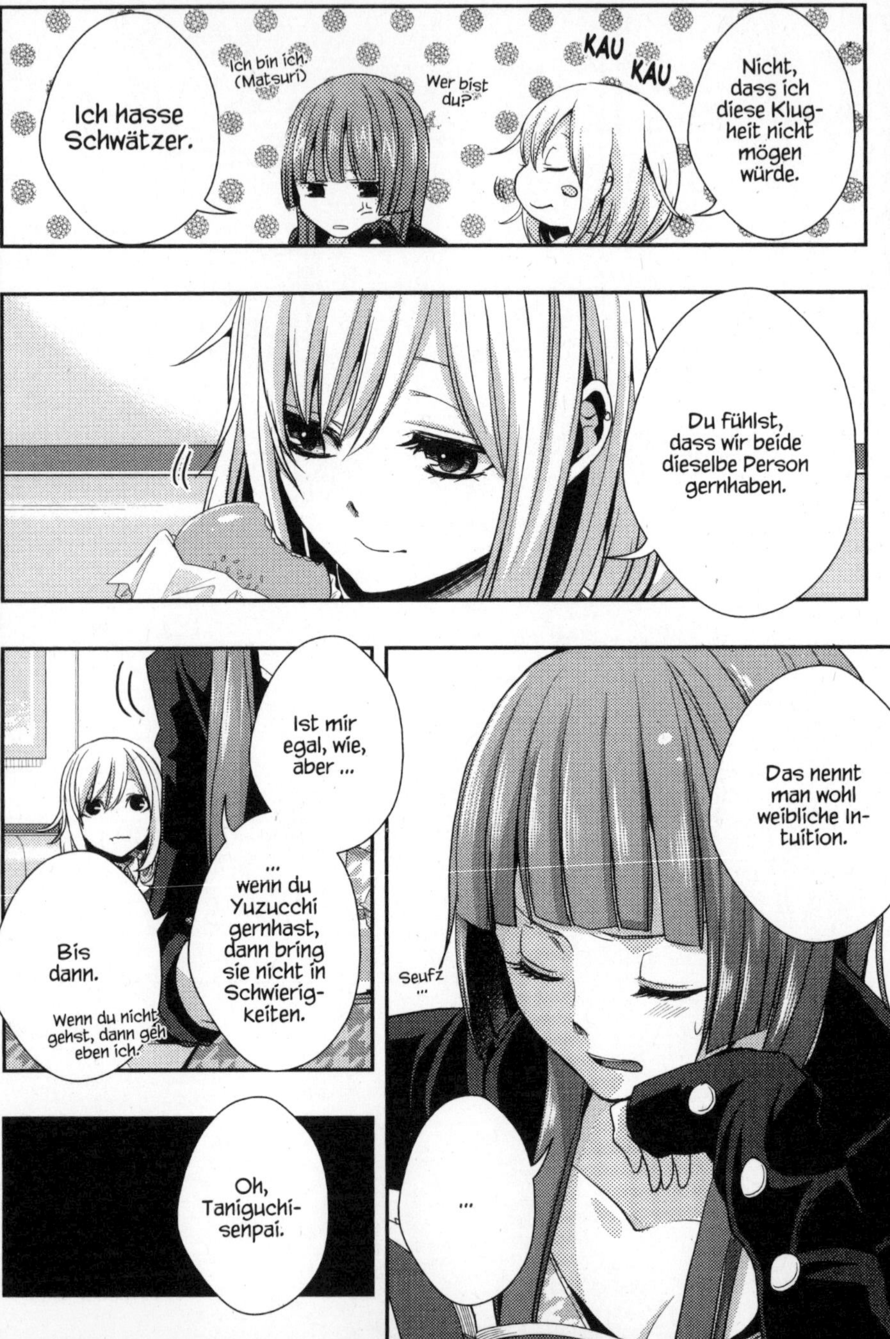

Nicht, dass ich diese Klugheit nicht mögen würde.
KAU KAU
Wer bist du?
Ich bin ich. (Matsuri)
Ich hasse Schwätzer.
Du fühlst, dass wir beide dieselbe Person gernhaben.
Das nennt man wohl weibliche Intuition.
Seufz ...
...
Ist mir egal, wie, aber ...
... wenn du Yuzucchi gernhast, dann bring sie nicht in Schwierigkeiten.
Bis dann.
Wenn du nicht gehst, dann geh eben ich.
Oh, Taniguchi-senpai.

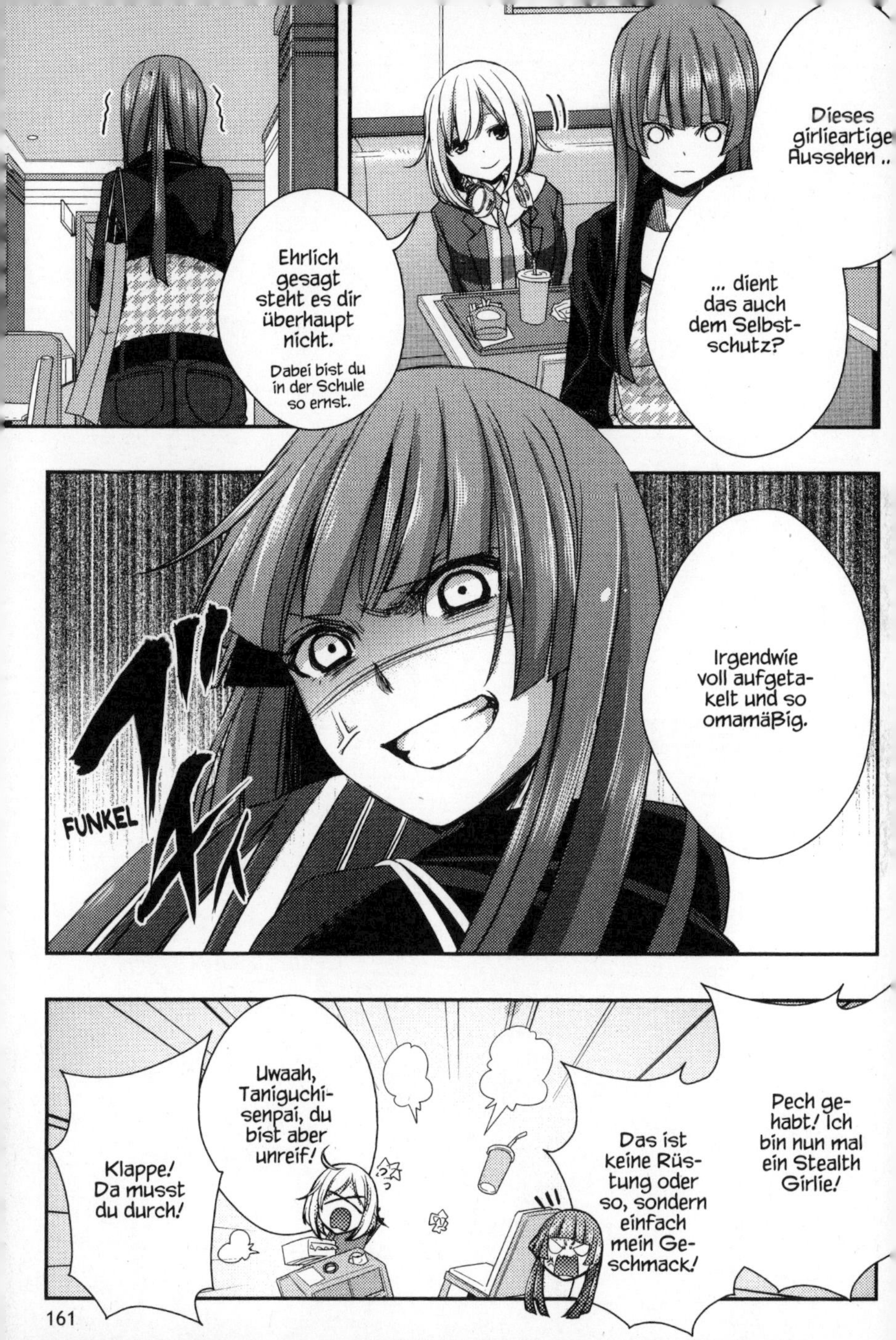
Dieses girlieartige Aussehen ..
... dient das auch dem Selbst-schutz?
Ehrlich gesagt steht es dir überhaupt nicht.
Dabei bist du in der Schule so ernst.
Irgendwie voll aufgeta-kelt und so omamäßig.
FUNKEL
Pech ge-habt! Ich bin nun mal ein Stealth Girlie!
Das ist keine Rüs-tung oder so, sondern einfach mein Ge-schmack!
Uwaah, Taniguchi-senpai, du bist aber unreif!
Klappe! Da musst du durch!

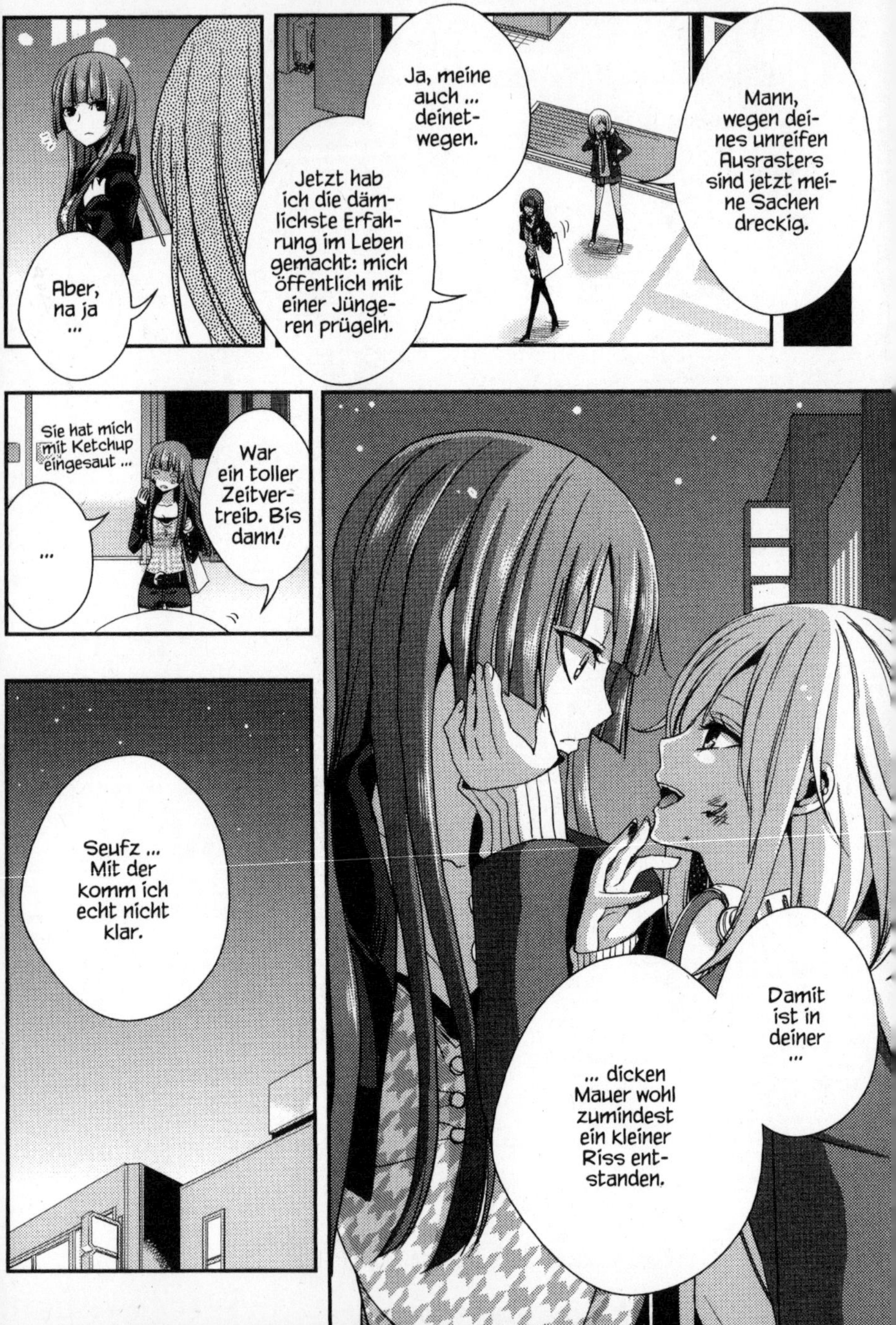

Mann, wegen dei-nes unreifen Ausrasters sind jetzt mei-ne Sachen dreckig.
Ja, meine auch ... deinet-wegen.
Jetzt hab ich die däm-lichste Erfah-rung im Leben gemacht: mich öffentlich mit einer Jünge-ren prügeln.
Aber, na ja ...
War ein toller Zeitver-treib. Bis dann!
Sie hat mich mit Ketchup eingesaut ...
...
Seufz ... Mit der komm ich echt nicht klar.
Damit ist in deiner ...
... dicken Mauer wohl zumindest ein kleiner Riss ent-standen.

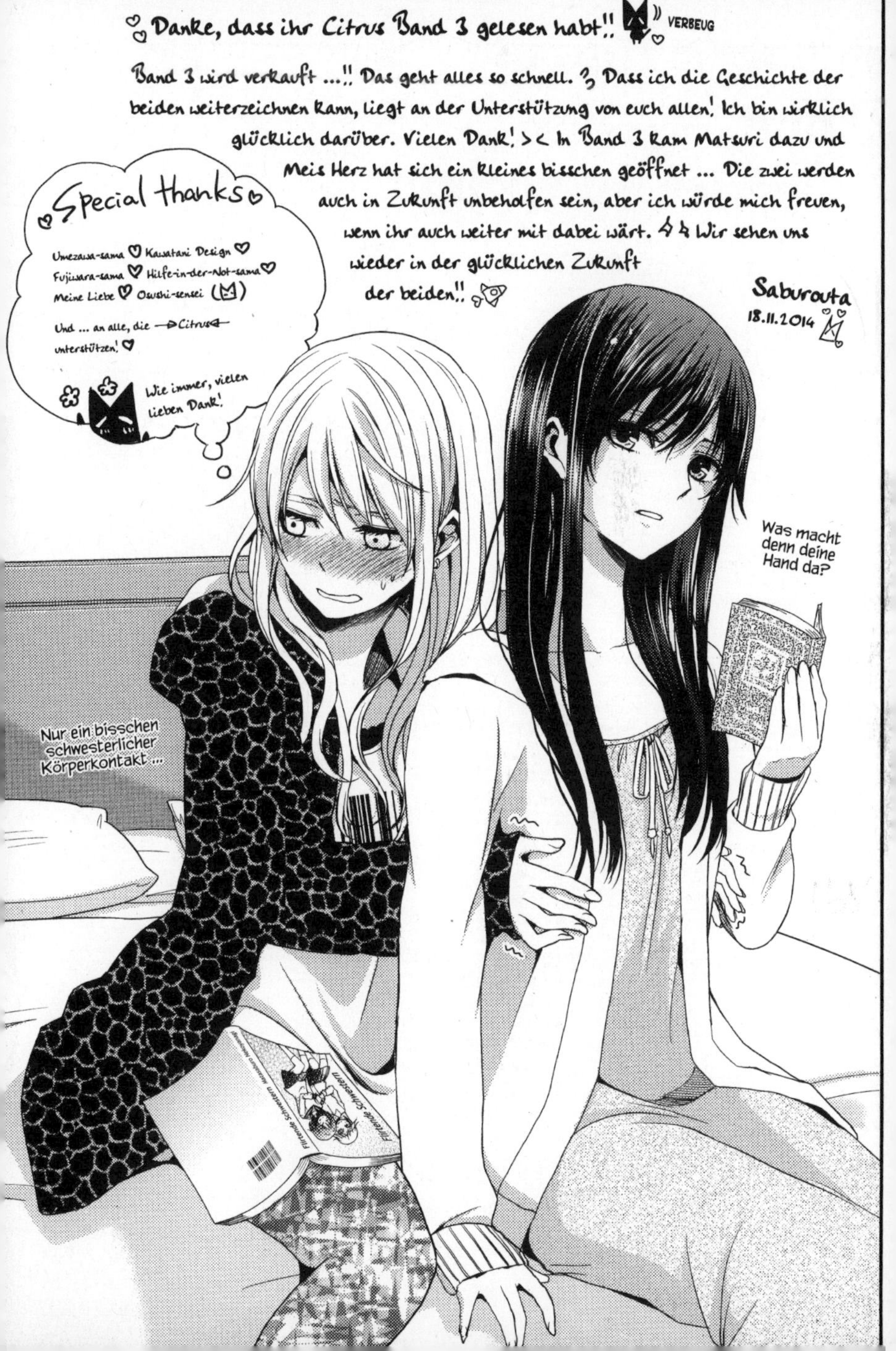
Danke, dass ihr Citrus Band 3 gelesen habt!!
VERBEUG
Band 3 wird verkauft ...!! Das geht alles so schnell. Dass ich die Geschichte der beiden weiterzeichnen kann, liegt an der Unterstützung von euch allen! Ich bin wirklich glücklich darüber. Vielen Dank! >< In Band 3 kam Matsuri dazu und Meis Herz hat sich ein kleines bisschen geöffnet ... Die zwei werden auch in Zukunft unbeholfen sein, aber ich würde mich freuen, wenn ihr auch weiter mit dabei wärt. Wir sehen uns wieder in der glücklichen Zukunft der beiden!!
Saburouta
18.11.2014
Special thanks
Umezawa-sama Kawatani Design
Fujiwara-sama Hilfe-in-der-Not-sama
Meine Liebe Osushi-sensei
Und ... an alle, die Citrus unterstützen!
Wie immer, vielen lieben Dank!
Was macht denn deine Hand da?
Nur ein bisschen schwesterlicher Körperkontakt ...

TOKYOPOP®

TOKYOPOP GmbH
Hamburg

TOKYOPOP
6. Auflage, 2025
Deutsche Ausgabe/German Edition

Aus dem Japanischen von Verena Maser
Rechtschreibung gemäß DUDEN, 25. Auflage

Redaktion: Natalie Wormsbecher
Lettering: Vibrant Publishing Studio
Herstellung: Rita Geers
Druck und buchbinderische Verarbeitung:
CPI–Clausen & Bosse GmbH, Leck
Printed in Germany

MIX Papier FSC® C083411

Wir achten auf die Umwelt.
Dieses Produkt besteht aus FSC®-zertifizierten
und anderen kontrollierten Materialien.

ISBN 978-3-8420-1466-4

www.tokyopop.de

CITRUS+

Saburouta

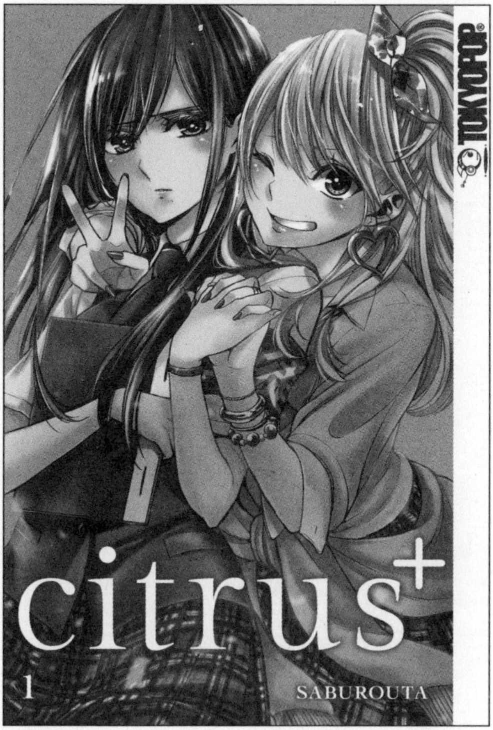

Yuzus und Meis aufregende Verlobungszeit!

Seitdem Yuzu ihrer Freundin Mei einen Heiratsantrag gemacht hat, sind zwei Wochen vergangen. Zum ersten Mal gehen die beiden auf richtige Dates, bei denen sie sich ihre gemeinsame Zukunft ausmalen. Doch die Ehe ist nicht die einzige Wendung, die das Leben der beiden enorm verändern wird: Zuvor stehen die Aufnahmeprüfungen für die Uni an und Mei muss sich entscheiden, welche Funktion sie an der Aihara-Schule ausüben will ...

STOPP!

**Dies ist die letzte Seite des Buches!
Du willst dir doch nicht den Spaß verderben
und das Ende zuerst lesen, oder?**

Um die Geschichte unverfälscht und originalgetreu mitverfolgen zu können, musst du es wie die Japaner machen und von rechts nach links lesen. Deshalb schnell das Buch umdrehen und loslegen!

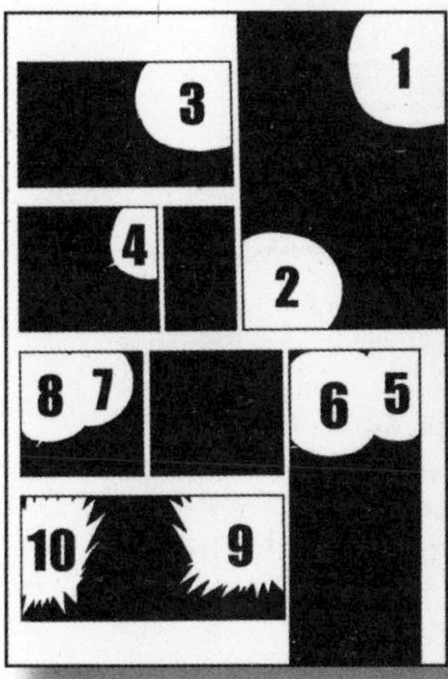

So geht's:

Wenn dies das erste Mal sein sollte, dass du einen Manga in den Händen hältst, kann dir die Grafik helfen, dich zurechtzufinden: Fang einfach oben rechts an zu lesen und arbeite dich nach unten links vor. Viel Spaß dabei wünscht dir TOKYOPOP®!

KÜSSE UND WEISSE LILIEN FÜR MEINE LIEBSTE

Canno

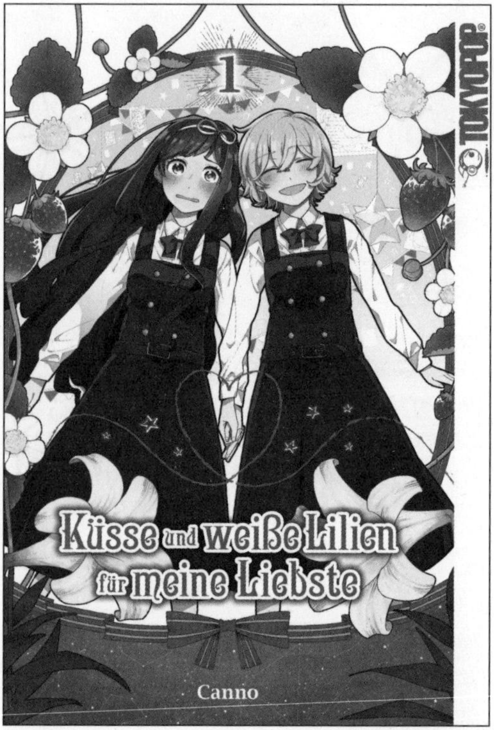

Das bunte Leben der Mädchen von der Seiran-Akademie

Ayaka ist die Vorzeigeschülerin der renommierten Akadamie Seiran, doch mit dem Eintritt in den Highschool-Zweig bekommt sie plötzlich Konkurrenz von Yurine. Diese ist lernfaul, aber leider genial, und so jagt sie der »perfekten« Ayaka mit links den Rang als Schulbeste ab. Natürlich nagt das an Ayakas Ego und sie will ihr daher den Kampf ansagen, doch mit diesem Konkurrenzgehabe steht sie alleine da: Yurine interessiert sich nämlich nicht für irgendwelche Noten, sondern für Ayaka selbst ...

TOKYOPOP®

www.tokyopop.de